MOBILE SUIT GUNDAM
UNIVERSAL CENTURY VS.
MODERN SCIENCE

機動戦士ガンダム

宇宙世紀 VS. 現代科学

マイナビ

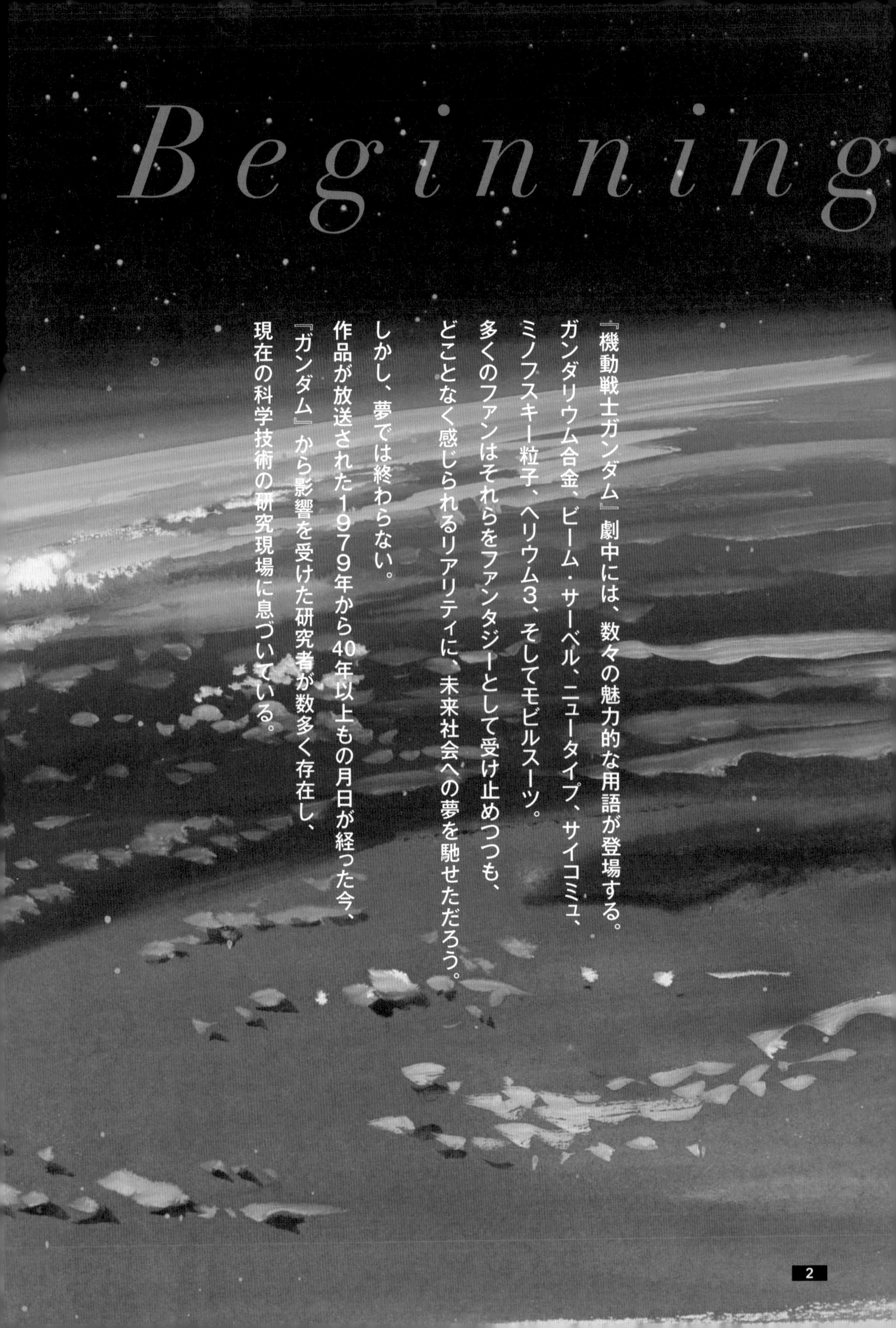

Beginning

『機動戦士ガンダム』劇中には、数々の魅力的な用語が登場する。
ガンダリウム合金、ビーム・サーベル、ニュータイプ、サイコミュ、
ミノフスキー粒子、ヘリウム3、そしてモビルスーツ。
多くのファンはそれらをファンタジーとして受け止めつつも、
どことなく感じられるリアリティに、未来社会への夢を馳せただろう。

しかし、夢では終わらない。

作品が放送された1979年から40年以上もの月日が経った今、
『ガンダム』から影響を受けた研究者が数多く存在し、
現在の科学技術の研究現場に息づいている。

作品中に登場したテクノロジーには、
あと少しで実現できるものがあるかもしれない。

「宇宙世紀のあの技術はどこまで実現できるのか。
実現するためには何が足りないのか」

本書では、宇宙世紀のテクノロジーを取り上げ、
現代科学の中から対比できそうな専門分野の研究者と協力し、
徹底した議論を行った。

「思っていた以上に宇宙世紀は凄い世界なんだ」
改めて本編を見返したくなる、そのような本を目指した。

Table of Contents

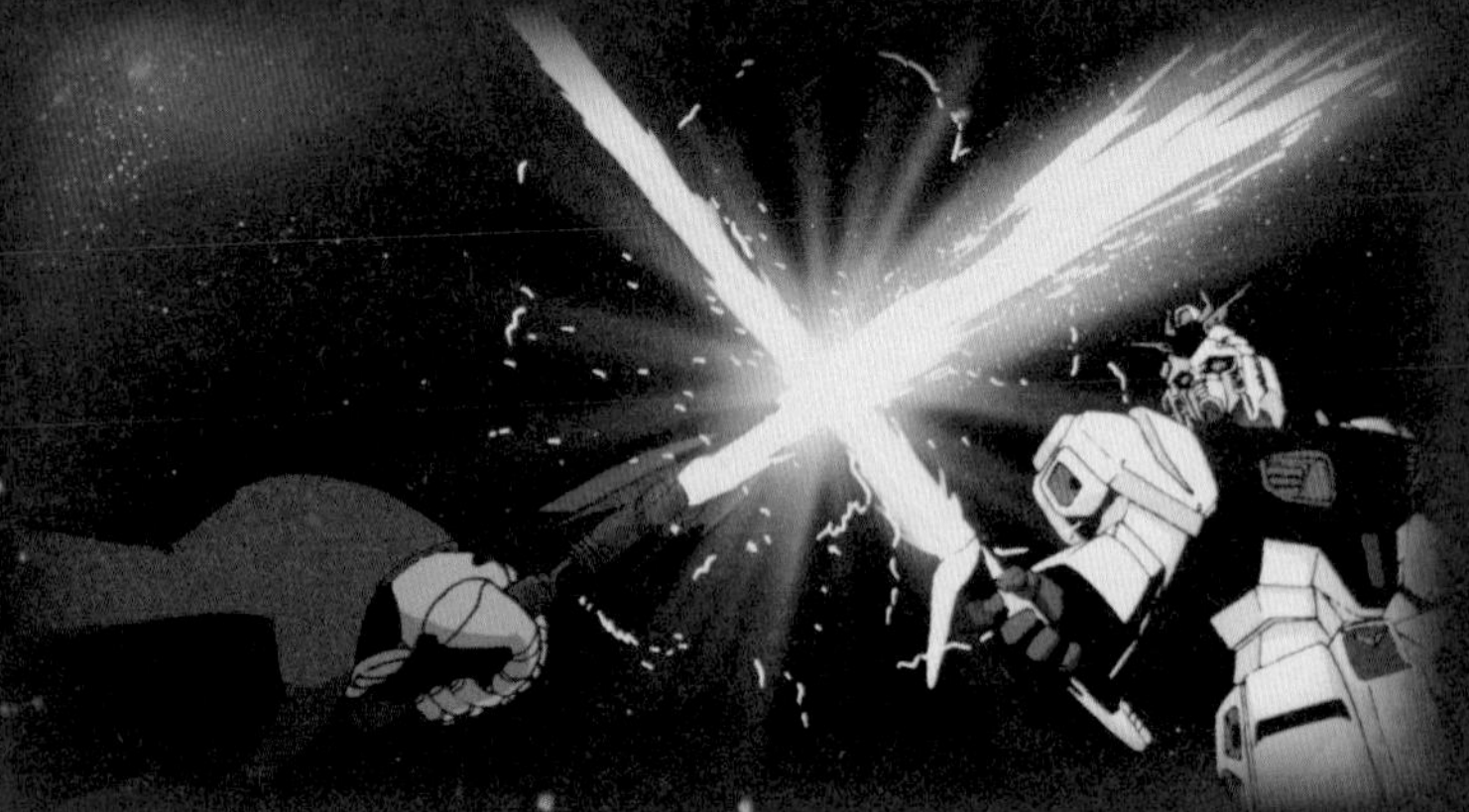

Scene 1 >>>Body Material

ガンダリウム合金

全長18mの巨体を支えるばかりか、第一話ではザク・マシンガンを身体に受けながら、傷一つ付かなかったガンダリウム合金。大気圏への突入も、モビルスーツ単体で行えるほどの耐熱性。もしガンダリウム合金を作るとしたら、どんな性能を持たせたらよいのか？現代の科学技術で、夢の合金にどこまで迫ることができるのか？

公式設定

一年戦争時に連邦軍が開発したガンダムが驚異的な戦果を挙げたことから、戦後、ガンダムの装甲材料として用いられたルナ・チタニウム合金はガンダリウム（合金）と呼称されるようになった。ちなみにガンダムに用いられたガンダリウムは正式にはガンダリウムαであり、改良を重ねてβ、γが誕生した。α～γの総称としてガンダリウム（合金）と呼ぶ場合もある。ガンダリウム合金は軽量かつ高展性という性質を持ち、これを用いた装甲を持つガンダムは、120㎜ザク・マシンガンの至近距離からの直撃にも耐えられた。

私とガンダム

私の「優れたSF」はエネルギー源の描写

伊藤：笠田先生がガンダムに興味を持たれたのはいつ頃になりますか？　ガンダムとの最初の出会いはどういった感じだったのでしょう。

笠田：たぶん小学校3年生のときだったと思うのですが、小学校に、『機動戦士ガンダム』のブームが来たんですよ。それが最初の放送か再放送かははっきりしませんが、とにかくすごいぞと。シャアはすごい、3倍だぞと（笑）。まず敵キャラが魅力的というのが衝撃的で、さらに量産型という概念が子供心に新しすぎたのを覚えています。それまでの勧善懲悪型のアニメでは、毎回敵のやられロボットが次々と出てきて、やっつけられる。しかし、『ガンダム』では毎回、同じ敵が出てくる。しかしシャアだけは赤い（笑）。これは正直、衝撃を受けました。ただ、特に前半戦は小学3年生には辛かったんですよ、アムロの言動が。思春期前の子供には理解できない。何かカッコ悪いじゃないですか。中学3年生くらいで出会っていれば、また

「ガンダリウム合金」講師

リュウタ・カサダ

笠田竜太

東北大学 金属材料研究所
原子力材料工学研究部門 教授

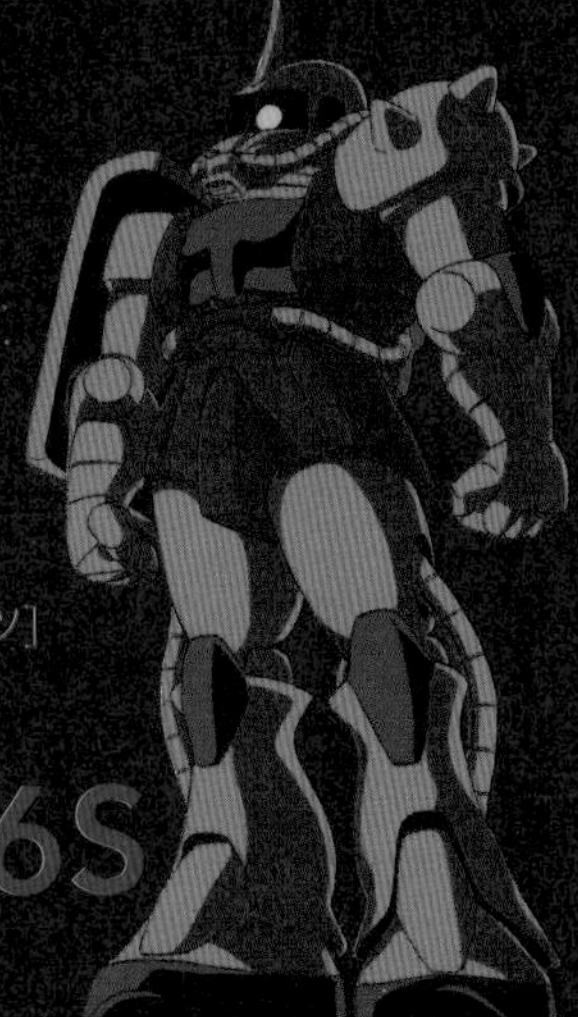

[好きなモビルスーツ]
シャア専用ザク

MS-06S

「見せてもらおうか、連邦軍のモビルスーツの合金とやらを!」

違った見え方もしたのだと思いますが、小学3年生にはとにかくイケてない。それで、やっぱりシャアはカッコいいと思っていたら、ランバ・ラルが出てきて、違うモビルスーツが出てきて……そのあたりからもう首ったけですよ。その後、ガンプラに走った子たちもいましたが、私の場合、最初に親が買ってきたのが、なぜかザク強行偵察型で……。それもあって、あまりガンプラにはハマらなかったですね。お金もかかりますし。そして、中学校に入ったら、今度は『Zガンダム』が始まった。中学で『Zガンダム』見るとめっちゃハマりますよね。カミーユがまた面倒くさいんですけど、思春期的には理解できる。それに『Zガンダム』はモビルスーツもカッコいい。ただ、年齢も上がっていたので、あまり周りとオタクっぽい話もできなくて、その後は少し縁遠くなってしまった感じです。

伊藤：高校、大学の頃はあまり触れていない感じですか？

笠田：高校のときに小説版は読みましたし、『逆襲のシャア』も気にはしていましたが、あまりハマることはなかったですね。それで研究の道に進んで、気がついたら新しいガンダムが始まっていたりもしたのですが、私の中での優れたSF作品というのは、エネルギー源の描写がしっかりしているものなんですよ。ハードSFの世代なので、それなりに設定はしっかりしてほしい。結局、宇宙世紀物でないと感情移入して見られませんでした。現在、材料研究、核融合研究、核融合材料研究といったものを中心に据えて研究をしていますが、その目であらためて宇宙世紀を見てみると、SF考証がすごくしっかりしていると思います。あくまでもサイエンスフィクションの中だけど、すごくちゃんとしているなって。

伊藤：一度離れたガンダムへの想いが再燃したのはどういった経緯でしょうか？

笠田：博士を取った頃、世界中が温暖化問題の対策として、太陽光や風力といった再生可能エネルギーだけでは間に合わない、やはり原子力を見直さなければという波が来ていました。しかし、2011年の福島第一原子力発電所の事故のとき、私は京都に住んでいたのですが、妻が福島の浜通りの出身ということもあって、いろいろなことを考えました。博士論文以来、自分の中で少し停滞していた核融合のための材料研究をあらためて再構築することにしました。

装甲だけでなく骨格にも夢の合金が必要だ

ＳＦはもちろん実生活の中でも「超合金」など馴染み深い「合金」。合金とは、複数の素材を融合して新たな性質の物質を作り出す技術。現代の技術で「ガンダリウム合金」を作るとしたら、どんなものになるのだろうか？

極限環境に耐えられる材料を求めて

伊藤：ガンダリウム合金についてお話し頂く前に、まず現在、先生が研究されている合金について教えて下さい。

笠田：まず、私のモチベーションは、頑丈な核融合炉を作りたいというところにあります。核融合炉というのは、エネルギーを取り出すわけですから、かなり長い時間使えないと意味がありません。一日で壊れるようだと使い物にならない。やはり年単位で使えないといけないので、現状の材料は年単位で使えることを目標にしているのですが、もっと高い条件、厳しい条件で使いたい、もっと長い期間使いたいという要請は当然でてきます。そういったわけで、我々は高温とか高圧とか放射線、そういった極限環境に耐えられる材料を、〝粉末冶金（やきん）法〟や〝複合化被覆技術〟を駆使して作り出そうとしています。

現在のところ、そういった極限環境に耐えられる材料として一つ挙げると、〝酸化物分散強化超合金（ODS superalloy）〟というものがあります。我々が子供の頃、超合金というダイキャストのおもちゃがありましたが、あれは名前こそ超合金ですが、学術的な名前ではありません。

伊藤：ここでいうところの〝超合金〟の英語が、superとalloy（合金）の2単語ではなく、superalloyという1単語になっているということは、専門の用語としてちゃんと存在するわけですね。

笠田：そうですね。この酸化物分散強化超

Column

「合金」ってなに?

純金属に1種類以上の他元素を加えた材料を合金と呼びます。複数の元素をうまく混ぜることによって、それらの中間的な性能以上のものとなる合金が数多く開発されています。

特に鉄と炭素の合金である鉄鋼は、炭素の添加量を変えることや、加工や熱処理によって、幅広い性質を持つことができることと、鉄が比較的精錬しやすい元素であるため、古来様々な用途に用いられています。近代において鉄鋼の大量生産が可能となる技術が開発されてからは、機械や建築物等の構造材料としての役割が重要となっています。

一方、鉄に他の金属元素を加えた合金として、クロムやニッケルを加えた錆びにくいステンレスや、マンガンを加えた高強度かつ加工性の高い自動車用鋼板が挙げられます。鉄を元にした合金以外にも、航空機材料として重要な軽量かつ高強度のアルミ合金や、金属アレルギーを起こしにくいため医療用に用いられるチタン合金など、元素の組み合わせによって多様な合金が開発され、用いられています。

オクトバー・サランからサイコ・フレームの説明を受ける、アムロ・レイとチェーン・アギ。スクリーンに映る画像は、現代の電子顕微鏡写真に似ている

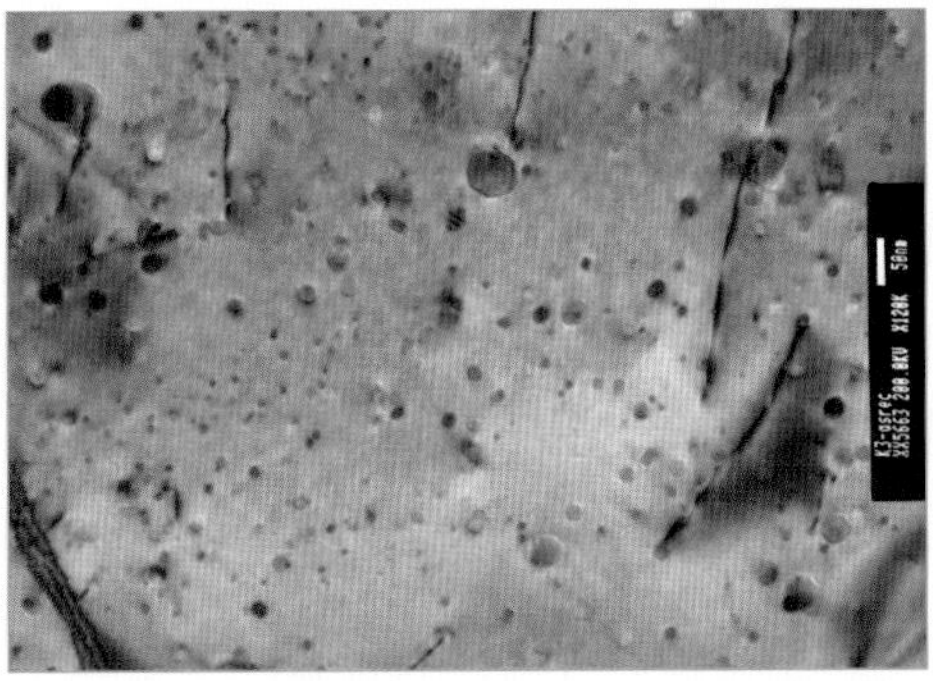

ODS合金の電子顕微鏡写真（12万倍）。黒く丸い粒子状のものが酸化物（大きさは10万分の1mm以下）

合金というのは、高温、高圧だけではなく、放射線にも耐えられるように、現在開発を進めている合金なのですが、少し作り方が変わっています。普通、合金は金属を溶かして作るのですが、この合金は、金属の粉を焼き固める、〝粉末冶金法〟という方法で作ります。大半の金属の原料となる鉱物は酸化物として存在していることが多く、鉄の場合は鉄鉱石を還元して、加工して形作ったり、違う元素を混ぜて合金を作ったりします。例えば、鉄にクロムとニッケルを混ぜるとステンレスになり、簡単には錆びない材料になりますが、単に原料となる鉄の塊とクロムの塊を置いておいても混ざらないので、高温で溶かして混ぜて作り出します。実際、合金の多くは、溶かして混ぜて作るのですが、この粉末冶金法というのは、各元素の粉を、メカニカルアロイングといって、機械的に無理やり混ぜあわせて、加熱しながら圧縮して、溶けない温度で焼き固めて作ります。そうすると、すごく強い材料ができるのです。ソーセージの作り方に似ているといって説明したりもし

ます（笑）。

伊藤：溶かすのではなく、粉末冶金法を使う理由はなんですか？

笠田：この粉末冶金法で合金を作ると、鉄の素地の中に、一緒に混ぜた酸化物が、非常に緻密に細かく分散します。ナノメートルの単位で。これは溶かしただけでは絶対にできません。元々の粉末は数ミクロンから数十ミクロンの大きさなのですが、これがより細かくなる。この理由は一口では言えないのですが、とにかく入れたものよりも細かくなります。例えば、私が作っている酸化物分散強化超合金は、鉄にY_2O_3、酸化イットリウムというレアアースの酸化物を混ぜているのですが、このY_2O_3というのは非常に融点が高く、鉄の融点が1500℃くらいであるのに対して、Y_2O_3は2000℃以上になります。だから、鉄とY_2O_3を一緒に溶かしても、Y_2O_3が鉄の中にぷかぷかと浮かんで集まってしまい、鉄の中に緻密に分散するようなことはありません。しかし、粉末冶金法を使うと、もともとのY_2O_3の粉末よりももっと細かくなって鉄の中に分散するのです。

伊藤：合金という言葉から、金属同士を混ぜるのだと最初は思っていましたが、酸素のような非金属を混ぜるのも重要なのですね。

笠田：酸素以外にも非金属を混ぜることはよくあります。例えば、我々のところで最近始めたのが〝高融点ホウ化物〟というもので、特に最近は〝二ホウ化チタン〟というチタン系の材料の研究を行っています。これは化学式で書くとTiB_2。Tiがチタンで、Bがホウ素ですね。この二ホウ化チタンは、非常に融点が高くて、簡単には溶けません。そしてめちゃめちゃ硬い。さらに、ホウ素というのは中性子をたくさん吸ってくれるので、中性子の遮蔽能力も高くなります。なので、核融合炉のような放射線環境、さらに高温に晒されるようなところに使えるのではないかと、我々は期待しています。

ガンダリウム合金に求められる〝強さ〟とは？

伊藤：ガンダムには、ガンダリウム合金というスペシャルな合金が使用されているわけですが、このガンダリウム合金には、どのような〝強さ〟が必要だと思いますか？

笠田：ガンダムの素材となると、皆さん装甲のことを最初に考えられると思いますが、私としてはまず骨格に使う金属が気になります。例えば、東京タワーに対してスカイツリーは、高さが2倍なので、体積と重さは単純計算で8倍になります。つまり、最終的に下のほうが8倍の重さに耐えないといけなくなります。実際、スカイツリーで使用されている鋼材の強度を見ると、東京タワーの倍以上になっています。倍以上になっていないと高さを2倍にすることはできないのです。ということは、ガンダムのようなロボットは、現在の二足歩行ロボットの何十倍もの強度が必要になるわけです。

そういった強度というのは、単純に考えても、既存の構造材料の限界を超えているはずです。重さに対する強度、〝比強度〟の高い材料を使わないといけなくなります。ガンダムの場合、宇宙だけで活動するのであれば、特に不安はありませんが、地球上で活動するとなると、一気に難しくなります。

伊藤：骨格に注目というのは専門家ならではの視点で面白いですね。比強度が強い材料というのはどういったものになりますか？

笠田：我々が何か物を作るときのバイブルとして、M・F・アッシュビー氏の著書『機械設計のための材料選定』という教科書があって、何か機能を持っているものを作るには、まず材料を選び、形を選び、材料と形が決まったら、どうやってそれを作るかのプロセスが決まるということが書かれています。そして、材料を選ぶときの地図として、材料の密度と強度の相関図があります。密度が低くて強度が高いもの、つまり軽くて強いものが理想的なのですが、いわゆる構造材料で広く使われる鉄は、密度が7・8g／㎤くらいで、強度が、材料では応力というのですが、100〜1000メガパスカルくらいになり、この範囲の広さが鉄の特徴にもなっています。密度が低くて、強度が高いものの代表がセラミックスで、低密度でも強度が1000〜10000メガパスカルくらいあります。ただ、セラミックスの場合、強度は強いのですが脆い。衝撃に弱く割れやすいのです。ダイヤモンドもそうですよね。硬いんだけど、ハンマーで叩けば割れてしまう。そういった弱点があります。

　比強度の点でもっと優れているのが、CFRP（炭素繊維強化プラスチック）といった、カーボンファイバーなどの炭素系の繊維の周りを樹脂で固めたものです。F1カーのボディなどにも使用されているものですが、これは樹脂なので軽いですし、しかも強度を出せます。ただ、残念なことに、樹脂なので高温に弱い。簡単に溶けたり燃えたりしてしまうので、モビルスーツに使

操縦に不慣れなアムロが乗るガンダムに、飛び蹴りを食らわせるシャア専用ザク。衝撃に強い金属とは、硬さに加えて柔軟性も求められる

うのはちょっと難しいですね。だから、現実的なところをみると、チタンが良いチョイスになると思います。チタン合金は、鉄より密度が低く、同じくらいの強度を出すことができます。なので、バランスが取れた材料と言えるのですが、チタンであれだけ大きなものを作るというのは未知の技術だと思います。

伊藤：ガンダリウム合金はルナ・チタニウム合金とも呼ばれていますから、やはりチタン系の合金なんでしょうね。あと、ジムの装甲はチタニウム合金らしいんですよ。ガンダリウム合金は高価なので、量産機にはチタニウム合金が使われているとか。合金の、特に量産に関する難しさは、どのような点でしょうか？

笠田：私たちの場合は、二ホウ化チタンの粉末を焼き固めているのですが、焼き固めるときに二ホウ化チタンだけだと、硬すぎて固まりません。そこで助剤として混ぜ物を足すのですが、その混ぜ物もチタン合金なんですよ。ここは特許技術なのですが、混ぜ物のチタン合金と一緒に焼結すると焼結密度が上がり、非常に緻密なチタンホウ化物が出来上がります。また、この焼結温度を下げる工夫も必要で、焼結温度が下げられれば、それだけ大きな炉を使うことができます。つまり、大きなものが作れるようになるわけです。これは量産化においてとても重要な観点です。今のところ、二ホウ化チタンが使用されるのは、すごく小さなところ。例えば、工具の先端のコーティングなんですよ。メチャメチャ硬いので、ドリルの先端に使ったり、宇宙から帰還するロケットの再突入の先端に使われていたりもします。

伊藤：大気圏突入に対する強さというのは、いわゆる引っ張るとか曲げるといった力ではないですよね？　いよいよ装甲の話になってきますね。

笠田：大気圏突入の場合は、熱に対する強さですね。あそこまでの高温になると、純粋な金属で耐えられるのはタングステンくらいです。あとはセラミックス。ガンダムの世界でもいろいろな方法で大気圏に突入するわけですが、例えばZガンダムのウェイブ・ライダー状態の場合、下面にあたる金属は、ガンダリウム合金の中でも、配合率を変えて、熱に強いものを使用している可能性があると思います。例えばホウ化物のセラミックスの含有率を高めて、金属成分をちょっと低めにしていたりするかもしれません。

伊藤：セラミックスと合金は異なるものだと思っていましたが、ある意味、一緒に成長していくものと考えてもよいのでしょうか？

笠田：そうですね。二ホウ化チタンは、ホウ化物なのでセラミックスともいえますね。先程お話しした酸化物分散強化超合金の酸化物も、いわゆるセラミックスの素材です。だから、私の作っている材料は、セラミックスを合金の中に混ぜている。ナノレベル

Column

宇宙への物資の輸送と配置に求められる材料

宇宙で使うにはとにかく軽くて丈夫な材料が求められます。地球から宇宙まで物を運ぶのは非常に大変で、大きなエネルギーを必要とするからです。

軌道（宇宙）エレベーターという単語を聞いたことはあるでしょうか？　『ガンダム』世界においても、『機動戦士ガンダム00』のタワーや天柱、アフリカタワー。『Gのレコンギスタ』のキャピタル・タワー。そして『機動戦士ガンダムSEED ASTRAY』に登場するアメノミハシラと呼ばれているものです。簡単に言えば、地球から宇宙空間まで続くエレベーターを作れば、安価かつ安全に地球上から宇宙空間へ物資を輸送できるというものです。

軌道エレベーターは建造物です。宇宙に浮いているわけではなく、地球の重力が強くかかっています。人工衛星のように地球を回ることで生じる遠心力と釣り合っていると思われるかもしれませんが、そうではありません。建造物であるがゆえに地球の自転と同じ速度でしか回れず、遠心力は重力に比べて圧倒的に弱いのです。解決する様々な手段が考案されているようですが、材料の観点でみれば自重に耐える丈夫な構造材料が必要です。現代科学では軽くて強い素材「カーボンナノチューブ」が発見されたことで軌道エレベーターを実現させるためのプロジェクトが活気づいたそう。その理由はP.19のコラムをご覧ください。

ところで、重力と遠心力の釣り合いの観点で、宇宙空間に運んだ構造物をどこに置くか？　という議論も面白い問題です。地球だけでなく月も考慮して、地球の重力と月の重力、構造物が回る遠心力、これらすべてが釣り合った点がラグランジュ・ポイントであり、天体物理学的に５つの解（L1～L5）があります。宇宙世紀では、スペース・コロニーが設置してある場所です。サイド３が月の裏側にあるのは、そこが構造物を置くのに安定な場所だったからです。

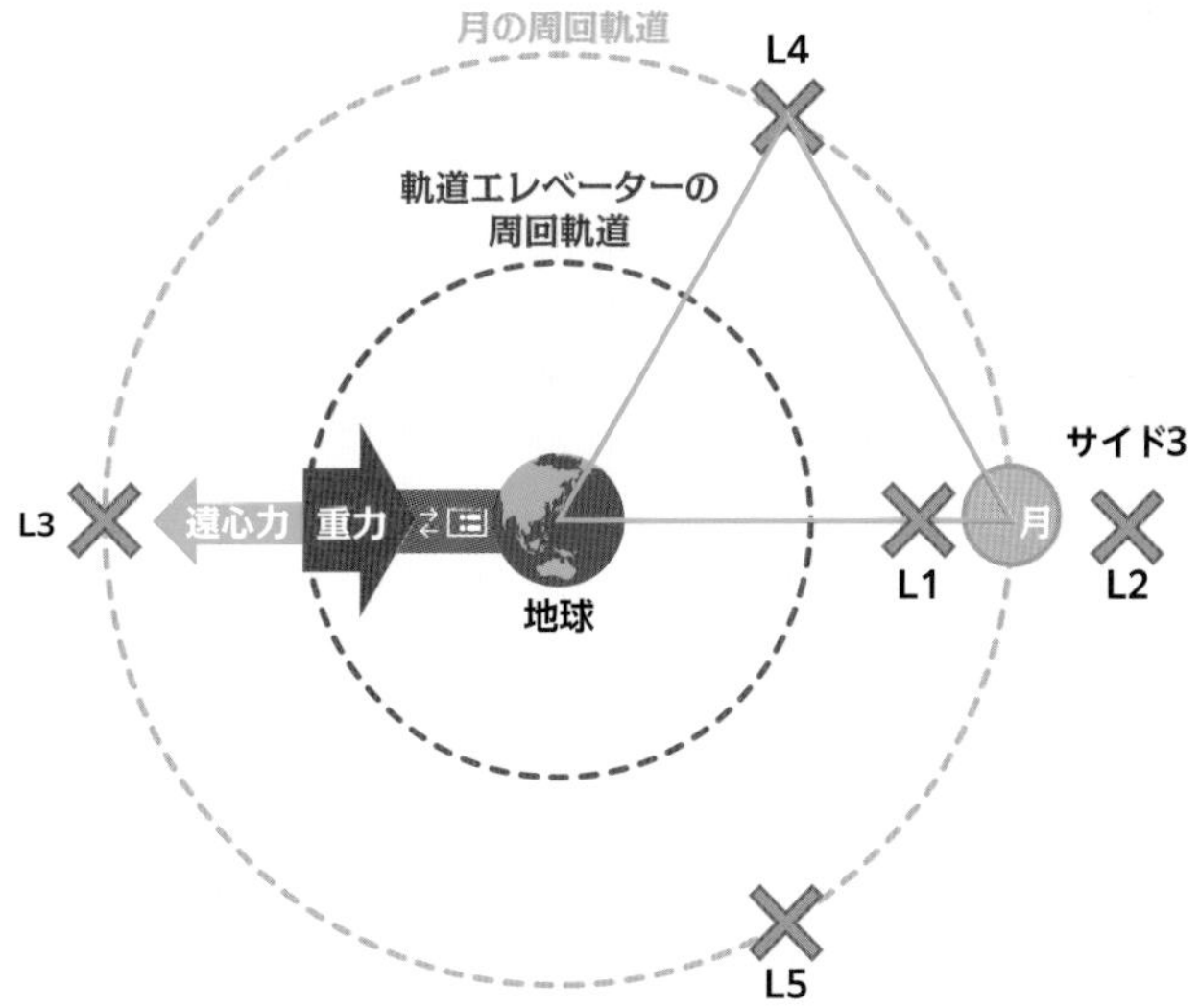

のセラミックスを緻密に分散させているという言い方ができるかもしれません。セラミックスの専門家に言うと怒られるかもしれませんが（笑）。

伊藤：先程、量産型はチタニウム合金を使っていて、特注のガンダムはガンダリウム合金という言い方をしましたが、もう少し調べると、F91からは、ガンダリウム合金セラミック複合材を装甲に使っているらしい。やはりガンダリウムにセラミックスを混ぜたくなるのでしょうか？

笠田：合金とセラミックスをうまく組み合わせて、新しい複合材料を作るというのは、お互いの良いところを組み合わせて新しい材料を作るという、材料の発展の歴史としてよくある、正当な進化ではあります。セラミックスの熱に強く、硬いという性質に、金属特有のしなやかさを組み合わせる。耐熱性が重要になる場合、セラミックスでないと耐熱性は出せません。そして、しなやかさ、タフさは合金のほうで担う。それをうまく組み合わせることで、私の目指している核融合炉の材料に使えるかもしれませんし、いろいろな極限環境で使えるかもしれません。

合金の持つ魅力、合金ならではのメリット

伊藤：そもそも単純に金属と聞くと、多くの人は鉄とかアルミとか金といった純金属を思い浮かべると思うのですが、合金の魅力、合金ならではのメリットは何でしょうか？

笠田：金属の単体、いわゆる純金属で出せる物性はすでに決まっています。しかし、違うものを混ぜることで優れた性質が出てくることがあります。例えば、金属Aと金属Bを混ぜた場合、結果として生まれる金属ABは、金属Aとも金属Bとも違う物質の性質、〝物性〟を出せる可能性があるのです。純鉄は柔らかいし、アルミはもっと柔らかい。でも、鉄とアルミを50：50、あるいは75：25の割合で混ぜると、金属間化合物というものが出来て、鉄とアルミの原子が規則的に並んだ構造になり、メチャメチャ硬くなります。合金というのは、組み合わせによって、単体では思いもしなかった性質を構造、原子の並びから生み出すことができるし、片方の元素Bが元素Aの中に緻密に分散することで、強度が上がったりする場合もあります。

現在ではコンピュータによる予測やAI技術の進化もあり、二つの組み合わせ、三つの組み合わせによる結果はかなりわかってきています。重要な元素、例えば鉄とかアルミ、銅などをベースとした合金はかなり調べられています。これまでの合金は、鉄にちょっとクロムを入れてみるといった感じでした。ちょっとというのはせいぜい10％、多くて20％ぐらい。でも最近は、それぞれを同じくらいの割合で、5つ、6つ混ぜた、ハイエントロピー合金といったところまで進んでいます。ところが実際に作ってみると計算科学では計算しきれない新しい物性が出るという話があります。その意味で、まだギリギリ今世紀中では、金属

のすべてはわからないと思っています。まだ人間のやることがあるし、AIには負けないでしょう。特に、計算がやってくれるのは、それを混ぜたとき、無限の時間を掛けて作った理想的な状態と言ってもいいです。でも、我々が作る材料というのは、基本的に、材料が最終的に行き着く状態では使いません。例えば、圧延という製法がありますが、圧延した状態というのは実はすごく不安定なんですよ。何万年も経てば、圧延しなかった状態に戻るような材料もあるのですが、それを非平衡で使っていると言います。結局、長い目で見ると非平衡、不安定なんだけど、人類が生きている間くらいは安定な組織。そういう状態は、まだ計算科学では計算しきれないのです。

伊藤：まだ今のコンピュータで計算できるのは、あくまでも溶かして完全に混ざったものでしかないわけですね。一方で、先生の作っている粉末冶金合金ですと、均一に混ざっていると言っても、原子レベルよりは少し大きい粉末の分散が大事というお話

Column

チタンセラミックスの作り方

セラミックスとは、酸化物、窒化物、炭化物、ホウ化物などの金属元素と非金属元素（酸素、窒素、炭素、ホウ素等）の組み合わせとなる無機化合物固体や、シリコンや炭素などの非金属固体の総称。この中で、構造材料用のチタン系セラミックスとして期待されている二ホウ化チタン（TiB_2）は極めて融点が高いために、鉄鋼材料等の金属材料を作る場合に用いられる溶解法を工業的に適用することは不可能です。TiB_2の構造物を製造するためには、先ずは原料となるTiB_2の粉末を作り、それを融点よりも低い温度で焼き固める「焼結法」が用いられます。焼結体の密度を向上して十分な強度を得るためには、粉末間のすきまをできるだけ小さくするように高温・高圧力での焼結が必要です。

一方、製造コストを下げるためには、焼結温度や圧力の低下が求められるため、様々な技術開発が進められています。

宇宙世紀の盾：ガンダリウム合金は「二ホウ化チタン」？

作品から読み取れるガンダリウム合金の優れた性質

- 耐衝撃性
- 耐熱性
- 軽くて強い構造材料
- 耐放射線特性

↓

TiB_2合金

〈利点〉 従来より低温で焼結できる
大きな塊（バルク材）を低コストで作れる
※笠田らによる特許技術

二ホウ化チタン（TiB_2）焼結体。ステンレスより軽くて強い

でした。そのあたりが合金の深いところなのかもしれませんね。ところで、宇宙世紀のような宇宙環境だと、また何か変わったりしますでしょうか？

笠田：これは趣味の話でもあるのですが、人類が初めて使用した鉄器の原料は、隕石の中のひとつである隕鉄ではないかという説があります。石ではなく鉄なんですけど、これは純鉄ではなく、数％のニッケルを含んだ、鉄ニッケル合金なんです。トルコのアンカラに、アナトリア文明に関係する博物館があるのですが、この遺跡は、ヒッタイトで製鉄を始めた時代よりも古いのに、すでに鉄が使われていました。しかもこの鉄は最大7％のニッケルを含む鉄ニッケル合金だったのです。地球上の鉄鉱石を還元して作るヒッタイトの鉄にはもちろん高濃度のニッケルは含まれていません。つまり、彼らが製鉄を始める前に、隕鉄を拾って作っていたと考えられるのです。天からの授かりものとして王に献上したのかもしれませんね。そして、ヒッタイトの人たちは、その天からの授かりものをどうしても手に入れたくて、研究を重ねた結果、どうもこの鉄は磁石につくということに気づき、世界中から磁石に引っ付く石を探し求め、マグネタイト、鉄鉱石を見つけたのだと私は考古学は専門外ですが、材料研究者の視点から考えています。そして、鉄鉱石を隕鉄と同じように火にくべたりしているうちに、たまたま還元できて、そこから製鉄が始まったのではないかというのが私の思い描く説です。

太陽系が出来たとき、惑星がぶつかって、大きな惑星になった地球型の惑星と、太陽になりそこなった木星型の惑星があり、小惑星というのはそのときに惑星になり切れなかった破片なのですが、いったん惑星になりかけて砕けたものもあります。惑星になりかけたものの中には、ちゃんと真ん中にコアがあって、マントルがあって、表面は地殻、つまり地球と似たような構造になったものもあったはずです。そして、その地殻の石が砕けたものが普通の隕石で、真ん中のコアの部分は鉄なので、それが砕けて降ってきたのが隕鉄になります。隕鉄の見分け方のひとつは組成で、隕鉄にはニッケルが高濃度で含まれています。あと、博物館にある剣は、溶かしたり、叩いたりしているので、ぐちゃぐちゃに混ざっているかもしれませんが、隕鉄そのままのものは、表面を腐食、エッチングすると、特徴的な縞々の組織が見えるのです。これは、ウィドマンシュテッテン構造と言うのですが、異なる小さな構造を持ったものがあるから縞々に見える。ある部分はニッケルが濃く、ある部分はニッケルが薄いといった構造に分かれています。

伊藤：素人考えで、単純に無重力なら混ざりやすいなどの話を想像していましたが、隕鉄とはまた専門家ならではの視点の話になってきましたね。

笠田：ええ。そして、先ほどの話にも繋がるのですが、我々は材料、違う元素を混ぜたときに、どういった元素の並びになるかという、平衡状態図というものを描きます。

アシュビー・ダイアグラム

宇宙空間への物資の輸送としてP.15のコラムで軌道エレベーターに触れました。地上から宇宙まで伸びる数万kmもの長さを持つ軌道エレベーターのケーブル（柱）には、自重に耐えることのできる軽くて強い材料が必須です。

図はアシュビー・ダイアグラムと呼ばれる材料の強度と密度の関係を両対数グラフで示したものです。ケーブルに求められる両者の関係は図中の赤い直線で示されていますが、要求される強度は鉄鋼材料を含めた既存材料の理論限界を超えています。

一方、カーボンナノチューブという炭素の六員環がチューブ状に繋がった素材は軽量かつ極めて高い理論強度を有するため、ケーブル材料としての要求を満たす候補として注目されています。しかし、あらゆる材料は避け難い欠陥を大なり小なりとも含むために、理論強度に到達することはできません。カーボンナノチューブの理論強度を得るためには、たったひとつの炭素原子の欠落も許されないでしょう。

また、数万kmにわたって欠陥が存在しないことを保証する製造手法を見出すことは困難です。ケーブル材のような構造材料は、内部や周辺の人命や環境に被害を及ぼさないように、十分な強度を持つことはもちろんのこと、信頼性が高い（バラつきや欠陥の少ない）材料を用いる必要があります。安全性を確保するためには、チャンピオンデータ（複数回の実験において最良の結果）にとらわれずに、理論あるいは統計的に保障されたしっかりとしたデータベースを作る必要があるため、構造材料の開発には時間がかかるのです。

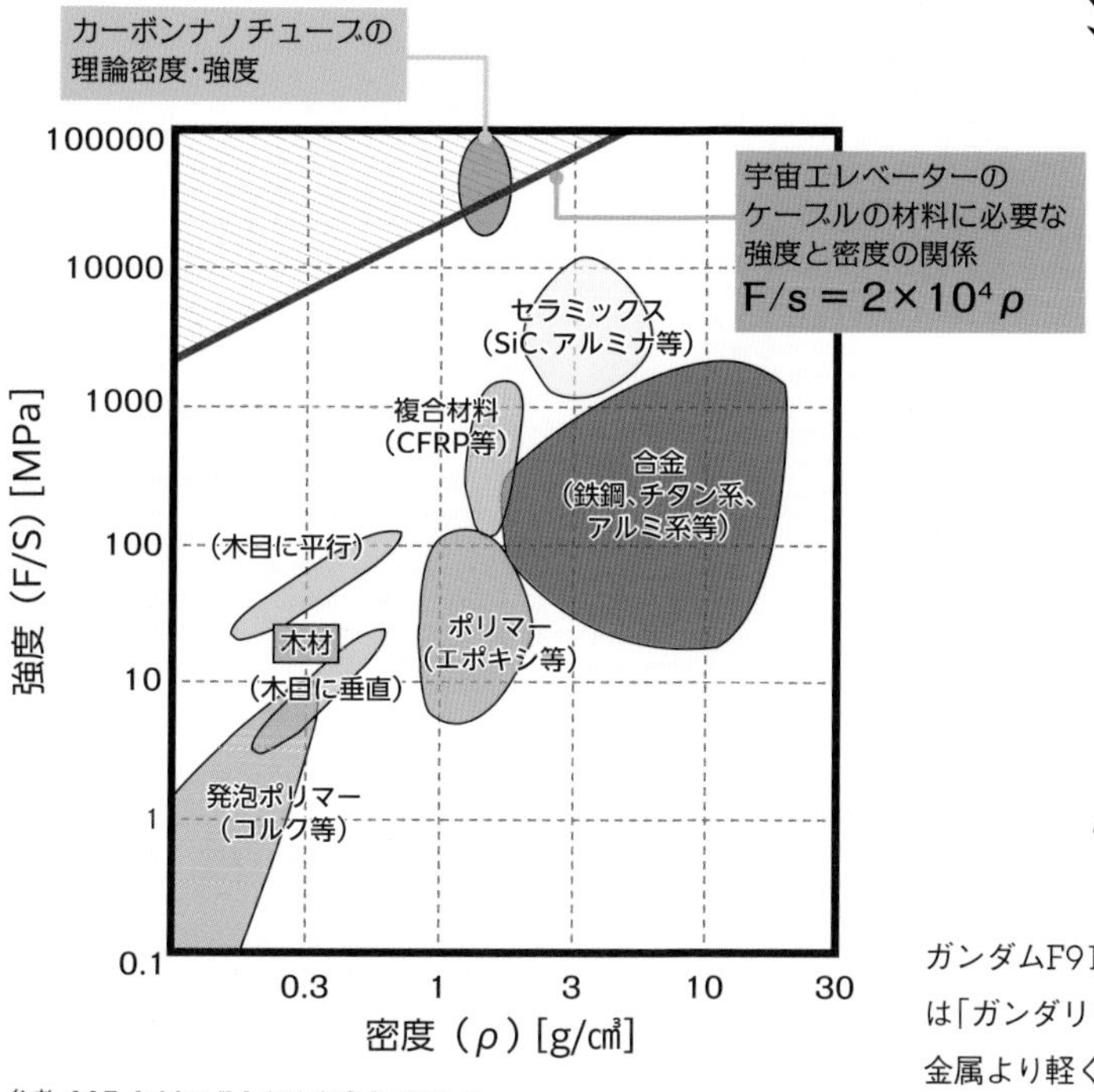

参考：M.F. Ashby, "Materials Selection in Mechanical Design", Butterworth-Heinemann.

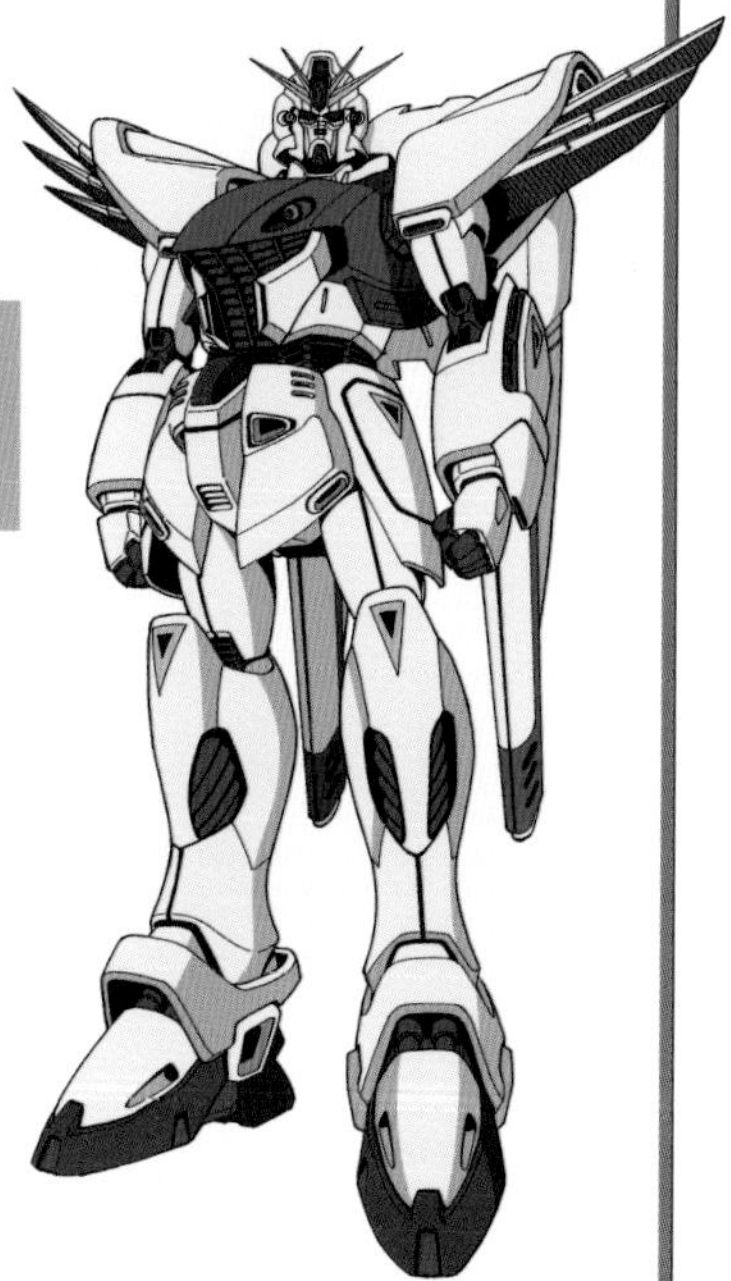

ガンダムF91の装甲に使われている合金は「ガンダリウム合金セラミック複合材」。金属より軽く、高い硬度と耐熱性を持つセラミックスが採用されたのだろう

縦軸が温度で、横軸がニッケルを鉄に何%入れたときに、どういう相が出てくるか、どういう構造になるのかを書くのですが、これは皆さんがよく知っている水も同じで、水を0℃にしたら氷という相になるし、100℃以上にしたら気体になる。そこに塩を混ぜたら、凝固点が変わるというのと同じ話で、鉄とニッケルの平衡状態図は、それぞれをある割合で混ぜて、その温度にキープして、無限時間たった時に絶対に安定になるものを書いたものになります。今我々が持っている平衡状態図は、無限時間に相当するぐらい十分安定だと材料学者が思ったものが書かれているのですが、誰も無限時間は試せないので、本当に安定かどうかは誰も証明できません。実際、鉄とニッケルの平衡状態図は変わりました。というのも、先の隕鉄に出てきた相は、地球上の鉄ニッケルには存在しない組織で、絶対に出ることはありません。太陽系ができたときの高熱状態から、真空断熱状態で数百万年に1℃というすごくゆっくりとした冷却速度の中で、何千万年もキープされて、初めてできる相なんです。だから、それを人類が自然状態で作ることは絶対にできません。宇宙でしか得られない資源なんですよ。この組織にはすごく特徴的な物性があって、磁性なんですけど、そういったものが宇宙にはもっといろいろとあるかもしれない。いわば、宇宙が作った合金ですね。なので、人類が作ったのではなく宇宙が作った合金は、宇宙でしか得られない資源になると思います。

伊藤：宇宙世紀になって、そういった金属、合金が宇宙空間で見つかった場合、それからヒントを得て、新たな合金づくりに向かうのでしょうか？ 例えば人類は、先程の縞構造を見たから、それを作ってみようと思うわけで、金属があのような縞構造をとると思わなければ、100年経っても、200年経っても作ろうとは思わないんじゃないかと。だから宇宙世紀になって、初めて手に入れた材料を見て、これを作ってみたいというモチベーションが出てくるのではないかと思うのですが。

笠田：現時点では、その可能性について言及することはできませんが、そうなることがあるかもしれませんね。ひとつは、宇宙にある元素は決まっていて、宇宙にしかない元素というのは、おそらく存在しません。だから、元素の限界は超えられないし、元素の組み合わせについても限界が来ると思いますが、混ぜ方や加工の仕方に、まだ我々科学者のアイデアの余地がありますし、それが私の研究の軸にもなっています。

伊藤：先生の研究の面白いところは、完全に溶かして混ぜるのではなく、良い塩梅で砕いて、良い塩梅で合成したほうが、良い特性をもっているというところだと思います。その意味では、ガンダリウム合金もそういったものなんでしょうか？

笠田：複合材というキーワードも出てくるのですが、複合材というのは、単独では使いにくいものを、混ぜ切らないで組み合わせて使っているわけなので、おそらく材料学としては正当進化している感じがします。

ガンダムF91にガンダリウム合金セラミック複合材が使われているのは前述の通り。一方でクロスボーン・バンガードのデナン・ゾンやビギナ・ギナ、ラフレシアなどにはチタン合金ハイセラミック複合材が使われている。余談だが「F91」という名称は「F（フォーミュラー）９型１号機」という意味

伊藤：ガンダリウム合金の歴史を調べていたら、ルナ・チタニウム合金と呼ばれていた初代ガンダムのガンダリウム合金は、地球連邦軍が作ったものですが、Ζガンダム以降のガンダリウム合金は、敗戦したジオンが小惑星帯に行って、自主開発したものだと。だから、ある意味、見様見真似で作った別の合金なんだけど、ガンダリウム、もしくはそれを超える素材だからガンダリウム合金と付けたという設定もあったらしいです。それを考えると、宇宙世紀でも金属加工というか合金形成はまだまだ研究されていて、さらにすごい開発スピードになっていますよね。

笠田：それこそ、今流行りの３Ｄプリンティングのようなものが完全にパッケージ化されていて、組み合わせを試す仕組みが出来上がっているんだと思います。まさにコンビナートリアル、コンビナートのように自動的に。人間の発想さえあれば試せるわけです。

伊藤：その意味では、宇宙に出て気づくことがたくさんあると、僕らはうれしいですね。

笠田：そう思ってやらないと。個人的には、もう少し早く宇宙旅行ができると思っていましたけどね（笑）。

伊藤：隕鉄の存在から、宇宙の金属資源に興味がわいてきましたが、ガンダムシリーズの場合、宇宙で全部採れたかといえば、そうでもない気がしませんか？　例えば、マ・クベが地球まで採掘に来たりしているわけですから、地球上でしか採れないものもあったりするのかもしれませんね。

笠田：実際、それは戦略物資的な問題だから、なかなか情報を揃えられないところもあるかもしれませんが、実際に調査するのも大変ですよね。宇宙は広いので。

伊藤：宇宙世紀には、月を掘ってはいけないみたいな条約があったりしそうですよね。

人間に月を掘らしたらすぐに掘り切ってしまうので、コストをかけてでも小惑星を持ってくるのかなって。ジオンが、7年間なり10年間なり、木星船団を送っていたというのは、また向こうは向こうで気づきがあって、新素材や新技術を持ってきているのかもしれないですね。ちなみに、宇宙での合金をイメージすると、無重力だから混ざりやすい、みたいなところがあるのかなって思いますが、それも宇宙に期待できるところですか？

笠田：我々が粉を混ぜる時、遊星型ボールミルという、遊星運動、ポットが公転と自転する機械を使っているのですが、すごく高級なものだと三軸加振ミルという三次元の動きをするものもあって、そちらのほうが混ざりは良いと言われています。だから、無重力化であれば、混ざりが良いものができる可能性はあります。ただ、無重力で実験するのはコストがかかりすぎるので、確かめられないというのが現状です。宇宙ステーションの「きぼう」などで行われている実験もありますが、超高速で、何十時間も掛けないといけないので、ちょっとコストが掛かりすぎてしまうんですね。

合金はいかにして始まったか

伊藤：そもそも人類が合金を使い出した歴史はどのようなものですか？

笠田：人類はまず青銅器時代を迎えたわけですが、青銅というのは銅の合金です。銅のままだと柔らかすぎて使いづらかったからでしょう。銅をもっと硬くしたくて、亜鉛やスズを混ぜてみた。そして、スズを混ぜて出来たのがブロンズです。銅は、銅鉱石もありますが、天然で自然銅として存在しています。一番最初に人類が使用した金属はおそらく金ですよね。自然金として存在していますし、キラキラ光ってきれい。加工も簡単です。そのときにおまけみたいな感じで、金みたいだけど金じゃない銅を見つけて、銅を使いだしたんだと想像しています。銅は金と違って加工すると硬くなるので、飾りだけではなく、入れ物を作ったり、武器を作ったりしたのでしょう。

鉄の場合、青銅器時代の後なのか、それと完全に重なっているという説もあるのですが、隕鉄は鉄ニッケル合金で、実は炭素を含んでいません。炭素を含んでいないと何が問題かというと、焼きを入れてもまったく硬くならないんですよ。刀や包丁で焼き入れってやるじゃないですか。水に入れて急冷することによって硬くするやつです。炭素が入っていると、急冷することで、特徴的な原子レベルの構造の変化が起こります。専門的には、マルテンサイト変態と言いますが、非常に硬い組織、構造になるわけです。それがすごく硬いので刀にも使うのですが、そのままだと硬すぎて、逆に脆くなる。だから、焼き戻しといって、程よい温度に温めなおして、炭素が無理やり鉄の隙間に入っている状態から少し炭素を動かして、別の炭化物にしてやるんです。それが鉄中に分散して、程よく硬いけれどしなやかで、折れにくくなります。それが鉄と炭素の合金、すなわち鋼《はがね》です。鋼の登場によって鉄が銅を駆逐していくのが歴史的な経緯となります。

伊藤：その流れには、当時起こせた火の温度も関係するのですか？

笠田：それはすごく重要な指摘で、銅の融点は鉄より低く、1200℃くらいで溶けるので、いろいろな形が作りやすいから青銅器が先に出たという説もあります。確かに鋳物を考えるとそうなのですが、実はそれよりもプロセスを考えると、還元する温度のほうが重要になります。鉱物から純銅を取り出す、純鉄を取り出すと考えた場合、銅はそれほど高い温度が必要ではなく、5、600℃くらいで簡単に還元できます。しかし、鉄鉱石の場合、鉄鉱石は鉄と酸素の化合物なので、そこから酸素を周りの木材の炭素と結びつけるのですが、その反応を起こすためには1000℃くらいの温度が必要になります。そもそも鉄の融点は1500℃くらいなので、簡単に出せる温度ではありません。ヒッタイトの製鉄の場合、ふいごを使って酸素を過剰に送り込むことで木材の温度を上げているのですが、それでも簡単に1500℃は超えません。材料学者から言うと、融点の問題ではなく、還元温度の問題だと思います。あと、還元のためには木材が必要になるのですが、製鉄をはじめたヒッタイトのあたりは、環境破壊がひどくて、木が全部なくなり、結局文明は滅びてしまったようです。実は産業革命の頃も同じように、木をどんどん切ったため、環境破壊もひどく、還元に必要な木がない状態になりました。そこで彼らは石炭を蒸し焼きにしたコークスを使ったんです。コークスを一緒にくべると、コークスの炭素で還元することが可能で、木を切らなくても鉄が作れるようになりました。それがますます産業を発展させたという歴史があります。かなり私の解釈も入っていますが（笑）。

伊藤：人類の歴史を紐解くと、そもそも自然界では混ざりものだった金属から、純粋な金属を取り出し、そこから意図的に混ぜ物をして合金を作るわけですが、もともとは混ぜ物だという意識もなかったんでしょうね。

笠田：鉄と炭素が混ざっているなんて誰も知らなかった。でも、その炭素の量を程よくコントロールするために、トンテンカンテンとやって炭素を追い出したわけです。

伊藤：それもおそらく経験的に見つけ出した手法だと思いますが、そこから意図的に合金を作るようになったのはいつ頃ですか？

笠田：それは1800年代のマイケル・ファラデーですね。日本は結局職人の世界なので、なんで日本刀がこんなにしなやかになるのかというところには誰も興味がいきませんでした。一方、当時の西洋科学は、日本刀とインドにあったダマスカス鋼に憧れがあって、あの波模様の組織や錆にくい性質をなんとか再現したいと思ったんです。西洋人は合理的なので、どういうことをすればどういうものになるかというのを徹底的に調べました。そこでファラデーは、鉄にいろいろな元素を系統的に混ぜまくった。錆びない鉄を作るために、金やプラチナも含めて、あらゆる元素をぶち込んでいきました。実際、金やプラチナを混ぜると錆びにくい鉄ができるようです。コスト的に使い物になりませんが（笑）。その歴史が今のステンレスに繋がっているのですが、だいたいの金属元素は、酸素なり、たまに硫黄などと結びついて錆や鉱物になります。そのほうが安定するからで、純金属の状態は基本的に大気中で不安定。金属は必ず錆びたいんですよ。酸化したほうが安定するので。だから、うまく合金元素を入れて錆びにくくしたり、炭素を入れて強くしたり。そうやって新しい材料を作ってきました。

耐衝撃性と中性子対策

伊藤：ガンダリウム合金を装甲として使う場合、比強度や熱耐性以外に注目するところはありますか？

笠田：強度はもちろん、耐衝撃性も考える必要があります。我々の世界ではひずみ速度と言うのですが、負荷の掛かるスピードで材料の応力が変わります。普通は速ければ速いほど脆くなる方向にいくので、壊れやすくなる。自動車のボディに使われる鋼板は、昔よりすごく薄くなりましたよね。それは強度が上がっているから薄くなっているのですが、加工性も高くなっています。昔の車に角ばっているものが多いのは、デザインの問題だけでなく、それしか作れなかったからです。曲げると曲げたところから壊れていきます。今、丸みのあるデザインが作れるのは加工性がよくなっているからですし、さらに薄くできるのは強度が上がっているからなんです。そして、今の最先端の鉄鋼材料にＴＲＩＰ鋼というものがあるのですが、これの何がすごいかというと、普段も強いのですが、衝撃を受けるとさらに強くなるんです。

伊藤：面白い材料ですね。それはどういった仕組みなのでしょうか？

笠田：衝撃を受けると、材料の構造が変わって強くなるんです。少しだけ原子の並びがズレて強くなる。安全の分野では、これだけの強度がないとダメですっていう基準があるじゃないですか。だから、薄くして強くなりましただけでは衝撃を吸収できないので、衝撃を受けたときにさらに強くなれますよっていう材料があるんです。

伊藤：最初からその強度にするわけにはいかないのですか？

笠田：衝撃を受けた後の状態はすごく硬いんですけど、脆い。だから、一回限りの保険的な要素になっています。実は、私が今開発している酸化物分散強化超合金にも、その機能を付与させようとしています。トカマクというタイプの核融合炉には、ディスラプションといって、衝撃的にプラズマが消えて、周りの構造物に凄まじい電磁力が一瞬で掛かることがあるんです。その瞬時に掛かる力に耐えられる機能を付与しようとしているのですが、これはたまたま自動車用鋼板の組成にすごく近かったからで、そういう機能があるのではないかとテストしているところなんです。

伊藤：ザクのマシンガンのような実弾の衝撃というのは理解しやすいのですが、ビーム・サーベルやビーム・ライフルによる攻撃も衝撃になるのでしょうか？　ビーム・サーベル同士の鍔迫り合いで火花が飛ぶのも装甲にダメージがありそうですが、これらは衝撃にあたりますか？

笠田：ビーム系やプラズマだと、第一の心配は熱ではないでしょうか。それよりも興味深いのは電流です。グフの鞭やハンブラビの海ヘビなど電流を流すもの。この時、Iフィールドのような高磁場でもあったりすると、ローレンツ力が働いてグニャっとなる。装甲は壊れたなら取り外せば済む問題なのですが、衝突して形が変わってしまうと、引っこ抜けない場合も想定できます。だから私のアイデアは、一度衝撃を受けても、何とか形は保って引き抜けるようにし

左／ミサイルをシールドで受け、爆風の中から顔を出すガンダムMk-Ⅱ。シールドには、ガンダム本体に使われている合金とは別の特性を持ったものを用いていると考えられる　右下／ガンキャノンによる、サッカーボールキック。ガンキャノンは中距離支援型モビルスーツなので装甲も厚く、合金同士の衝突においても有利なのだろう　左下／シャア専用ズゴックのもっとも有名なシーン。アイアン・ネイルはアイアン（鉄）という名称だが、硬度と耐衝撃性を併せ持った合金が使われているはずだ

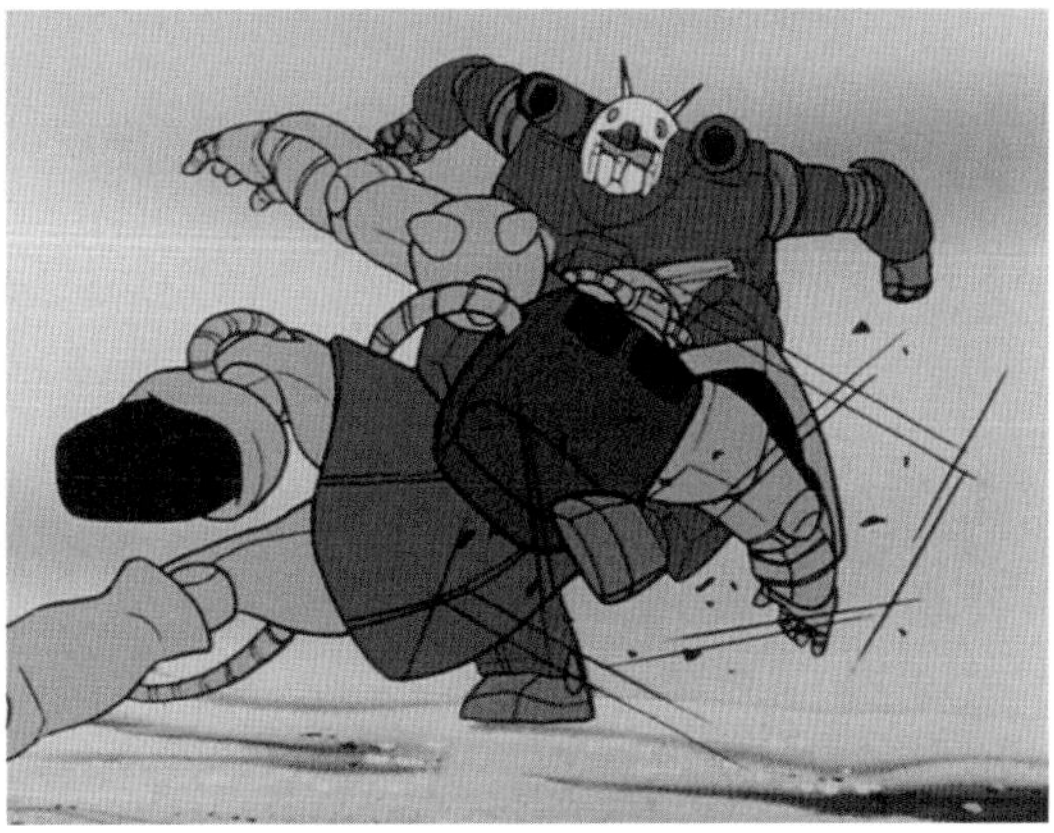

たい。もちろん再利用はできませんが。

伊藤：その意味では、ガンダムの装甲にもそういった機能が付いている方が、整備性も良いですね。特にコクピット周りはパイロットを守るためにもそういった材料を使わないと厳しいでしょうね。

笠田：構造材というのは地味なんですけど、そうやっていろいろなアイデアで役立てていこうと思っています。あと、やはりビーム系は熱ですね。

伊藤：ビームの威力が強くなると、電子を奪って、溶けるとは言いませんが、金属がプラズマ化するようなことも起こり得るかと。

笠田：そうですね。だから熱と、もう少し直接的なエネルギー付与。電気ストーブの巨大版という考え方と、実際は粒子も飛んできているので、粒子が相手の原子を叩き出す。そういった2つの作用が考えられます。

伊藤：今度は、宇宙空間での活動やモビルスーツでの特殊な任務を想定して、放射線に強い材料について教えてください。放射線にもいろいろなものがあり、宇宙でも宇宙線として飛び交っていますね。材料で遮蔽することも重要ですし、それによる材料の劣化も気になります。特に、放射線の中でも透過力が高い中性子という原子サイズだけど原子ではないものがあります。このようなものに対しては、どのように耐性を上げるのですか？

笠田：答え方が2つあって、材料を細かく見ていくと、原子が並んでいるわけですが、中性子が飛び込んでくると、その並んでいる原子を吹き飛ばしてしまいます。ビリヤードのようにスコーンと。そうすると、有るべきものが無くなるので、性質が変わってきます。安定を求めて変質するのですが、だいたいは悪い方に行きますね。

伊藤：ダルマ落としで落とされたような感じですね。

笠田：だいたいは脆くなっていくのですが、脆くなるとポキっと折れたりするので、立っていられなくなります。だから、支えている部分に中性子が飛んできても耐えられる材料を使うわけですが、それに加えて、中性子がなるべく飛んでこないようにするという2つの方策が必要になります。

　中性子がたくさん飛んでくると脆くなる。脆くならないようにするためには、原子がスコーンと抜けたとしても性質が変わりにくい材料を作る。そのひとつが、我々の作っている酸化物分散強化超合金です。スコーンと抜けた部分を〝欠陥〟と言うのですが、その欠陥があっても、それが見えないところに行ってくれれば、なかったことと同じですよね。その意味で言うと、酸化物の表面はもともと欠陥みたいなものなので、欠陥がひとつくらい増えても、全体の性質はほとんど変わりません。つまり、欠陥で欠陥を制御するという考え方になっていま

左／ティターンズがアクシズを動かすために核パルス・エンジンを使うと考えたヘンケン艦長が、エマ中尉を心配して言う台詞「君には危険な任務になる。ティターンズはコースを変えるときに核パルスを使うだろう。放射能汚染が気になる」。この時代でも、強大な推進力を得るための動力に使われているようだ

左下／ヒート・ロッドのような物理武器で電流を流されると、ローレンツ力が働いて金属が変形させられてしまう

右下／ヒート・ロッドの攻撃内容は電気なので、シールドでガードできても電気は通電してしまう

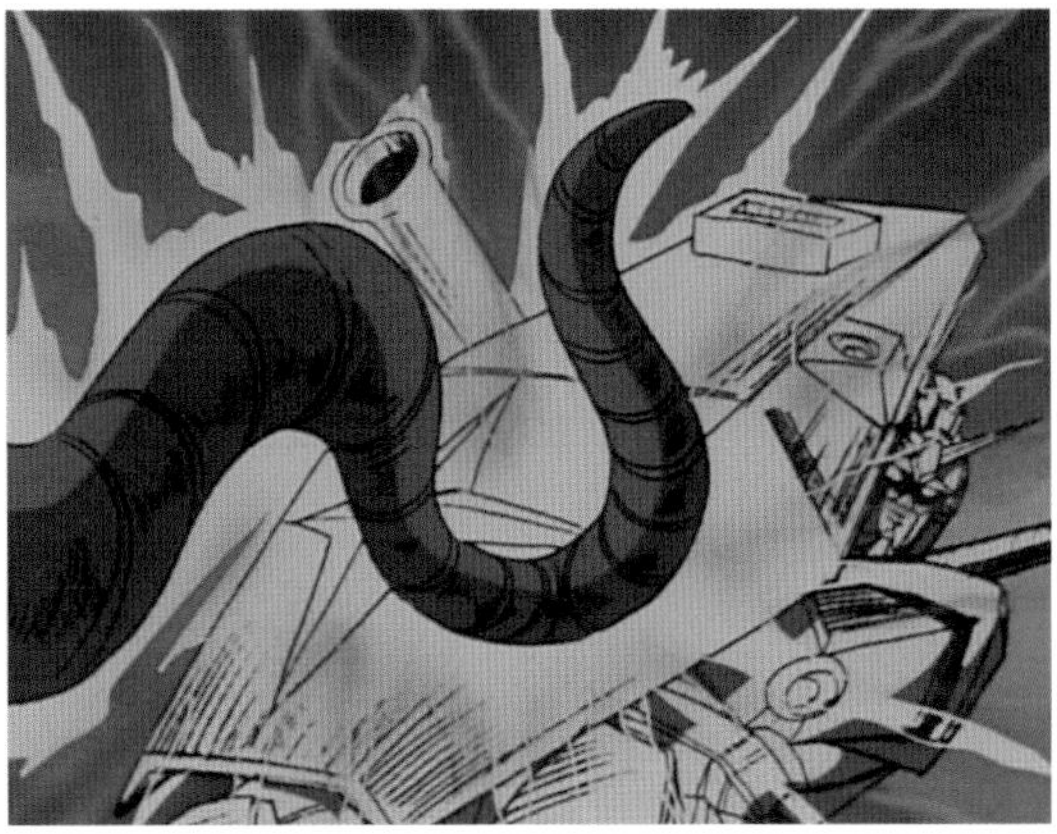

す。

伊藤：それは、自己回復しているということでしょうか？

笠田：欠陥の自己回復も起こっていますが、この材料はそれに加えて、回復しなかった多少の欠陥は許容してしまうのです。あともうひとつは、TiB_2、二ホウ化チタンの場合です。中性子は違う原子核に吸収されて、核反応を起こします。いわゆる原子炉では、ウランに中性子が当たって、核分裂を起こし、違う原子になったときにエネルギーを出しますが、実はホウ素の場合、中性子を吸収するとリチウムとヘリウムに分解されます。それがたくさん反応してくれるので、中性子を吸収しやすいのです。だから、中性子を外に漏らしたくないときはホウ素が入ったもので覆うのです。福島の第一原発の事故処理中の水にはホウ酸が注入されていて、それで中性子を吸収することで、中に溶けたウランの原料がまた核分裂をはじめるのを防いでいます。つまり、

ホウ素がたくさん入った材料で、中性子が発生するところを覆えば、パイロットは守れるし、ほかの構造材料に中性子が当たるのを防ぐことも出来ます。

伊藤：つまり、二ホウ化チタンは、中性子の吸収を目的にしてホウ素を混ぜたのですか？

笠田：二ホウ化チタン自体は、あまり用途に縛られていなくて、とにかく高温で使える材料がこれから重要になると見越して開発したものです。ただ、中性子をたくさん吸うので、例えばデブリのような核廃棄物を保管する容器など、耐中性子と耐高温を兼ね備えた材料として、今後さらに重要になると期待しています。我々、材料研究者は、最初は特定の用途で使うつもりで作っているとしても、その中でいろいろな新しい技術が出てきたときに、別のことにも応用できるのではないかと考えるわけですよ。これができたら面白い、応用が利くのではないか、そんな発想での材料開発の仕方もあるのです。

伊藤：『機動戦士Ζガンダム』25話「コロニーが落ちる日」劇中で、核パルス・エンジンを誤作動させる任務に赴くエマ中尉が、放射線被曝を心配するヘンケン艦長に対して「コクピットにいれば大丈夫」と答えているように、コクピット周りは放射線に対する措置が万全であることが窺えます。

笠田：酸化物分散強化超合金は、我々が今目指している核融合炉の構造材料で、支える力に加えて、曲げ引っ張り、外部からの力にも強い材料として開発をしています。そして、核融合炉から出てくる中性子を浴びても脆くなりにくいとか、性質が劣化しにくいという特徴があります。これは、レアアースの酸化物をメカニカルアロイングというちょっと特殊な方法で、無理やり混ぜ込むことによって初めて出てくる性質です。これは核融合炉の構造を支える材料で、もうひとつの二ホウ化チタンは、高温や中性子から守るための材料として研究してい

アストナージの説明によると「フッ素樹脂をネマティック状にして何重にも塗り重ねたんだ。3秒過ぎたら溶けてしまう」。装甲表面に塗布し、ビームを受けると蒸発することで本体をビームの高熱から守るという仕組み

ます。

コーティング技術で強度を高める

伊藤：今のお話を聞くと、Zガンダム以降のムーバブル・フレーム向けの構造材料にも適していると思われます。話は少し変わりますが、フルアーマーZZガンダムは、コーティングによってビームなら3秒まで耐えられるとなっていますが、ガンダリウム合金自体が強いのはもちろんとして、コーティングによって、さらに強くすることは可能なのでしょうか？

笠田：耐熱だとすれば、もっと融点の高い材料をコーティングすることが考えられます。金属だったら、一番融点が高いタングステン。3000℃を超えていて、鉄やチタンの倍以上です。なので、タングステンコーティング、あるいはセラミックスコーティングなどは効果があるかもしれません。

伊藤：コーティングと言うとワックスや歯のフッ素みたいに、液体的なものや柔らかいものを塗って膜を張る、みたいなイメージになるのですが、笠田先生的には金属のコーティングになるんですね。それはメッキみたいなイメージでしょうか？

笠田：そうですね。ただ、タングステンは基本的に水溶液ではメッキができないんですよ。だから、物理的にくっつけるしかないので、タングステンを乗せて熱と力で〝拡散接合〟することになります。ただ、これは溶接みたいな感じで、くっつける素材にも影響が出てしまうので、温度を上げずにくっつける〝爆発接合〟といって、プラスチック爆薬のようなものを爆発させて、タングステンを無理やり圧着させる方法もあります。ちょっとやんちゃな方法ですが、これがなぜかくっつくんですよ。膜と言うより、被覆ですね。この方法でくっつけると、タングステン自体もより強くなります。その他にもいろいろな方法がありますが、温度を上げるのは最終手段ですね。

伊藤：プラズマ化してコーティングすることは可能ですか？

笠田：可能といえば可能ですが、コストが掛かるのと、薄くしかつかないという欠点があります。

伊藤：とにかく発想としては、丈夫な金属の上に、さらに丈夫な金属でコーティングすることになるわけですね。ただ、フルアーマーZZガンダムは、フッ素コーティングらしいです。

笠田：そういった有機系の蒸発するものをコーティングするなら、考えられるのはベイパーシールディング、蒸気遮蔽と言われているものでしょうか。表面の素材が吹き飛ぶことでシールドする手法で、吹き飛んだときに気化熱と一緒にエネルギーを持っていくから残った方が守られるという説と、吹き飛んだものがその場に残って次の衝撃をそのガス層が遮蔽するという説の2つがあります。ビーム・ライフルのパルス長が問題になりますが、吹き飛んで守るといったほうが、イメージには近そうですね。その素材に少しでもフッ素が入っていればフッ素系といえますし（笑）。

伊藤：つまりフッ素系素材を使ったベイパーシールディングであると。

笠田：それ以外にも、私がやっている酸化物コーティングという方法もあります。これはゾルゲル法と言って、有機物の中にアルミの酸化物、アルミナの粉末をいれて、ねっとりしたものを塗布して乾かすときれいにアルミナに覆われるのですが、そういったものを張り付ける方法もあります。結局、ビームって荷電粒子なので、エネルギーがキロエレクトロンボルトとか、メガエレクトロンボルト程度の重水素イオンだったら、入っていく浸透の深さはほんの10ミクロンになる。それなら、液体コーティングでも耐えられそうですし、そこが吹き飛んでも全然大丈夫なので、フッ素系でも意味があると思います。

ガンダリウム合金が備えるべき要件

伊藤：あらためて、合金の専門家として、笠田先生が考えるガンダリウム合金の備えるべき要件はどのようにお考えですか？

笠田：まず構造材料として十分に強いこと。ガンダムの自重を支えるだけの、あるいは戦っているときの外からの荷重にも耐えられるだけの強さを持っていて、突然ボキッと折れないだけの粘り強さ、タフネスさを持っているというのが構造材料として必要だと思います。これは、材料として基本的に持つべき性能ですし、ガンダムに限らず、ありとあらゆる構造物に使われる材料に普遍的なものではありますね。宇宙環境で活動するモビルスーツとして特に備えていないといけないのは、やはりパイロットを守るために、放射線をうまく遮蔽してくれる機能をもった材料も必要だと思います。シャア大佐は生身で乗り込みますし。さらに、いろいろなビーム兵器に耐えられる機能が必要なので、ビームが当たる可能性がある場所には、融点が高いとか、犠牲的にエネルギーを吸収してくれるとか、そういった機能性をもった材料が必要になりますね。だから、この材料が一個あればできるというのではなく、ガンダムという構造物のいろいろな箇所で必要となる機能を持っている、それぞれの適材適所の材料が必要になるんじゃないでしょうか。

伊藤：ということは、一言でガンダリウム合金と言っても、いくつかの種類があるということになりますか？

笠田：ガンダリウム合金というのは、その中のどこかの部分に使われているもので、ガンダリウム合金オンリーですべてを網羅するというのはあまり現実的ではありませんね。

伊藤：なるほど。それでは他に、宇宙世紀のもので、今はまだ存在していないスペシャルな素材が使われていると思うところはありますか？

笠田：合金ではありませんが、〝ノーマルスーツ〟ですね、やっぱり。宇宙空間というのは過酷な宇宙線環境、放射線環境なわけですよ。放射線のエネルギーがすごく高いので、放射線量は大きいはずです。何かの構造物の中にいれば、それなりに遮蔽されるので、だいぶ安心ですが、それでもやはり、宇宙線というものすごい高いエネルギーの、しかも透過してきて人間も突き抜けて、たまに当たってしまう放射線が多いので、それからどうやって防御するかというのが、人類が宇宙に行く上での、最大の壁だと私は思っています。だから、それを克服できるノーマルスーツというのは、すごい技術だと思います。あれだけしなやかに動くということは、有機系も含まれているし、なにかすごいテクノロジーが隠されているはずですよ。

伊藤：『逆襲のシャア』で、クェス・パラヤが生身で宇宙空間に飛び出したのをシャアがすごく心配するシーンで、あのときに僕らは、真空ゆえに酸素とか低圧力を心配してしまうんですけど、それよりも宇宙線のほうが問題になるわけですね。

笠田：私はそちらのほうがドキドキしました（笑）。実際、どのくらいの宇宙線があるかはわかりませんし、ヴァン・アレン帯の内側、地球圏であればまだ良いのですが、木星圏などは相当辛いと思います。アクシズみたいな巨大なものなら、アクシズ自体が遮蔽体になるから大丈夫だと思うんですけど、ジュピトリスは船ですよね？　あれは大変だろうなって。

ガンダリウム合金の実現まで

伊藤：それでは、今の技術速度を考えて、ガンダリウム合金を作り出せるのは何年後になると思いますか？

笠田：とりあえず、自立して自在に動くガンダムを作るのが最初ですね。あのサイズで、支え無しで自立して動けるとなると……作ろうと思えば作れると思いますが、ガンダムの形を追い込めるかどうかは、いくらお金を掛けられるかですよね。すごく高くなるのは間違いないです。

伊藤：素材的には実現可能であると？

笠田：地上で歩くくらいはできると思いますが、あの大きさで、安全に均一に動き回るとか、戦うとかはまったく別の話で、それはちょっとまだ想像がつかないです。

伊藤：材料の世界では、良い素材ができてから、実際に産業において、それが量産されるまでに30年くらいは掛かるという話がありますね。

笠田：特に高温で使う材料は、実際にその高温で30年持つことが示されないと、誰も使ってくれません。クリープ試験と言って、ずっと30年間重りをつけてぶらさげるんですよ。加速実験ができないので、物理的な実証実験をやりながら使っていくわけです。材料、特に構造材は、安全性が担保されないといけないので、責任があります。そして、ユーザーも常に安全に責任を持つ立場の人達なので、ちゃんと認証されたものを使います。そのために材料規格というのがあるのですが、新しい材料を材料規格に載せるためのデータを集めるためには、ものすごい時間が掛かります。だから、一人の材料研究者が、特に構造材料という分野では、一生かけて、一個送り出せれば、それはすごいことなんです。だって30年掛かるんですから。もう定年ですよ。

伊藤：その意味では、ミノフスキー粒子はミノフスキー博士の名前なのに、ガンダリウム合金が人の名前ではないのは、いろいろな人が関わっているからかもしれませんね。それでは改めて、ガンダリウム合金という視点で考えると、宇宙世紀は何年後に迎えられると思いますか？

笠田：材料工学的には、宇宙世紀はすぐそこに迫っていると思います。私の孫くらいの世代には、3Dプリンターによって樹脂だけではなく、金属材料やセラミックス材料を用いた構造物を、従来の製法以上に作れるようになっていると期待しています。ただ、ガンダリウム合金が人類の夢を実現する構造材料の象徴とすれば、まず人が宇宙に行くと思わないと、そのための材料開発は始まりません。

　宇宙のような極限環境のフロンティアに行こうと人類が夢見たときに、我々材料研究者は、必要な材料の要求スペックを満たすように開発を始めます。核融合炉専用の材料の開発も、人類が核融合炉を実現しようと具体的な設計を検討しはじめた1980年代に開始しました。ライト兄弟からまともな旅客機が飛ぶまでは、やはり何十年も掛かっています。この間に、ジュラルミンという軽くて強いアルミニウム合金が開発されて、飛行機の性能向上に貢献しました。そう考えると、テクノロジーの進歩は速くなっていますが、空よりも宇宙（そらと読んでほしい）はもっと困難度が増しているので、だれでも望めば、あるいは望まなくても宇宙に居住することができるのが宇宙世紀であるならば、必要な年数は、今までと変わらないか、それよりも長くなるんじゃないかと思います。それで、孫くらいの世代には宇宙世紀が来て欲しいと考えました。

　ただ、人間が宇宙世紀に耐えられるものになっているかどうかは難しい。というのは、先程もお話ししたとおり、まず宇宙線を遮蔽しなくてはいけない。遮蔽するためには分厚くしなければいけないのですが、そんな分厚いものを宇宙に作るとなると、そこまでして宇宙に行く必要があるの？　という問題がコストの面からも出てくるわけです。だから、人間が望めば、材料にはまだ進歩の余地があるので、たぶん宇宙には行けます。ただ、それで人間を耐えられるものにするかは、人間が革新しないといけない気がします。材料はガンダリウム合金に向かって頑張れる。私の次の次の世代ぐらいまではまだ頑張れると思います。

伊藤：次の次となると結構迫ってますね。

笠田：やはり、それくらいのスピード感があると思いますし、私自身、あと三世代で材料工学は行くところまで行ってほしいと思っています。

伊藤：宇宙に出たことで材料工学がもう一伸びする可能性はありますか？

笠田：それもあるかもしれません。それは使ったことがない材料が無重力で作れるかもしれないということに加えて、宇宙に出たことによって新たな必要が生じるからです。必要がやはり材料を育てるので。だから、私はあと三世代で宇宙世紀が来てほしいと思っています。

出渕裕氏が「生身で宇宙空間に出るのはおかしい」と指摘するも「NASAでも数秒間なら大丈夫って言われてる」と押し切った富野由悠季監督。笠田教授は「真空に出ることよりも、宇宙線（高エネルギー電磁放射線の総称）の影響が気になってドキドキした」とのこと

ヘルメットは視認性と丈夫さを両立させた強化ガラスが使われているだろうが、薄緑色に染まっているのは太陽光などの強い光から目を保護する目的だろうか

ノーマルスーツは、地球連邦軍もジオン公国軍も大差ない。酸素を供給し、二酸化炭素を除去。温湿度を一定に保つという役割に加えて、宇宙線から身体を守る機能も求められる

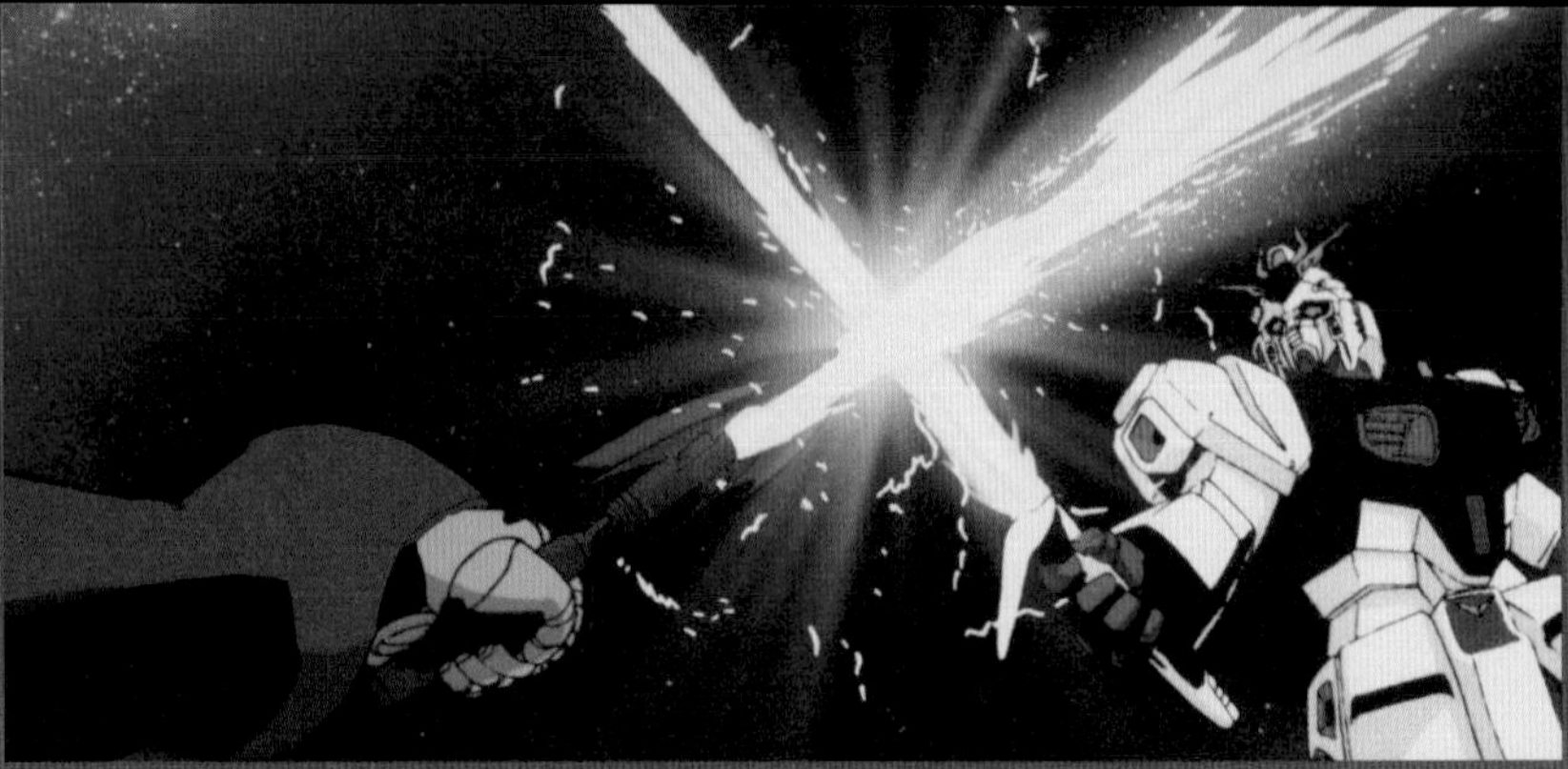

Scene 2 >>>Beam Saber

ビーム・サーベル

ガンダムのバックパックに挿されている柄を引き抜くと、そこからピンク色の刀身が現れる……というSFテイスト全開のギミックで我々を魅了したビーム・サーベル。あの武器は現代科学で実現可能なのか？ 作るとしたら、どんな技術を用いるのだろうか？

公式設定

MSが装備する近接格闘用兵装の一種。ヒート系兵装と異なるのは刃の部分が粒子ビームの放射束で形成されていることである。この開発には熱核反応炉の開発過程で考案・実用化されたエネルギーCAP技術が大きく関わっている。縮退寸前のミノフスキー粒子を備蓄し、ビーム兵器のエネルギー源として利用するのがエネルギーCAPであり、これを柄部分に内蔵するビーム・サーベルは、エネルギーCAPから放出されたミノフスキー粒子をIフィールドの力で剣の形状に固定している。

放出されたミノフスキー粒子は極めて高温を保持しており、この高熱で標的の装甲を溶解・切断するのである。またIフィールド起動時は強力な磁界が発生し、磁界が生む斥力によってビーム・サーベルは他のビーム・サーベルやヒート系兵装と切り結びを行うことができる。つまり本来なら実体を持たないミノフスキー粒子で構成されていながら、あたかも実体剣のような特性を示すのがビーム・サーベルなのだ。

使用時には大電力を必要とするものの、ヒート系兵装よりも軽量かつ取り回しに優れるビーム・サーベルは、MSの格闘戦の主兵装としての地位を確立。さらに出力や刀身の長さ、形状の違いなどによってビーム・ソード、ビーム・ランス、ビーム・ナギナタ、ビーム・トンファーなどの派生兵装が登場したが、原理的にはほぼ同じである。

ちなみにU.C.0083以降になると柄から放出されるミノフスキー粒子を射撃兵装に転用したビーム・ガン兼ビーム・サーベルといったものも開発されたが、この場合も基本原理は変わっていない。

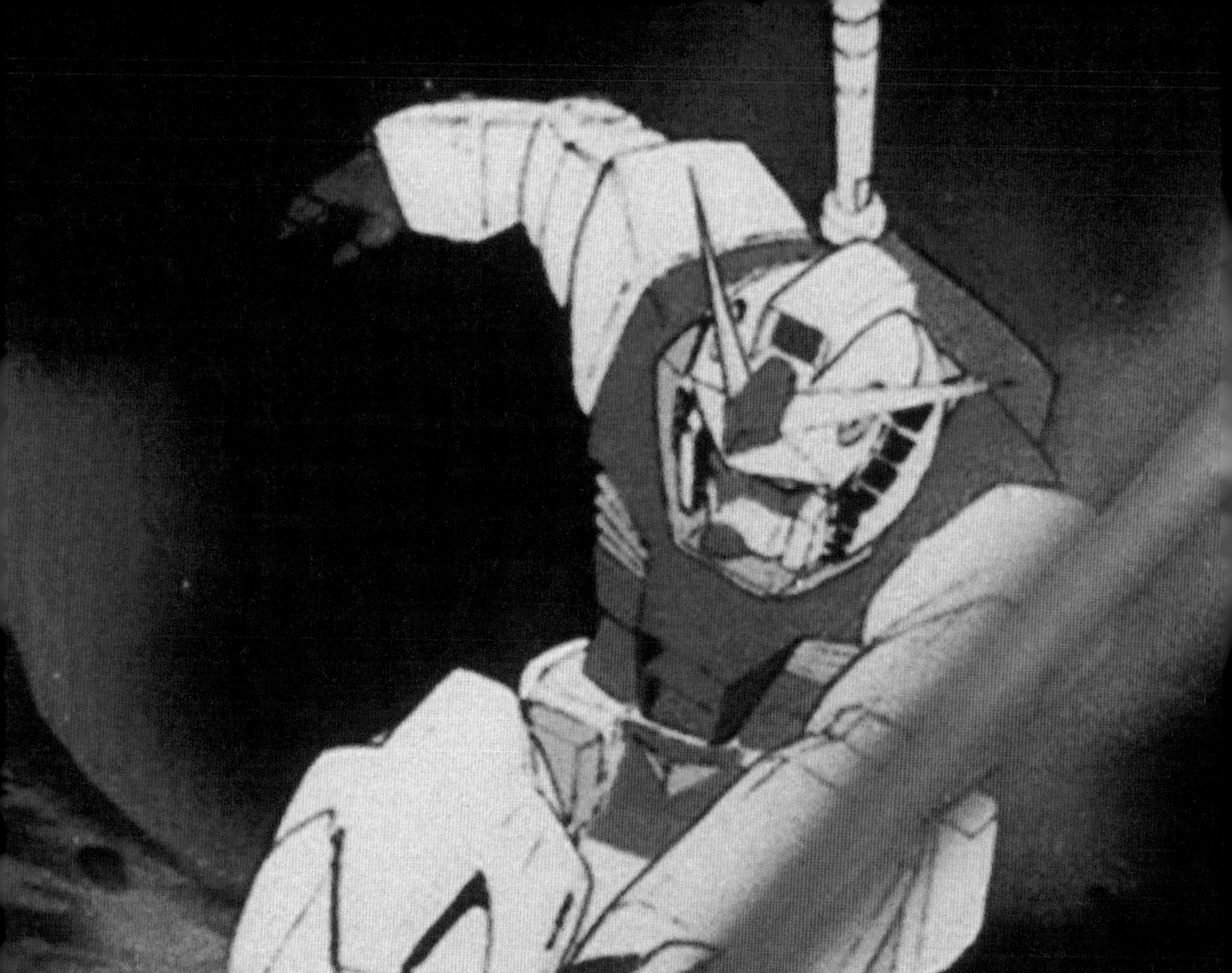
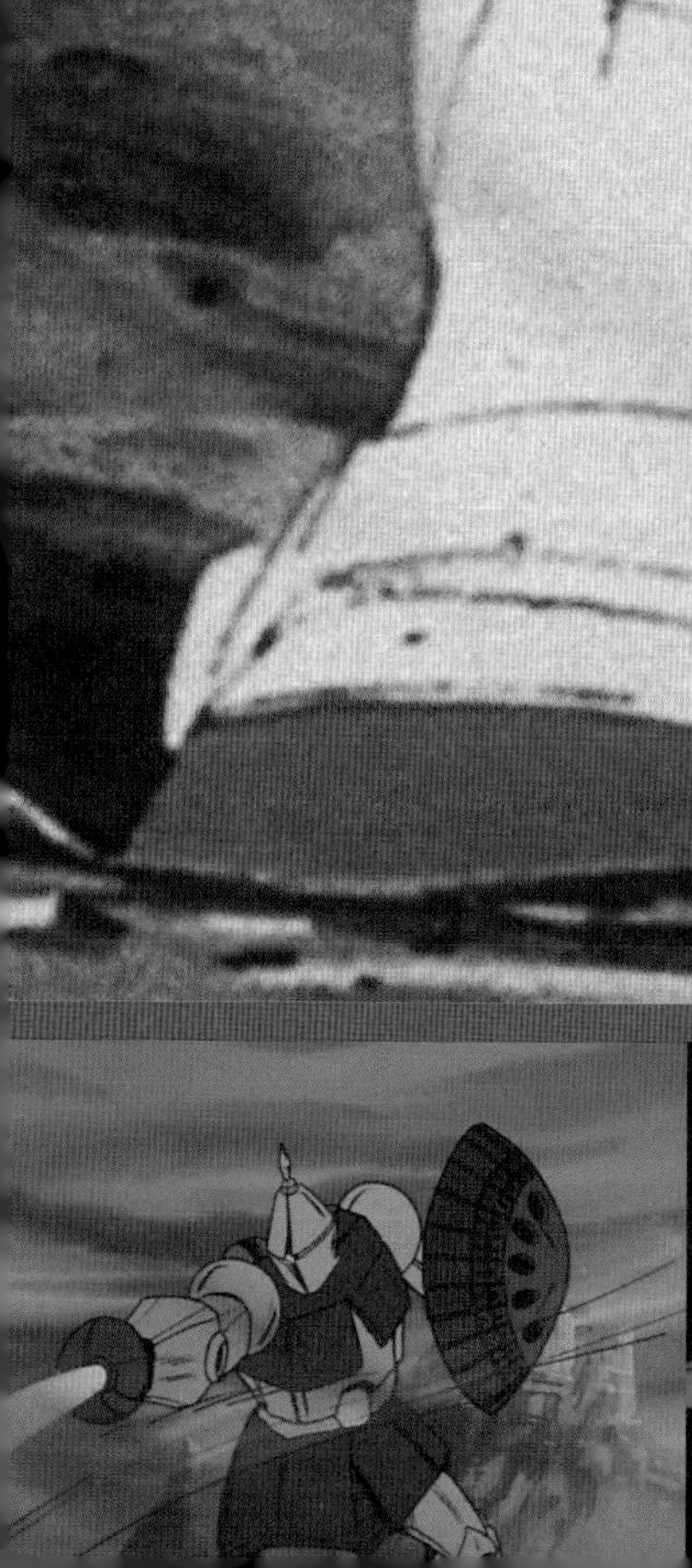

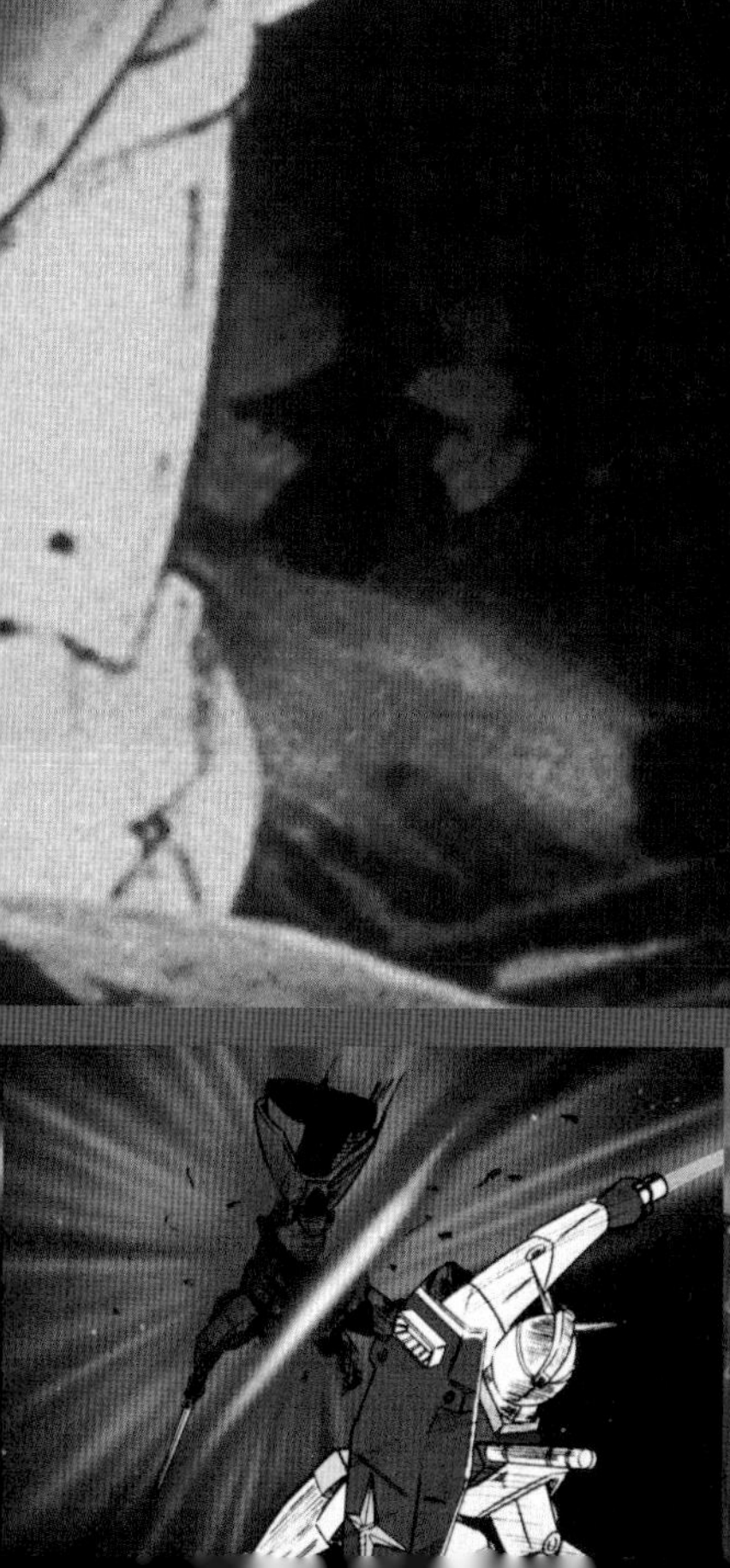

「ビーム・サーベル」講師

トシロー・カネコ

金子俊郎

東北大学
大学院工学研究科
電子工学専攻 教授

［好きなモビルスーツ］
ジオング

MSN-02

私とガンダム

ビーム・サーベルをプラズマの授業で使う

伊藤：ビーム・サーベルのお話を伺う前に、まずは金子先生の『機動戦士ガンダム』との出会いを教えて下さい。

金子：子供の頃、テレビアニメで観たのが最初の出会い。たぶん初回ではなくて、2回目か3回目の再放送だと思うのですが、それでハマりました。当時のガンダム大辞典を買うくらい（笑）。後はやはりガンプラですよね。その頃はなかなか買えなくて、文房具屋に並んだり、抽選に申し込んだり。それで、最初に抽選で買えたのがジオング。やっぱりガンダムが欲しかったんですけど、ガンダムは当たらなくて。でも、最初に買ったということもあって、一番好きなモビルスーツはジオングですね。ジオングには足がないじゃないですか。でもメカニックが、足なんて飾りですよって。

伊藤：偉い人にはそれが分からんのですって（笑）。

金子：そうそう（笑）。そういった本質を極めたモビルスーツということで、研究者としてはジオングは重要な存在だと思っています。

伊藤：大学の授業で『ガンダム』に触れることってありますか？

金子：プラズマの紹介をするときに、ビーム・サーベルの部分がプラズマの一種ですよと、そんな感じで説明することがあります。スターウォーズのライトセーバーとの比較とか、ポケモンの10万ボルトとか。そのあたりを例に出して解説するのですが、その中のひとつとして、ビーム・サーベルは重要な位置を占めています。ただ、世代ギャップもあって、最近ではなかなか反応が……。大学3年生のプラズマの授業を担当しているのですが、最初の授業でビーム・サーベルの話をしたら、ほとんどの学生が「そんなの知らない」という顔をしていましたね（笑）。だからこの機会に、『ガンダム』を若い世代にも知ってもらいたいと思っています。やはり不朽の名作ですから。

伊藤：他にも、先生の授業ではもっと興味深いものがあるという噂も聞いていますよ。

ム・サーベルでイチゴを作るなんて、
わらずおかしなことを考える人」

金子：東北大学には、大学1年生向けに創造工学研修という、希望する研究室で実験の実習をしましょうという授業があるのですが、その中で、私の研究室に来た学生さんには、実際にビーム・サーベルを作ってもらって、ビーム・サーベルの長さと明るさを競うというコンテストをやっています。電極の位置を変えたり、形状を変えたり、いろいろな工夫をして、どれだけ長く伸ばせるかを競わせているんですよ。

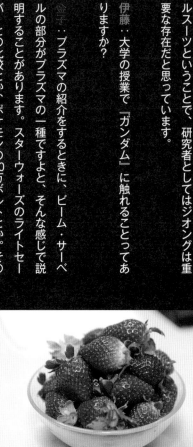

プラズマでサーベルを作るなら強力な磁場で粒子を閉じ込める！

ミノフスキー粒子が存在しない現代科学でビーム・サーベルを作るとするならば、強力な磁場中でプラズマを使うのが近い形になるそう。ヘリウムやネオンなど、使うガスによってサーベルが色も変わるのも整合性が取れる。

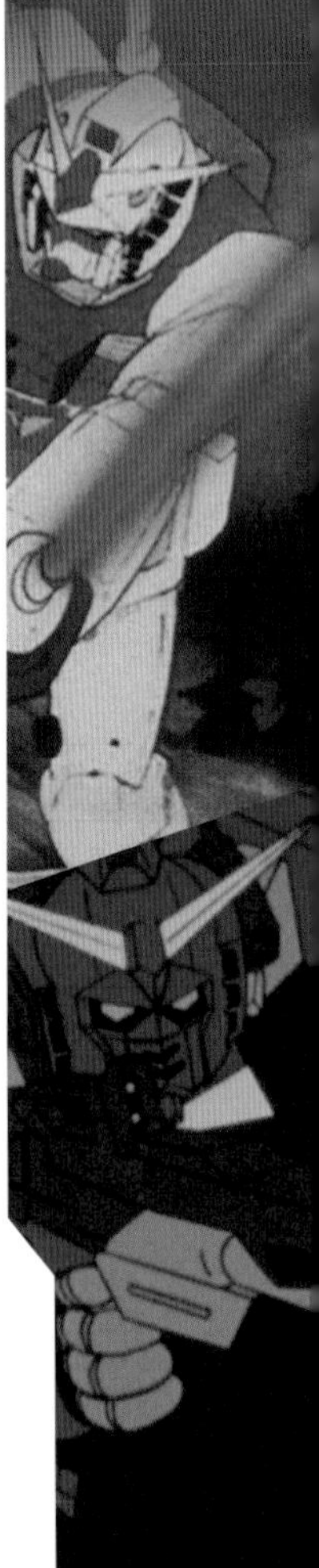

ビーム・サーベルの正体は“プラズマ”

伊藤：金子先生の考えるビーム・サーベルの正体はズバリ？

金子：プラズマだと思います。

伊藤：それでは詳しいお話を伺う前に、まず基本知識としてプラズマとは何かを簡単に教えていただけますか？

金子：プラズマというのは、電気を帯びた気体です。プラスの電荷、あるいはマイナスの電荷をもった気体。それが空間に高密度で漂っている状態がプラズマです。プラズマ中の原子や分子にはエネルギーの高い状態（励起状態）のものがいて、それがエネルギーの低い状態（基底状態）に戻るときに光を発するのです。世の中のモノは、基本的に電気は帯びていないので、電池を使ったり、コンセントにつないで電圧をかけたりして、電気を流すわけです。しかし、宇宙の創成まで遡ると、モノの自然な姿ではみんな電気を持っています。だから、エネルギーを上げると昔の姿に戻ろうとするんです。ちょっと語弊はありますが、ビッグバンの時代に戻ろうとして、モノがどんどん自然な姿になっていきます。世の中の物質の構成要素はほぼ電気を持っているのですが、それはプラスのものとマイナスのものが一緒になっているので、あたかも電気がないように見えます。中に電気はあるんだけど、外から見るとプラスとマイナスが同じ量になっているので、何も感じられない、安定した中性の状態になっています。

ビーム・サーベルをプラズマで作る場合も、中性の原子にエネルギーを与えてプラスとマイナスを分離させ、元に戻る際に発光すると考えると、ピンク色に光っているのも辻褄が合う

伊藤：プラズマというのは、そこにエネルギーを掛けて、無理やり引き剥がして元の姿に戻しているようなものと考えて良いのでしょうか？

金子：そうですね。中性の原子にエネルギーを与えると、プラスとマイナスが分離した状態になる。その時に与えたエネルギーが溜まっていて、元に戻るときにそのエネルギーを外に放出する。それが光になって出てくるわけです。

伊藤：すると、ビーム・サーベルが光っているのもプラスとマイナスが元に戻るときに発する光だと。モビルスーツや時代によってビーム・サーベルの色が違うのも関係あるのでしょうか？

金子：エネルギーが色と関係するので、放出するエネルギーの大きさによって色も変わります。目に見える光の色には紫色から赤色までありますが、あれはそれぞれ波長が違うわけです。その波長がエネルギーに相当しています。だから、すごくたくさん引き剥がして戻るときは紫に近い光が出て、ちょっとだけ引き剥がして戻るときは赤い光を放ちます。おそらく、人間の目に見えない光もたくさん出ていますが。

伊藤：ガンダムの設定の観点からも、ビーム・サーベルはプラズマなのでしょうか？

金子：設定では、ビーム・サーベルはミノフスキー粒子でできているそうです。ミノフスキー粒子は、質量がほとんどゼロで、プラスまたはマイナスの電荷をもっているということになっているので、これはまさしくプラズマと同じなんですよ。宇宙世紀のビーム・サーベルはIフィールドによって刀の形に閉じ込められているそうですが、私が現在作っているビーム・サーベルは、プラズマをただ噴き出しているだけです。そのあたりに少し違いはありますが、プラズマ状態をサーベルのところで作っているのは同じだと考えています。

伊藤：それでは先生の作ったビーム・サーベルを見せていただけますか？

金子：このビーム・サーベルのプラズマは、ヘリウムガスに電気でエネルギーを与えて引き剥がすという形で作っています。ですので、ヘリウムのプラズマと言えます。ちなみに、ネオンガスを使えばオレンジ色に変えられますし、窒素を入れると赤くなります。ただ、サーベルの長さが短くなってしまうのですが。

伊藤：このビーム・サーベルでは、どのようにプラズマ状態にしていますか？

金子：だいたい1万ボルトくらいの電圧を掛けています。噴出口にガラス管を使っているのですが、噴出したプラズマは、空気中のガスとぶつかって徐々にエネルギーが失われてしまいます。詳しい話をすると、この中ではプラズマの塊が鉄砲玉のように次々と発射されていて、それが非常に短い間隔で発射されているので一様に見える。鉄砲玉の先端には電界という電気的な力があり、そこで新たにプラズマを作りながらどんどん進むのですが、電界を作る先端部分が空気とぶつかって徐々にエネルギーが失われていくので、長さに限界が出てしまうのです。

伊藤：先程、プラズマ化するガスは、ヘリウムやネオンがあると仰いましたが、今回のこのビーム・サーベルでヘリウムガスを使っている理由は何ですか？

金子：ヘリウムというのが一番プラズマを作りやすいガスだからです。ヘリウムガスが流れているところだけでプラズマができています。周りの窒素や酸素、いわゆる空気のところではプラズマができにくいので、ヘリウムガスの流れを上手く作ってあげるとどこまでも伸ばすことができるのです。だから、ガラス管の中は大丈夫なのですが、そこから先は、周りの空気を取り込んで乱れてしまうので、どんどんプラズマが消えてしまいます。言い換えれば、ヘリウムガスだけを上手く伸ばせれば、ずっとプラズマは続くことになります。

伊藤：そうなると真空の宇宙空間だとサーベルを長くできるわけですか？

金子：宇宙空間だと長くなるかもしれませんが、真空中だと逆にヘリウムガスが散ってしまうかもしれません。ヘリウムガスをそこに留める必要もあります。今回の模型でのガラス管はその役割も果たしています。

伊藤：宇宙世紀を想定して、ガラス管以外の方法で、ガスを留めることはできそうでしょうか？

金子：電気を帯びていないガスを留めるのは難しいですが、電気を帯びたガス、すなわち、プラズマ化したガスであれば可能性はあります。

伊藤：確か、テレビ版の1ｓｔガンダムでは、ホワイトベースのクルーがIフィール

Column

日常生活で使われているプラズマ

プラズマは、固体、液体、気体に次ぐ物質の第4の状態であり、マイナスの電荷を持った電子とプラスの電荷を持ったイオンがほぼ同数で混在している状態です。宇宙空間では既知の物質の99%以上がプラズマ状態であり、地球のように固体、液体、気体が物質の主な状態であるのは宇宙の中では特殊な環境といえます。その地球上でも実は様々なプラズマで溢れています。

設定ではミノフスキー粒子を放出しているというビーム・サーベル。現代科学でも、プラズマを用いれば実現可能だが、現時点では膨大な電力を必要とする

例えば、雷は空気の成分である窒素と酸素から作られたプラズマであるし、北極圏や南極圏で見られるオーロラもプラズマです。プラズマを作るガスの種類によって色が変わります。太陽の中は高温のプラズマ状態であり、地球上でも高温プラズマによって鉄を切る装置が市販されています。身の回りでは、蛍光灯やネオン管(どちらも最近見かけなくなっていますが)もガラス管の中で低温のプラズマが発生しており、この低温プラズマを使ってエレクトロニクスデバイスの微細加工を行ったり、新しいナノサイズの物質を作ったりしています。

さらには、この低温プラズマを空気中に噴き出して動物や植物に照射すると、病気が治ったり、植物が速く成長したりします。このように、プラズマは私達の生活に密接に関わっています。

雷

オーロラ

太陽

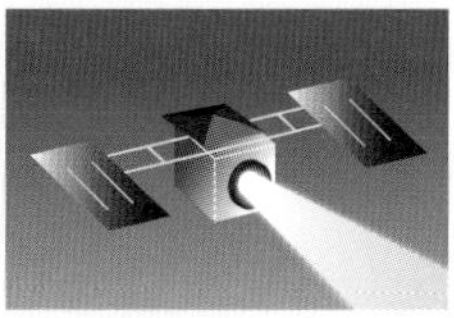

プラズマエンジン

プラズマ溶断

光源

空気清浄器

医療・農業
応用

ドのことを強力な磁場と言っているんですよね。

金子：仮に、Iフィールドが磁場だとして話を進めると、電気を帯びているプラズマを、磁力で封じ込めることは実際に可能です。もし、宇宙世紀にはIフィールドを自在に発生させられる技術があるならば、プラズマをサーベルの形に留めることができるかもしれません。

伊藤：つまり、ガンダムのビーム・サーベルのように長いものを作るためにはIフィールドが必須技術になるかもしれませんね。ちなみに水中でもこのプラズマを噴出させることはできるのですか？

金子：水中でも噴き出すこと自体は可能ですが、周りの水分子が、空気分子よりも圧倒的に密度が高いため、その影響でプラズマはすぐに消えてしまいます。ただ、非常に強く噴き出すことで、水中でも鉄を切ったりすることができるので、パワーを掛け

Column

磁場で閉じ込められるプラズマ

プラズマ中にはマイナスの電荷を持った電子やプラスの電荷を持ったイオンが存在しています。電荷を持った粒子（電子やイオン）が磁場中を運動すると、ローレンツ力が作用して粒子の軌道が曲がります。

特に、磁場の方向（磁力線の方向）に垂直に運動する荷電粒子は磁力線に巻き付くように円運動（サイクロトロン運動といいます）するため、磁力線の周りにプラズマ（電子やイオン）を閉じ込めることができるようになります。

このとき、磁場の強さが大きいほど、閉じ込める力は大きくなります。そこで、非常に強力な磁場で、磁力線を図に示すようなサーベルの形にすれば、プラズマを閉じ込めてサーベルを作ることができるようになります。

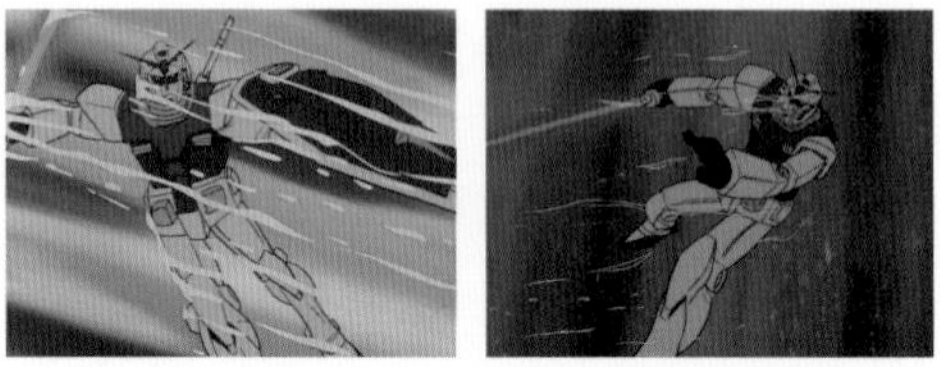

プラズマによるビーム・サーベルは水中でも使えるが、周りの水分子が空気分子よりも圧倒的に密度が高いため、その影響を受けて短くなってしまう。ただ、非常に強く噴き出すことである程度は伸ばせる

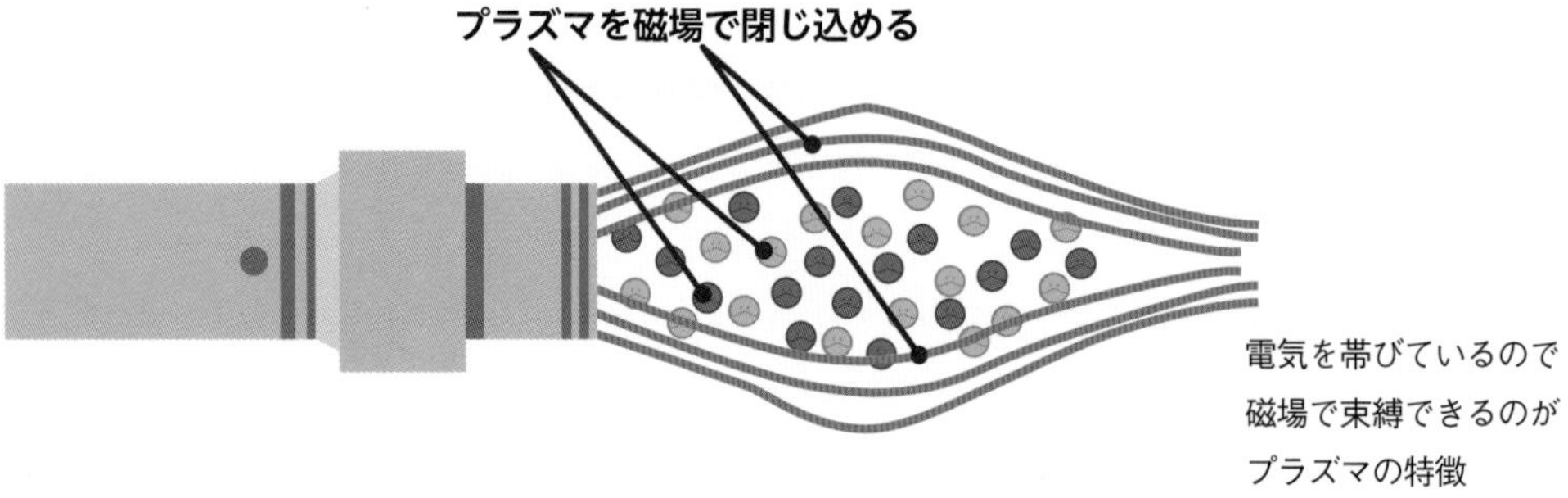
プラズマを磁場で閉じ込める
電気を帯びているので
磁場で束縛できるのが
プラズマの特徴

ればある程度は伸ばせると思います。

伊藤：グラブロとの戦いの際、ビーム・ライフルは威力が落ちるけど、ビーム・サーベルではちゃんと倒すことができるというシーンがありますよね。

金子：それはやはり、空気や水にプラズマが直接当たらないように守っている見えないカゴ、つまりIフィールドが機能しているのだと思います。

伊藤：ビーム・サーベルにはIフィールドの存在が実はすごく重要になるわけですね。それを考えると、ミノフスキー粒子とIフィールドの設定を考えた人は、物理学について相当調べられていますよね。ミノフスキー粒子は最初、電波妨害のためだけだったような気がしますが、その後になって、ホワイトベースを浮かせるためのミノフスキー・クラフトが出てきたりしています。

金子：ビグ・ザムでIフィールドが出てきたあたりで、いろいろと結びついたのかもしれませんね。

ビームとレーザーの違い

伊藤：ビーム・サーベルの設定もいろいろと変革がありそうですが、さて、このプラズマが噴き出している劇中でモビルスーツが使うサーベルは、ビーム・サーベルという名称であって、レーザー・サーベルやライト・サーベルではありません。ここであらためて、ビームとは何でしょうか？　プラズマとの関連はあるのでしょうか？

金子：今回作ってみたビーム・サーベルが噴き出しているプラズマ、つまりプラスの電荷やマイナスの電荷をもった粒子は、本来ならばいろいろな速度を持っていて、速いものもあれば遅いものもあってバラバラなんですけど、それがほぼひとつの速度で一方向に伝わっていくものが科学的な意味でのビームだと思います。

伊藤：つまり、速度の揃った粒子の束がビームということですか？

金子：そうですね。すべての粒子が固まって一方向に飛んでいくので、非常に強い線となって飛んでいくわけです。

伊藤：一方、レーザーやライト（光）という単語からは、劇中のコロニー・レーザー等を思い浮かべます。ビームとは表現していないんですよね。

金子：レーザーは光の一種ですね。光の波長を合わせて放出するのがレーザー。それに対して、粒子を束ねたものがビームになるんじゃないでしょうか。厳密には光を束ねたビームもあるので難しいですが、多くの場合はビームからは粒子を連想すると思います。

伊藤：私も一般的にビームと聞くと粒子を連想しますね。なぜこんなことを尋ねたかというと、ガンダムの世界でも粒子と光がしっかりと区別されているように見えるのです。戦艦やモビルスーツが使っているのはビームで、光になるとコロニー・レーザーやソーラ・レイ。ソーラ・レイのシーンで、アムロが「あれは憎しみの光だ」って言いますよね。だから、ガンダムの世界においては、レーザーは光だということがすごく意識して作られている気がします。

金子：ソーラ・レイはまさしく太陽光を集めたものですからね。

伊藤：設定がしっかりしているおかげで、我々は料理しやすい。そうすると、先生も述べられたように、厳密には光のビームもあるわけですが、ビーム・サーベルは本当に粒子なのか、そしてプラズマなのか、というところを突っ込んでみたくなります。

金子：私がプラズマだろうと想像する理由は、ビームという名称だけでなく、磁場のようなIフィールドで粒子を封じ込めているのではないか、という点です。磁場で閉じ込められるのは電気を帯びた粒子〝プラズマ〟の特徴です。レーザーのような光だと、磁場があっても影響されずまっすぐ進んでいくだけですからね。さらに、ビーム・サーベルは鍔迫り合い（正確には切り結び）ができますよね？　たぶん、あれがレーザーとの一番の違いだと思います。光だとすれ違ってしまうので、鍔迫り合いはできません。粒子のビーム、特にビーム・サーベルの場合、Iフィールドで閉じ込めているというのがポイントです。Iフィールドが磁場のようなものだとして、近づけると磁場同士の間に斥力が発生するでしょう。だから、ガチンと鍔迫り合いができる。残念ながらここでお見せしているプラズマジェットの場合は、磁場で閉じ込めているわけではないので、噴き出したモノをぶつけ合ってもすれ違ってしまいます。でも、ガラス管の部分であればちゃんと鍔迫り合いになりますよね。極端なたとえではありますが、ガラス管みたいにIフィールドも、プラズマを留める役目と同時に鍔迫り合いの原因になっているのではないかと思います。

伊藤：面白いですね。ビーム・サーベルの正体はプラズマだという気がより一層してきました。鍔迫り合いについては、後ほどもう一度掘り下げたいと思います。

ビーム・サーベルの色

伊藤：地球連邦軍とジオン公国軍でビーム・サーベルの色が違うのは、どういった理由が考えられますか？

金子：まず、プラズマの色の違いは、使っているガスの種類によっても変わりますし、先程少しお話ししたようにエネルギーの大きさによっても変わります。いずれにせよ、ビーム・サーベルの色の違いは、ミノフスキー粒子の何かの状態が違っているからだと思います。色の差について少し調べたところ、地球連邦軍やエゥーゴはピンク、ティターンズやジオン公国軍は黄色なんですよ。これは、アニメの設定上、敵と味方が分かりやすいようにということだとは思いますが、それを言ってしまうとつまらない

ティターンズのモビルスーツやメタスが使うビーム・サーベルは黄色。エゥーゴのモビルスーツが使うピンク色のビーム・サーベルとの色の違いは、粒子の種類によって放出される光の波長が異なるからだろう

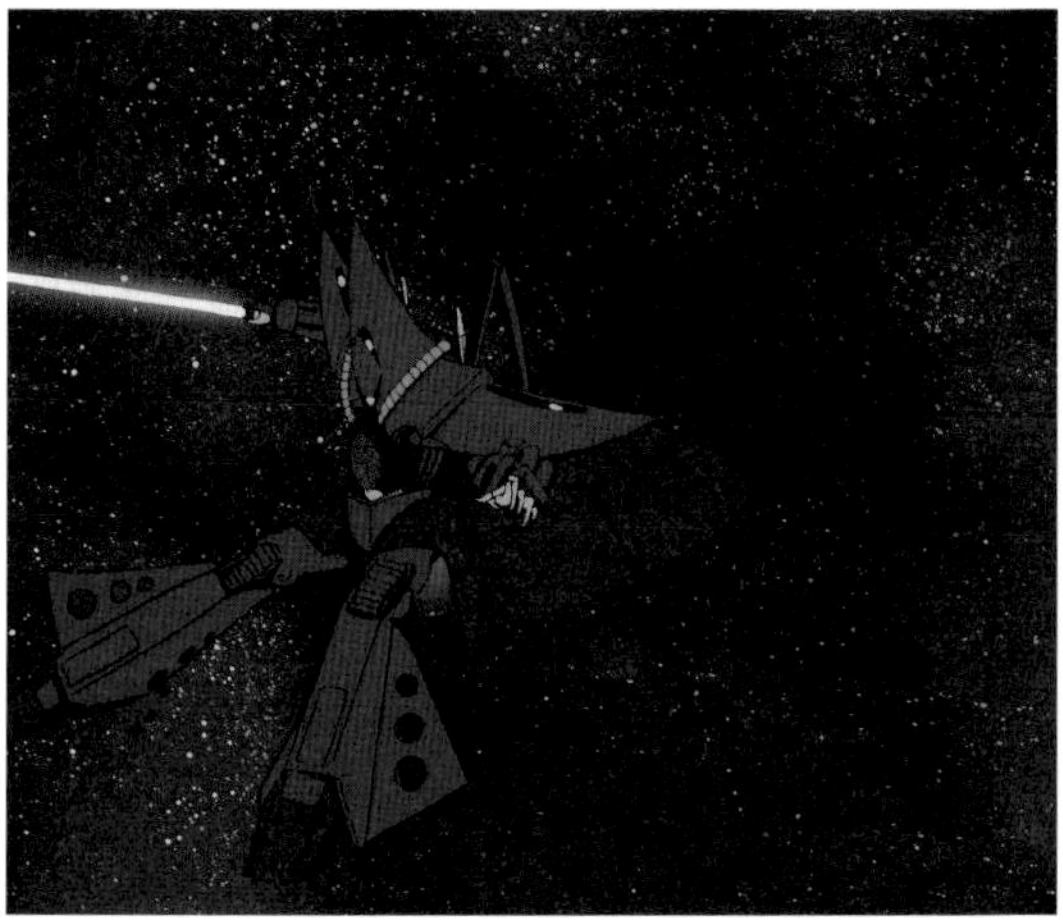

（笑）。一般的にプラズマは、ナトリウムが混ざっていると黄色くなります。だからジオン公国軍やティターンズのビーム・サーベルにはナトリウムが不純物として混ざっているんじゃないかと。ピンクは、ヘリウムもそうですし、もうちょっと赤みを増すのであれば窒素ですね。オーロラもプラズマなんですけど、オーロラがいろいろな色を示すのは、それを構成する粒子の違いで、酸素だったら緑だし、窒素だったら赤っぽくなります。

伊藤：色は粒子の種類で決まるのですか？

金子：粒子の種類に加えて、外から与えるエネルギー、プラズマの持っている温度とも言いますが、それによっても色が変わります。いったんエネルギーが高い状態になって、元に戻る。そのときのエネルギー差なのですが、これがどこまで大きくなるか、その幅は粒子によって決まっています。おそらくは、使っているガスが違うのだと思いますが。

伊藤：ミノフスキー粒子だけではなく、そこに何かを混ぜているのかもしれませんね。もしかしたら、ミノフスキー粒子のほうが、添加剤になっているのかもしれませんね。

金子：ビームを閉じ込めるため、まさにIフィールドを発生させるためだけにミノフスキー粒子を使っているのかもしれません。

ビーム・サーベルに必要なエネルギー

伊藤：現在の技術でビーム・サーベルを作るためにプラズマジェットを利用しているということですが、このジェットの意味するところは何ですか？

金子：ジェットはまさに〝噴き出す〟ということです。プラズマの作り方にはいろいろあって、真空容器の中に2つの電極を並べて、その間に大きなボリュームで作ることもできますし、大気圧下、つまり容器に入れずに大気中で、平行平板を使って作ることもできます。その一方で、こういった細いガラス管から噴き出すものをプラズマジェットと呼んでいて、人が触ったりできるくらい、比較的低い温度のプラズマを作ることができます。なお、プラズマジェットには高温のものもあって、それは鉄を切ったりすることもできます。

伊藤：低温、高温というのはどのくらいの温度なんでしょうか？

金子：プラズマはプラスやマイナスの電気を持っているのですが、これをもう少し詳しく言うと、マイナスは〝電子〟で、プラスは元々のプラズマを作るためのガスから電子が一個抜けてプラスの電荷をもったもの、我々は〝イオン〟とか〝正イオン〟といったりするものなのですが、プラズマの温度というのは、結局どれだけそれぞれの粒子が速い速度、つまり大きい運動エネルギーを持っているかになります。〝電子〟は元々すごく速いので、いつも温度が高い。だいたい、1万℃とか2万℃とか。しかし、〝イオン〟や、その周りにある中性ガスは温度が低く、室温程度だったりします。そういったプラズマが低温プラズマで、そのガスやイオンの温度も高くなったのが高温プラズマと呼ばれます。今お見せしているプラズマは低温プラズマなので、指で触っても熱くありません。では、なぜ2万℃の電子があるのに熱くないのかと言うと、それは密度の問題。密度が低いと温度が高くてもそれほど熱く感じません。

伊藤：90℃のサウナは大丈夫だけど、90℃のお風呂だと火傷するのと同じことですよね。サウナは、水蒸気が体にあたる頻度が少ないから、そこまで熱さを感じない。

金子：今日お見せしたプラズマジェットのビーム・サーベルも、同じ理由で手で触ることができます。少し温かく感じる程度です。

伊藤：ちなみに、低温プラズマジェットだと長さが5～10センチ程度ですが、高温プラズマジェットだと、もっと長くなったりはしますか？

金子：高温のほうが長くはなりますが、せいぜい20センチくらいですね。しかし、実際の用途では、エネルギーが高い分、短いところに集中させて使うことのほうが多いようです。その場合、温度は1万℃とか2万℃になって、鉄を切ることもできます。

伊藤：このプラズマジェットは、1万ボルトの電圧を掛けているというお話でしたが、電力はどのくらいですか？

金子：電力としては数ワット、高くても5ワットですね。低温プラズマはそれほど電力を消費しないので、その分、ガスの温度も高くなりません。一方、高温プラズマだと桁が3桁くらい高くて、1～10キロワットくらい必要になります。

伊藤：ガンダムのビーム・サーベルは、もちろん高温プラズマですよね？

金子：モビルスーツが斬れるくらいですから、温度はかなり高いと推測されます。

伊藤：今の技術で、ガンダムの実物のビーム・サーベルを再現するなら、どれくらいのエネルギーが必要になると思いますか？

金子：高温のプラズマジェットで長さが20センチのビーム・サーベルを作るのにおよそ10キロワットが必要になります。そうすると、単純にガンダムのビーム・サーベルが10メートルだと考えた場合、電力はプラズマの体積に比例すると仮定すると、長さが50倍になるわけですから、体積的にはその3乗、つまり約1250メガワットの電力が必要になると思います。

伊藤：火力発電所一基分くらいの電力ですね。

金子：鉄をも切れるくらいのプラズマジェットでビーム・サーベルを作ると、現在の技術では、それくらいの電力が必要になり

低温プラズマジェットを用いて作った1/60スケールのビーム・サーベル。低温のため皮膚を傷つけることはなく、触れても温かく感じる程度

ます。それに対して、ガンダムのビーム・サーベルの出力は0・38メガワットという設定になっています。現在の技術では1250メガワットが必要なのに、宇宙世紀では高々0・38メガワット。4桁も違っています。

伊藤：ちなみに低温プラズマでは？

金子：同じように計算すると、10センチが10メートルだと100倍なので、100の3乗に5ワットを掛けて5メガワット。つまり、鉄を切れない、手で触れるような低温プラズマでさえ5メガワットの電力が必要になります。

伊藤：それでも電子レンジ5000個くらいですね（笑）。5メガワットなんて、大規模な工場レベルですよね。

金子：それくらいの電力がないと、今のプラズマジェットではビーム・サーベルの大きさにはなりません。それが0・38メガワットですから、かなり効率が良いですよね。低温プラズマの10分の1の電力で鉄が切れたりするのは、やはりIフィールドがすごいのではないかと思います。発生したプラズマがそのまま噴き出ていくと、周りの空気と衝突してエネルギーがどんどん失われていきます。それでエネルギーがどんどん放出されてしまうのですが、Iフィールドできちんと閉じ込められていれば、外への損失が少なくなるので、効率も良くなるはずです。

伊藤：エネルギー効率という点だけでも夢のような話ですね。ただ、Iフィールドがない現状では、長さを出すためにどういった苦労をなさっているのでしょうか？

金子：長くするのはとにかく大変で、学生研修のコンテストでは学生たちもいろいろな工夫をしています。例えば噴き出す部分の形。噴き出し方によって長さが変わるんですよ。でも、単純に絞れば良いというものではないのが難しいところです。そして、ガスの噴き出す量を増やすと、逆に乱れが出て、長く伸びなかったりもしますし。

伊藤：噴き出すということを考えなければ、ガラス管を伸ばすことでそれだけ長くなるわけですから、ガラス管の部分をIフィールドが担えば、長さに関しては解決できるのでしょうか？

金子：多少の損失があるとしても、Iフィールドの長さがそのままビーム・サーベルの長さになるわけですから。それが0・38メガワットという効率化にも繋がっているんだと思います。

伊藤：昔は空気からしっかり守ってあげないとプラズマ状態を維持することはできませんでしたよね。まさに蛍光灯がそうで、完全に密閉して、中のプラズマが消えないように一生懸命守っている。気圧も1000分の1気圧くらいまで下げてようやく維持できているのに、それが今や噴き出して、1000倍の濃さの大気とぶつかっても5

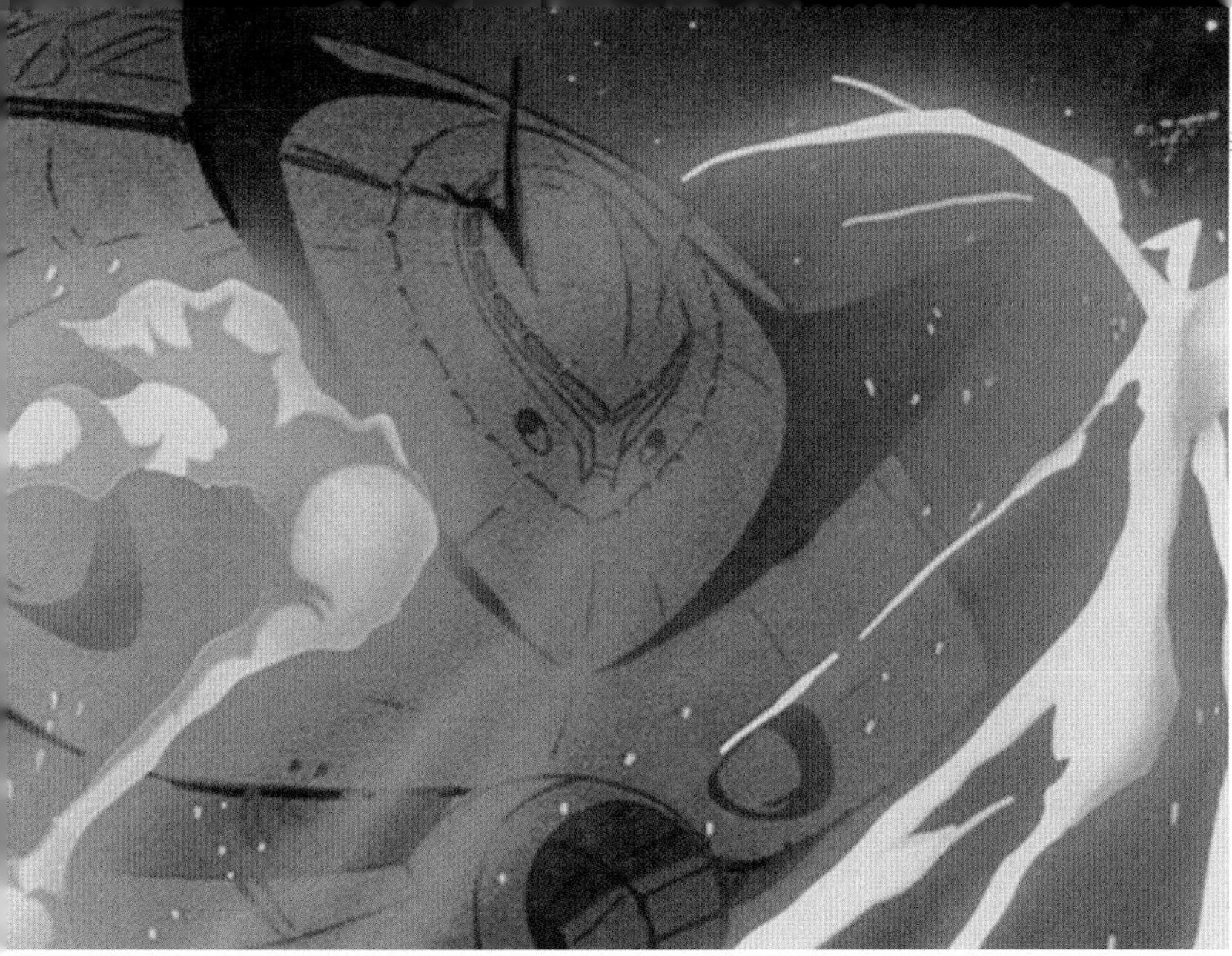

ビグ・ザムはビーム兵器を無効化するIフィールド発生器を内蔵した、初めての機体。地球連邦軍のモビルスーツが使う、ピンク色のビーム・ライフルが、ボディの表面を滑るように逸らされている

センチなり10センチの長さを維持できていることを考えると、先生たちの技術は相当進歩していますよね。

金子：これができるようになったのは2005年くらいですから、本当に新しい技術です。最初は電圧を高くするところから始まりました。低ガス圧ならばだいたい5～600ボルトでプラズマ化するのですが、このプラズマジェットなどは、1万ボルトくらいにする必要があります。そして、途中で衝突するので、衝突してもエネルギーを持ち続けられるように、電界を強くしているのですが、単純に電圧を高めれば、大気圧でもプラズマはつきます。しかし、そのままつけると雷のように大きな電流が流れて、熱いプラズマになってしまう。熱で電極が溶けてしまうこともあります。なので、こういう冷たいプラズマを作るためには、電流を流す時間を短くしています。つまり、バンッと大きな電圧を掛けて、電流を流してすぐに切ってしまうことで、ガスの温度が高くなるのを防いでいるわけです。そしてまた電圧を掛けて、すぐに切る。これを10キロヘルツくらいの周期でやるのですが、そういった工夫を積み重ねることで、低温の大気圧プラズマが30年くらい前にようやくできるようになったのです。

ビーム・サーベルで鍔迫り合いはできるか？

伊藤：噴き出し方という点では、ビーム・サーベルの形についてもお伺いしたいのですが、例えばゲルググのビーム・ナギナタ。あれはやはり噴き出し方の工夫で曲げているのでしょうか？

金子：曲げるというのはとても難しいです。ひとつ考えられるとすると、例えばIフィールドが磁場であるとすれば、曲がった磁場を作れば、プラズマはそれに沿って流れるはずなので、ビーム・ナギナタのような形状を作ることも可能だとは思います。

伊藤：振っても曲がるものではない？

金子：振ってしなることもあるかなと思ったのですが、慣性力で曲がったようには見えますが、その形を維持することはできないですから、やはりIフィールドをあの形にしたと考えるのが自然ですね。そうなるとすべてがIフィールドで片付いてしまいますが（笑）。

伊藤：ビーム・ジャベリンくらいになると、もはや技術者の意地なんでしょうね（笑）。先程も少しお話ししましたが、あらためて水中についてお尋ねします。蛍光灯から1000倍の濃い大気で噴射できるようになったその先、さらに1000倍の濃さを持つ水中でもビーム・サーベルを維持できるようになりますか？

金子：基本的にすぐに消えてしまう可能性が高いと思います。しかし、現状ではヘリウムガスを噴き出しているのですが、ヘリウムガスが水の中でいったん気体の状況を作ってくれて、その中でプラズマが維持されるということはありえると思います。あと、高エネルギーの熱いプラズマだと、水を蒸発させて、気体状態を作り、その中でプラズマが維持されるということもあるのではないでしょうか。

伊藤：瞬間的にそこで沸騰させているわけですね。

金子：水中プラズマには2つのメカニズムが提唱されていて、水中に金属の針を入れて、そこに高電圧を掛けると水中でプラズマが作られるのですが、最初にちょっと電流が流れたときに水の温度が上がって蒸発してガスの状態ができるので、その状態になってプラズマが生成されるという説と、水中を最初に稲妻が走って、そこに電気が流れてプラズマができたところで水が蒸発して、後から気体の領域ができるという説があります。どちらが先なのかの議論が今行われていて、前者はあり得る話なのですが、後者の状況が本当に起こりえるのかはちょうど研究されているところです。

ゲルググが使うビーム・ナギナタのように曲がった刃先は、プラズマの噴出だけで作り出すのは難しい。だがIフィールドが磁場であると仮定すれば曲がった磁場でビーム・ナギナタも形成可能になるかもしれない

プラズマの「噴出」でビーム・サーベルを作った場合、双方が接触しても鍔迫り合いにはならない。だがIフィールドをビーム・サーベルに使っていた場合は、Iフィールド同士の斥力により、磁力の反発に似た状態で鍔迫り合いが起きると推察

伊藤：水中での維持は最先端の研究課題なんですね。

金子：結局、Iフィールドが水の中でも維持できるのであれば、問題ないわけで、水中でもやはりIフィールドがカギを握ることになります。そう考えてグラブロのシーンを観ると、ビーム・ライフルにはIフィールドが使われていないのかなって話にもなりますね。そこもちょっと興味深いです。

伊藤：今のプラズマジェットだと鍔迫り合いは難しいですか？

金子：今のプラズマジェットのままでは難しいです。やはり、先にも言いましたが、Iフィールド同士の斥力が発生していると思います。ちょうど磁石と磁石を近づけると反発するような感じで斥力が発生するのと同じです。

伊藤：そうなると、その立場からすると、向きの違う磁場同士がぶつかると、磁場の

ホワイトベースをはじめとする戦艦に搭載されている「メガ粒子砲」には、ビーム・サーベルとの技術的な共通点が多そうだ。最大の違いは効率良く遠くまでビームを届けるのか、それとも効率良くその場に留めるのか。それぞれに面白い技術が使われているのだろう

つなぎ代わり、リコネクションが起こりそうですね。鍔迫り合いのときにリコネクションが起こって、中のプラズマがブシュッと噴き出す。太陽フレアは、まさに太陽表面で、磁場がつなぎ代わった瞬間に起こるじゃないですか。エネルギーが解放されて、中のプラズマ粒子がブワッと噴き出す。だから、アニメでビーム・サーベルの鍔迫り合いのシーンでバチバチと火花が散るような表現はリコネクションを表現しているんじゃないかと思っています。

金子：鍔迫り合いで、ある程度近づくとリコネクションでそこから噴き出る。元々Iフィールドも強いエネルギーを持っているので、それがつなぎ代わったとき、そこにあるエネルギーが放出されて、すごい高エネルギーの粒子が噴き出るわけですね。その意味では、強力な磁場を上手く印加できれば今のプラズマジェットでも可能かもしれませんね。

伊藤：ちなみにその際にバシュッ！　みた

いな音は鳴るんでしょうか。空気中だったら鳴るかもしれない？

金子：そこで衝撃波みたいなものが起これば、音自体は鳴るかもしれません。

伊藤：そしてガンダム自体も物理的な力を感じるくらいの斥力が発生すると。

金子：そうですね。本当に強力な磁場であれば、それが起こり得ます。

現在における プラズマの活用

伊藤：ここであらためて、金子先生は、なぜ今、ビーム・サーベルの研究をしているのですか？　実際にはビーム・サーベルの研究ではないかもしれませんが（笑）。

金子：ビーム・サーベルというより、現代版のビーム・サーベルと言える〝プラズマジェット〟の研究をしています。プラズマジェットには、高温のプラズマジェットと低温のプラズマジェットがあり、もちろん高温のプラズマジェットも研究対象にしている方はたくさんいらっしゃって、鉄を切ったりするだけではなく、廃棄物を処理したり、有害物質を分解したりするといった研究をされている方もいます。私はどちらかというと低温のプラズマジェットに興味があります。これを使うと、傷が治せるんですよ。プラズマを傷に当てると治りが早くなるんです。つまり、強力だと傷つけるんだけど、非常にパワーを弱くしていくと傷を治してくれる。

伊藤：人間の傷を治すんですか？

金子：火傷や傷の治りを早くしてくれるんです。これは世界中で研究されていて、プラズマを当てて傷を治す装置がドイツの病院では実際に使われています。

伊藤：このプラズマジェットをそのまま傷に当てる感じですか？

金子：実際の病院に入っている装置は、こういう細いのではなく、もうちょっと太い感じで、ジェットとは少し違うのですが、アルゴンガスのプラズマが利用されています。一方、同じように医療への応用という意味では細胞への遺伝子導入があります。iPS細胞を作るときは、細胞の中に数種類の遺伝子を入れるのですが、その入れる方法のひとつとして低温プラズマを利用しようと考えています。プラズマを細胞に当てると、細胞の外のモノを取り込む働きが活性化して、外にある遺伝子を取り込むんですよ。

伊藤：それはやはり2005年くらいから始まったのですか？

金子：2005年にプラズマジェットが初めて報告されたのですが、それよりも前にジェット型ではない大気圧低温プラズマを細胞に当てる実験が2003年くらいから始まっています。プラズマによる細胞への遺伝子導入の研究もその頃からですね。

伊藤：傷の治りが早くなるのは、なぜでしょうか？

金子：実はよくわかっていないところもありますが、今のところ2つの説があります。ひとつは、細胞が活性化して細胞分裂が早くなるから治りも早くなるという説。もうひとつは、例えば擦り傷などの場合、化膿してグチュグチュになることがありますよね。あれは、いわゆる雑菌が繁殖している状態で、そのために傷の治りが遅くなります。そこにプラズマを当てると繁殖している菌を殺すことができるので、それで治りが早くなると言われています。

伊藤：つまり、ミクロでは小さなガンダムがビーム・サーベルを持って菌を倒して回っているようなイメージですね（笑）。

金子：弱いビーム・サーベルでね（笑）。強いビーム・サーベルだと逆に細胞を傷つけてしまいますから。ただ、弱いプラズマジェットでも、長くプラズマを当てれば細胞も死んでしまいます。結局、プラズマは傷つけることもできるし、活性化させることもできるのです。それともうひとつ、植物、農業への応用もやっています。植物にプラズマを当てると、葉や茎にいる菌やウイルスを殺すことができるので、無農薬農業に使えるのではないかと考えています。さらに、弱いプラズマを当てると植物の成長が速くなるとも言われているので、植物の成長促進にもプラズマが利用できるのではないかと。聞いたことがあるかもしれませんが、雷のことを稲妻とも言いますよね。なぜ稲妻と書くかというと、稲の妻、つまり雷の多い年は稲がよく育つと言われているからです。雷の実体はプラズマなんですけど、プラズマが植物の成長促進に効くというのは、大昔から経験的にわかっていたんですね。

伊藤：農薬的な作用と肥料的な作用が期待できるわけですね。

金子：現在は、まずイチゴをターゲットにしていて、イチゴにつく炭疽病菌という黒くなっていく病気をプラズマによって抑えることができないか試しています。実際、5～10秒当てると、その菌が繁殖しなくなるというのが実験でわかっています。なお、農業で利用する場合、ヘリウムガスだとコストが掛かりすぎてしまうので、基本的には空気、酸素と窒素を使っています。そこに少しだけ水を混ぜるのがポイントで、空気と水、それに電気的な力だけでプラズマが作れるので、その場にあるものだけでできるわけです。太陽光で電気を作れば、外から引っ張ってくる必要もありません。肥料的な効果を考えれば、いわゆる窒素肥料ってありますよね。つまり、空気からプラズマを作れば、その窒素肥料に相当する効果も期待できます。

宇宙世紀でのプラズマ活用

伊藤：まさに宇宙世紀になって我々が宇宙に出たとき、プラズマ技術で農業に貢献することが期待できますね。

金子：月面基地で農業をする場合、地球から農薬や肥料を持っていくのは大変だから、月面で現地調達できたほうが良いはずです。だから、宇宙世紀の農業にはプラズマが必須になっているかもしれません。窒素というのがポイントで、地球には昔から窒素があるので、いろいろなものが窒素に反応するようにできているんですよ。だから、窒素を含んだプラズマの成分が殺菌に効いたり、成長促進に効いたりする。

伊藤：ちなみに、イチゴ以外にチャンレンジしているモノはありますか？

金子：稲とかトマトをやる予定ですが、埼玉県の農場ではメロンにも応用できないかという話をしています。菌を殺すという意味では、どんな菌でも対応できるので、いろいろなモノに応用できるのではないかと思っています。ここで大事なのは、プラズマのエネルギーを上げれば菌は絶対に死にますが、その分だけ植物にもダメージを与えてしまいます。だから、菌は殺すけど、植

ソーラ・レイやコロニー・レーザーなど「レーザー」は光で、高熱による攻撃を行うもの。一方でビーム・ライフルやビーム・サーベルといった「ビーム」は粒子を使って攻撃するものという統一が行われているようだ

ソーラ・レイは太陽光を反射させ、一点に集中させたもの。まさに「光」そのもの

イチゴの栽培において悩みの種だった「炭疽病菌」の繁殖を抑えるために、プラズマの照射が有効であることがわかった。5～10秒の照射で、その菌が繁殖しなくなったのだ

物にはダメージを与えない、さらに植物の成長を促す、そんな状況を作ってあげるのが大事になります。

伊藤：つまり、植物や菌によってどれくらいの出力にするか、職人によるチューニングが必要になるわけですね。

金子：チューニングをするためには、なぜ菌が死ぬのか、何の成分で死ぬのか。逆に植物は何の成分だと成長するかを知る必要があります。そして、プラズマの中にどんな成分が含まれているかを調整し、計測しながらそれを明らかにしようとしているのです。つまり、プラズマジェットの中身をきちんと理解するのが重要で、その意味では、ビーム・サーベルを実現するにはミノフスキー粒子がどんな性質を持っているのかを明らかにする必要があるのかもしれません。

伊藤：プラズマに殺菌作用があるならば、宇宙世紀のコロニーで使用している水も、プラズマで殺菌して循環しているのかもしれませんね。

金子：恐らくはそれくらいのことをしないと宇宙では厳しいと想像します。例えば、植物工場のような閉鎖空間では、いったん菌が繁殖してしまうと、密閉されているため、逆に一気に広まってしまい、植物が全滅してしまうらしいのです。だから、コロニー内の水や空気は、いかに殺菌するかが大切で、だからこそプラズマ殺菌が役に立てると思っています。

今のところ、空気プラズマで作られる窒素と酸素の化合物が、化学的作用で菌を殺しているのではないかというのが一般的な考え方です。エネルギーでぶつかって物理的に殺しているのではなく、あくまでも化学的に殺しているわけです。そして、その成分が植物には影響しにくいので、植物はダメージを受けません。しかし、先ほども言いましたようにプラズマが強すぎるとダメージを与える場合もあるので、そのあたりを調査しながら研究しています。

ジオン公国軍で初めてビーム・サーベルを採用したギャンとゲルググ。型式番号はギャンがYMS-15でゲルググがYMS-14なので、ゲルググの方が先なのかもしれない

ホワイトベースのような巨大な物体を重力圏内で飛行させるために、ミノフスキー・クラフトという技術が使われているという設定。後部のスラスターから想像するに、地球上でも前後の推進力にはプラズマエンジンのような技術を使っているのかもしれない

伊藤：そのほかに、宇宙世紀でプラズマの技術が使われていると思うところはありますか？

金子：月面農場のほかに、魚の養殖などにも活用できると思います。プラズマには生物の成長促進の効果もあると考えられるので、魚の養殖などにプラズマを使うのは実用化できるのではないかと。月面基地やコロニーでタンパク質を摂取するためには、やはり魚などを育てないといけない。だから、そういったところにプラズマが活躍するのではないかと思っています。

伊藤：ガンダリウム合金の話題で笠田先生とお話ししたときにコーティングが話題にあがったのですが、プラズマによるコーティングはいかがですか？

金子：プラズマは表面加工が得意な技術です。例えばプラズマの中にコーティングしたい物質を含めておけば、プラズマを当てるだけで表面に薄い膜を作ることができま

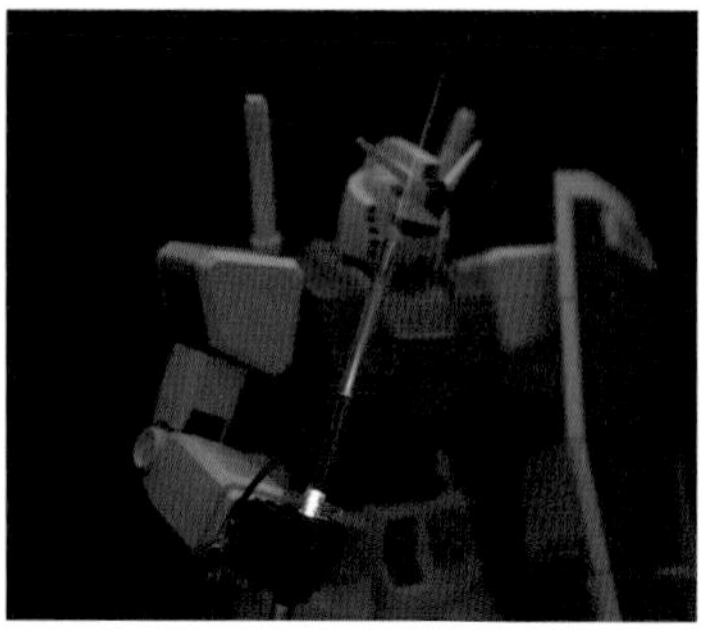

現在はまだ1/60スケールでしか実現できていないビーム・サーベル。だが、サイズや電力などすべてをスケールアップすれば、現時点でもビーム・サーベルは実現できていると考えることもできる

す。例えば、水を弾くようにする疎水化や、水になじみやすくする親水化、そのいずれもが可能です。これはプラズマで使うガスの種類によるのですが、特に親水化技術はいろいろなところで利用されていて、医療機器など、血液や体液が弾いてしまうと困るものには、濡れ性を増すためにプラズマで処理したりしています。

　実際、プラズマによるコーティングも進んでいて、チタンコーティングなどにプラズマが利用されています。今までのプラズマコーティングは、スパッタリングと言って、プラズマでチタン原子を飛ばすことでコーティングしていたのですが、プラズマ溶射というのもあって、プラズマジェットで高温プラズマと金属粉末を混ぜて吹き付けることで、細かい粉末が溶けてきれいに貼りつくのです。これは、セラミックスなど融点が高い素材でも利用できます。

ビーム・サーベルの技術レベル

伊藤：プラズマジェットを極めつつある金子先生から見て、ガンダムにおけるビーム・サーベルの技術レベルはどれくらい上にあると思いますか？

金子：ビーム・サーベルを超高効率なプラズマ閉じ込めだと考えると、我々プラズマジェットを研究している身から言うと、あれだけ高効率で閉じ込めることができるのはすごい技術だと思います。そして、そこを目指さなければいけないということで、逆に勉強にもなりました。

伊藤：自分もそうですが、今までになかった目線で考えることは、研究を進める良いきっかけになりますよね。

金子：ただ、ミノフスキー粒子があって、Iフィールドがあれば、実現可能性が格段に高まるわけですから、プラズマジェット自体よりも、いかにIフィールドに相当するものを作り出せるかが課題になります。Iフィールドそのものは難しいかもしれませんが（笑）。

伊藤：Iフィールドが磁場であるならば、高温超伝導磁石によって実現できるかもしれませんね。

金子：超伝導マグネットは、研究室に4テスラまで出せるものがあるので、その中でプラズマジェットを試したら何が起こるかとても気になるところです。専門的な観点で言うと、大気圧では7～10テスラ、それ以上にしないと磁場の効果は出ないと思うのですが、現在、世界最高の定常磁場は40テスラぐらいになっていますので、それを使わせていただければ面白い結果が出せるかもしれません。

伊藤：機会があれば超伝導磁石の専門家とIフィールドの話をしてみたいです。さて、宇宙世紀になって、宇宙に出ることによってプラズマ研究にも変化が起こると思いますか？

金子：地球上と宇宙ではいろいろ違ってくると思うので、宇宙でのプラズマ研究にもすごく興味があります。まず違うのは重力。プラズマそのものは軽いのであまり重力の影響は受けないと思いますが、熱対流が地球上と宇宙では異なるので、その違いによってプラズマの中の混ざり方が変わることがありえるかと。プラズマジェットも熱対流が起こるので、たぶん噴き出したときに無重力環境だと違ってくると思います。

それと、宇宙ではガス圧が違います。宇宙でも大気圧の環境であれば同じかもしれませんが、極度の真空状態などもあるので、そういうところで噴き出しがどう変わるのか。例えばロケットのエンジン、プラズマスラスター、プラズマエンジンなどもプラズマを作って宇宙空間に噴き出しています。小惑星探査機「はやぶさ」のイオンエンジンもプラズマエンジンですよね。

伊藤：モビルスーツのスラスター（バーニア）の部分もプラズマを噴き出しているんですかね？　そもそも宇宙の真空なら空気のように邪魔するものがないのでプラズマを作りやすいかもしれませんし、より頻繁

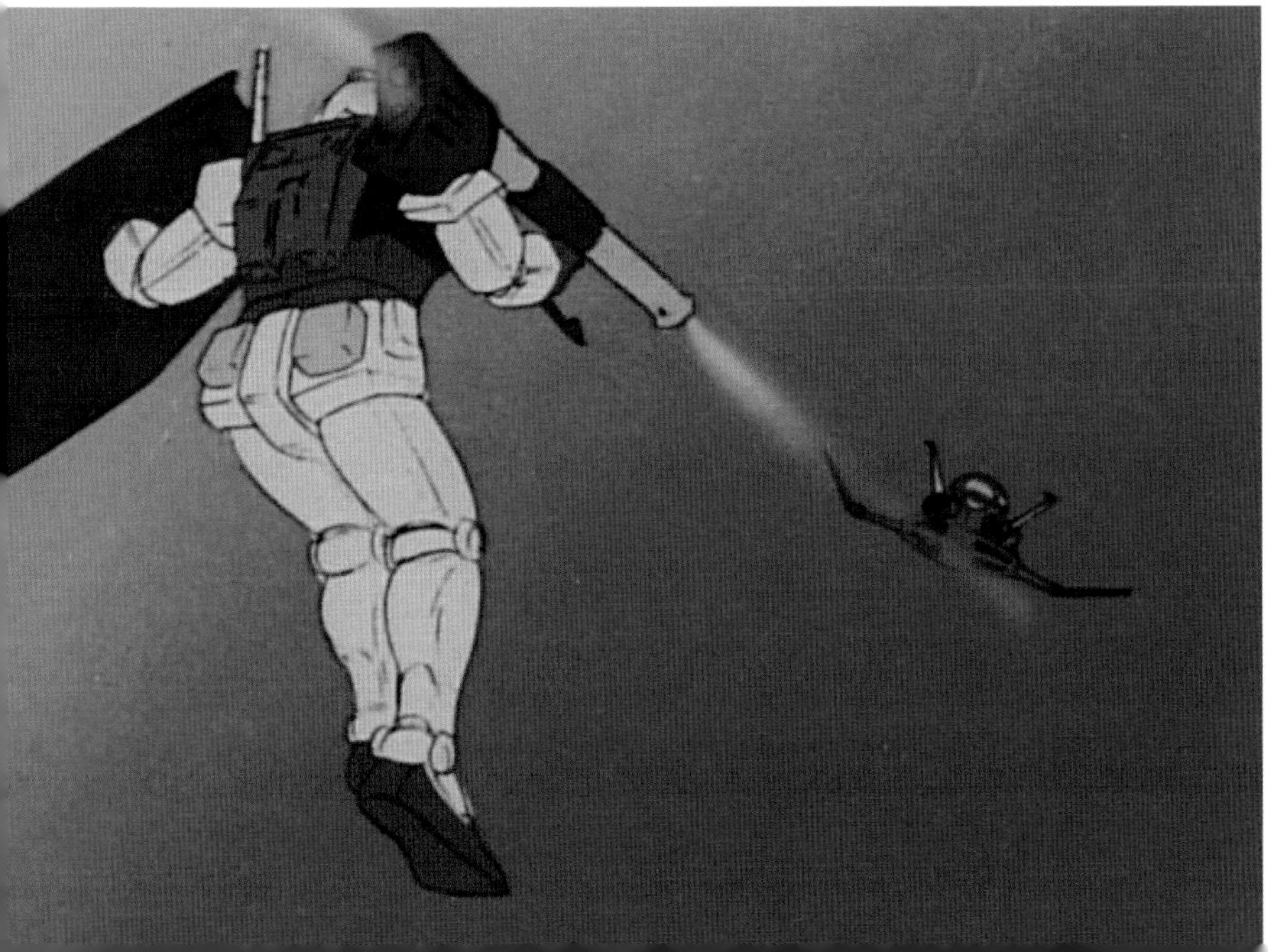

ガンダムのランドセルに内蔵されているスラスターは、宇宙空間における主たる移動手段であるが、これはプラズマエンジンが進化したものかもしれない。ただし、重力下で長時間飛行させるだけの出力は無く、モビルスーツの空中戦闘は基本的に落下しながらとなる

に利用される技術になりそうですよね。

金子：そうですね。宇宙の99・99％以上はプラズマと考えられているので。宇宙とプラズマは切っても切れない関係にありますから。

伊藤：今日はビーム・サーベルから始まり、それ以外にもプラズマ技術が宇宙世紀に活躍しそうだと期待が膨らみました。最後に、ビーム・サーベルが実現できるという観点だけで考えると、金子先生にとって宇宙世紀は何年後になると思いますか？

金子：ビーム・サーベルという点だけで言えば10年後と言っておきましょうか。あくまでもIフィールド相当のものができればということになりますが。強磁場で可能であれば、意外とビーム・サーベル的なモノが作れるのではないかと思います。横浜の1／1動くガンダムに是非とも持たせてみたいですね（笑）。

Column

ビーム・サーベルvs.ガンダリウム合金

ビーム・サーベルとガンダリウム合金はどちらが強いのか？　この宇宙世紀の矛・盾の競争は、固体・液体・気体・さらに上のプラズマ（物質の四態）の両極限の状態が接触する面白い研究対象です。実は現代科学では、プラズマと固体の接触を巧みにコントロールして、コンピュータチップ（半導体）の製造における微細加工など、ナノテクノロジーの多くの場面で使われています。

ここに、さらにヘリウムが加わると他の元素には出来ない面白いことが起こります。ヘリウムをプラズマにして金属に照射する(無理やり注入する)と、丈夫な金属の内部にもかかわらず無数の気泡を作ってスポンジの様にし、果ては金属が毛細状になってニョキニョキと生えてきます。これはプラズマ・丈夫な金属・ヘリウムの全てを使う核融合研究で初めて見つかった日本発の物理現象です。現在は分野を超えて超高性能なCO_2分解用の触媒などへと応用が期待されています。

ビーム・サーベルとガンダリウム合金、現代では協力し合って社会を支えているのです。

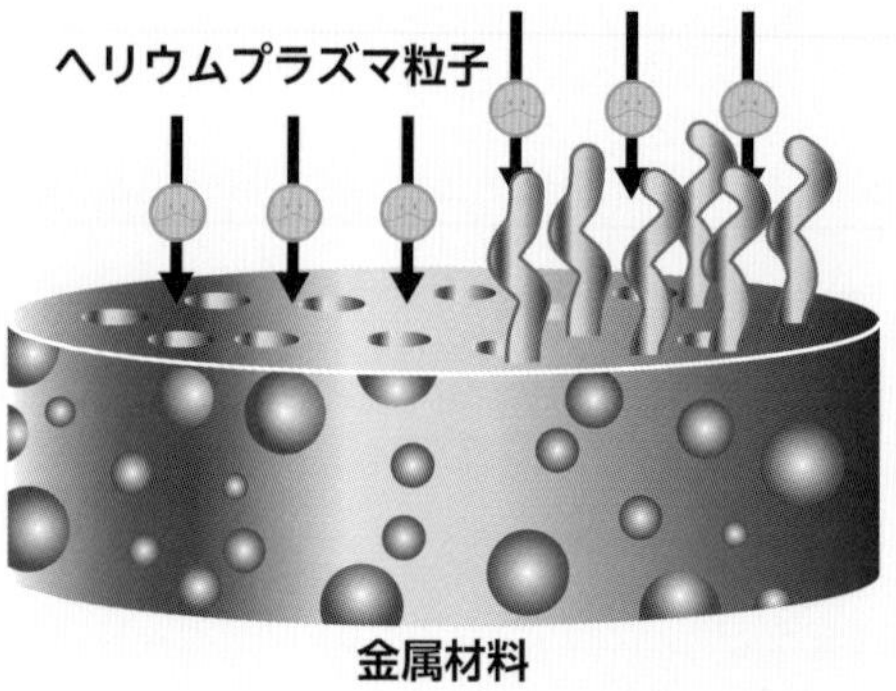

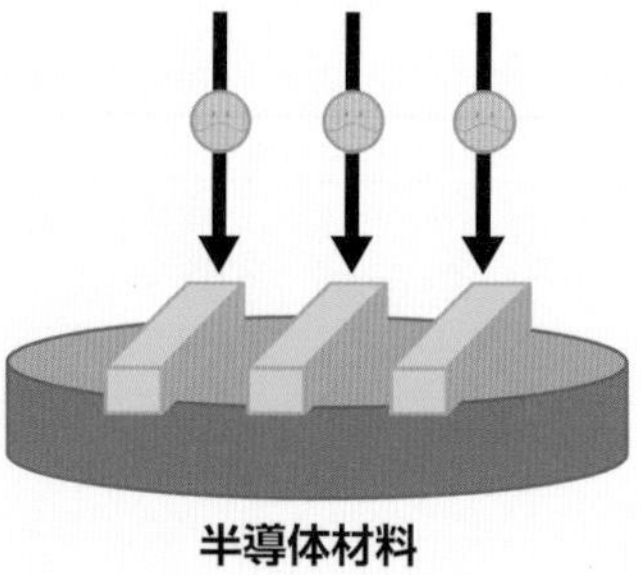

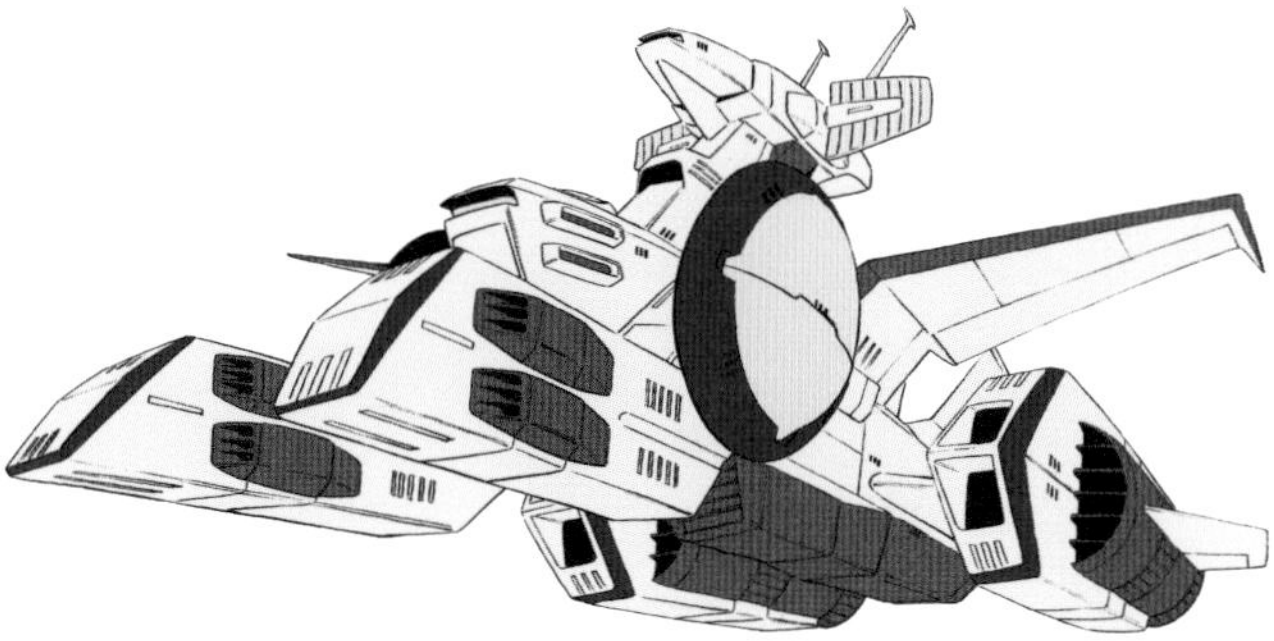

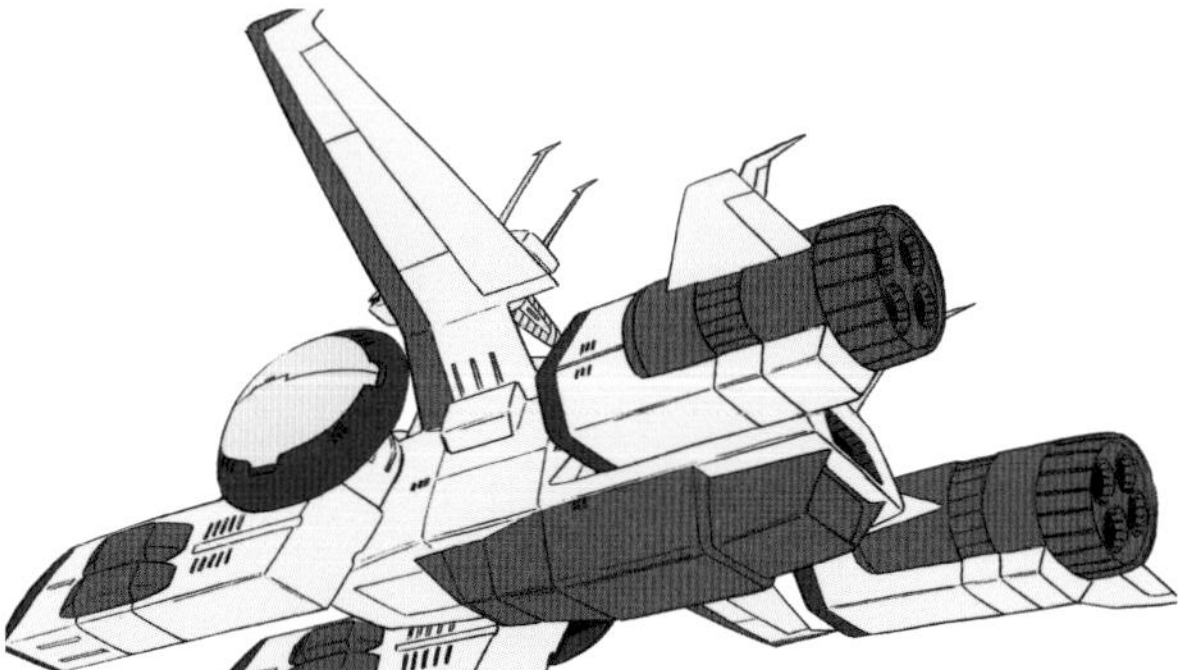

地球連邦軍が発動した「V作戦」の一環として開発されたペガサス級強襲揚陸艦（ホワイトベース級とする説もある）。MS運用能力を有する初めての連邦軍艦であり、RXシリーズMS（ガンダム、ガンキャノン、ガンタンク）の運用を前提としている。コア・ブロック・システムの換装システムを始めとする専用設備が用意されているのはそのためである。また推進力としてミノフスキー・クラフトを搭載。これにより宇宙／大気圏内の両方での行動が可能となり、単体での大気圏離脱能力をも有することとなった

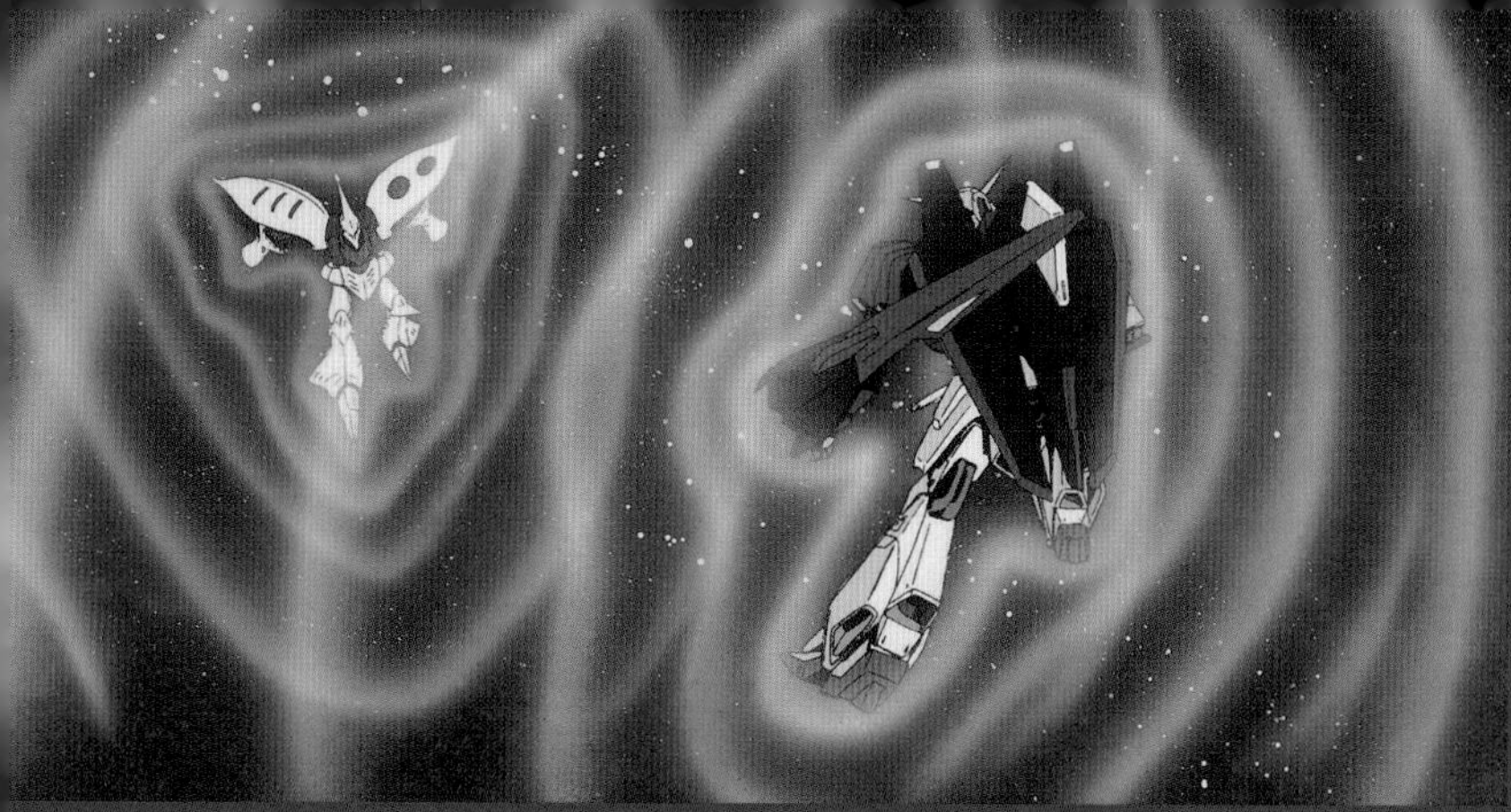

公式設定

サイコ・コミュニケーターの略称で、脳波伝達システムとも言う。一年戦争時、ジオン公国軍の嘱託として設立されたフラナガン機関が開発したシステムを指す。基本的にはニュータイプが発する特殊な精神波（感応波）を受信し、機械語に翻訳するインターフェイスである。

サイコミュを導入すると短時間で大量の情報伝達が可能になり、ニュータイプの意思を直接的に操縦系統に反映させることができる。つまり機体の反応速度を飛躍的に高められるのである。さらに一人のニュータイプが同時に複数の機器を操作できるようになり、無人攻撃デバイス（ビットやファンネル）の発達にも貢献した。

これらの特徴を踏まえた上でサイコミュはMSの制御系に導入され、多くのサイコミュ搭載MS（NT専用MS）を生み出すこととなった。ちなみに初期のサイコミュでは有線による情報伝達を行っていたが、これにミノフスキー通信技術を併用することで無線コントロールが可能になった。そのためミノフスキー通信システムを含むサイコミュを、サイコミュ・システムと呼ぶ場合もある。開発当初のサイコミュはシステム自体が巨大なものとなり、MSに搭載するのは不可能だった。そこで、初期のサイコミュは、ブラウ・ブロやエルメスといった大型MAを中心に搭載されている。

Scene 3 ›››Psycommu

サイコミュ

パイロットの脳波を用いて、自立飛行している小型ビーム装置の攻撃目標を設定するという「サイコミュ」兵器。脳波は存在するし、自立飛行する小型装置はあり得そうだが、最新脳科学はガンダムの世界にどれだけ迫っているのだろうか？

私とガンダム

人の心を知ること、それが脳科学の本質

伊藤：早速なんですけど、お二人のガンダムとの馴れ初めを教えて下さい。

小池：ちょっと記憶が曖昧なのですが、たぶん『Zガンダム』が最初で、ぎりぎりリアルタイムで観られたと思います。昔からアニメが好きで、プラモデルなども結構作っていました。僕、高専なので、かなり早い時期から工学を学んでいて。今はこんなことをやっていますが、高専に入るときは本当に工学的ないろいろなことがやりたかったんですよ。ガンダムだけじゃなくて、『天空の城ラピュタ』の〝フラップター〟とかも憧れていて、物を作りたい、技術者になりたいという気持ちで、電子制御工学科でロボットコントロールなどを学んでいました。しかし、一年くらい経って気づいたのは、そんなに作りたくはなかったなぁ、と。高専の人は情熱に燃えてロボコンとかに参加するのですが、僕はしてないんですよ。僕はただ、フラップターやガンダムに乗りたかったんだなって（笑）。今でも、

「人の心の中に踏み込むには、それ相応の資格がいる」

[サイコミュ]講師

タカヒコ・コイケ

小池耕彦

自然科学研究機構
生理学研究所
心理生理学研究部門
助教

[好きなモビルスーツ]
ガンダムMk-II

RX-178

乗りたい、操縦したいという気持ちはありますが、それを自分の手で作る必要はないなぁと。

伊藤：そこから脳の研究に移って、ガンダムからは遠ざかる感じですか？

小池：そうですね。その後、またガンダムの話だなと思ったのは、今の研究所に来てからです。この研究所に来る前は睡眠の研究をずっとやっていて、寝ているときの脳活動を記録するみたいなことをやっていたのですが、それで、脳波を測ったり、ＭＲＩを撮ったりする技術を持っていました。それで、この研究所で雇用されてからは、２人でコミュニケーションしているときの脳のシンクロを研究しはじめました。正直なところ、教授から最初に脳のシンクロ研究の話をされたときに、そんな現象があるかどうかも怪しいし、研究自体に意味がないと思っていました。

伊藤：それはファンタジーの世界だと。

小池：そうそう。でも仕事なので仕方ないから研究を始めたのですが、そこでニュータイプの話を思い出しました。ニュータイプ的な、共感するとか、以心伝心とか、日本語にはそういった表現がたくさんありますよね。こういった研究が大好きな人が多く生息している場所には地域差があるようで、なぜか東洋文化圏とドイツに多いように感じます。なぜドイツ人に多いのかはわかりませんが、アメリカはそんなに多くありません。コミュニケーション研究に携わる研究者人口と比べたら相当少ないです。でも正直なところ、僕はあまり共感の良さというのを信じていないところがあります。繋がることって、良いこともあれば悪いこともありますよね。Ｚガンダムの最後の方で、カミーユとハマーンが精神世界で繋がれて、でも拒絶されて…み

「サイコミュ」講師

キワコ・サカモト

坂本貴和子

自然科学研究機構
研究力強化推進本部
特任准教授

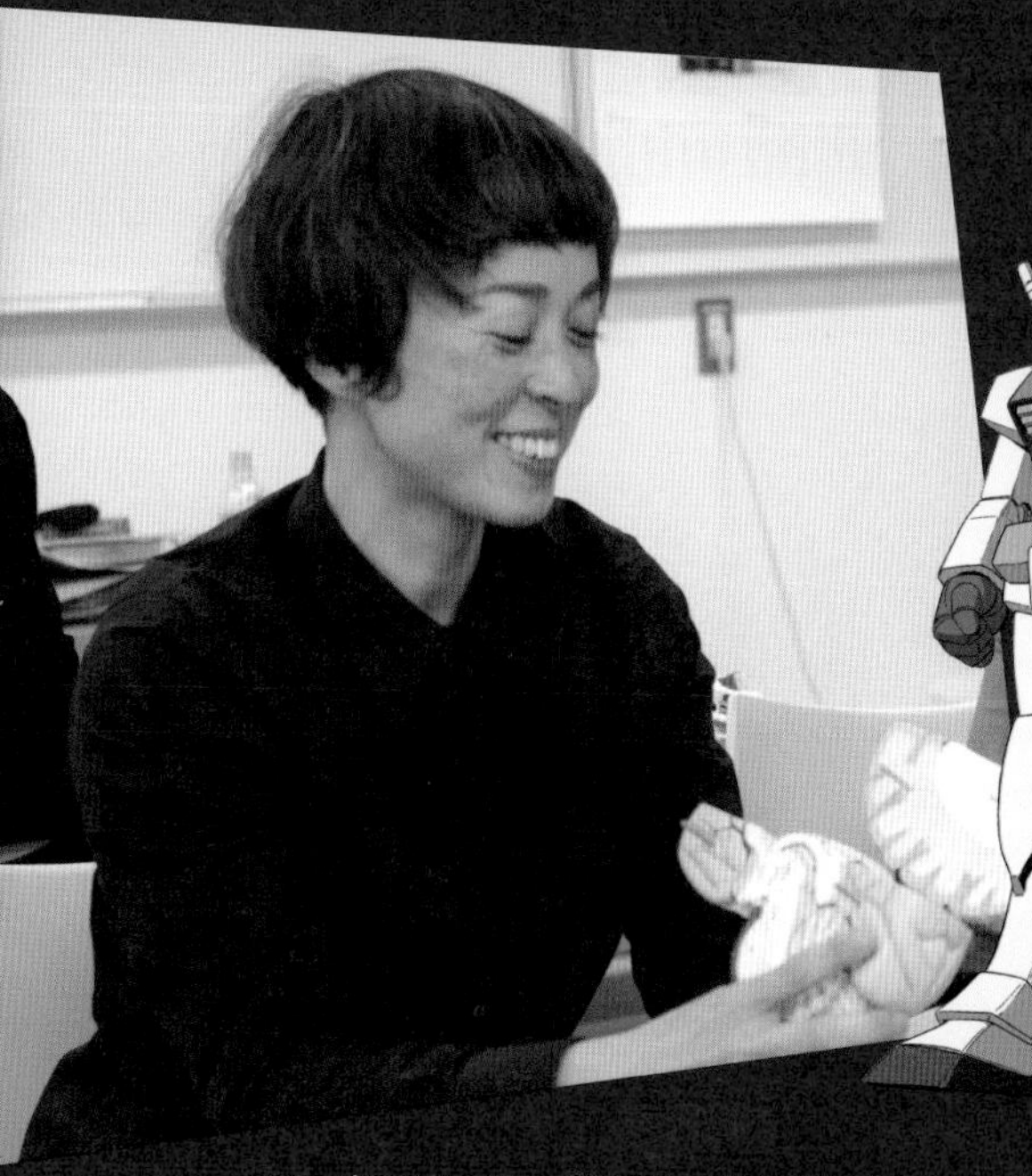

［好きなモビルスーツ］
ガンダム

RX-78-2

たいなエピソードが、僕にはすごくリアリティがある。本当に繋がり合うことが良いことなのか、というのは、この研究を続けながら未だにずっと考えているところではあります。

伊藤：一方、坂本さんのガンダムとの出会いはどのような感じですか？

坂本：はっきり覚えているのですが、最初の出会いは、親に与えられたガンダムの絵本です。ちょうど、『機動戦士ガンダム』の再放送が放映されていた時期なのですが、それで初めて、白、赤、青のガンダムというものを知りました。その中で、私には、機械であるはずのガンダムが、パイロットの感情をそのまま表現して動いているように見えました。もっと言えば、パイロットがあたかもガンダムという別の生命体として動いているような、無機質なロボットとまるでシンクロしているかのような表現に衝撃を受けました。その頃はパイロットがニュータイプという進化した人類であることや、ミノフスキー粒子などのガンダムの設定については全く知らなかったのですが、ただ漠然と、自分の思考がロボットに影響を与え、さらには他者にまで思考の伝達ができる世界がある、という印象が私の中に残ったんです。

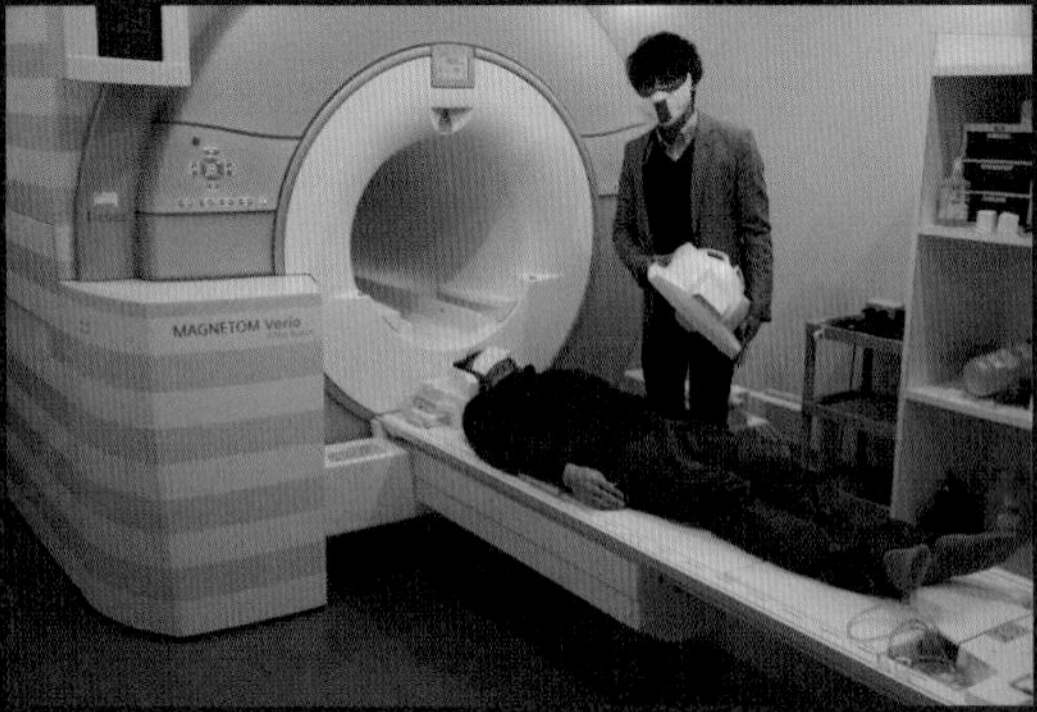

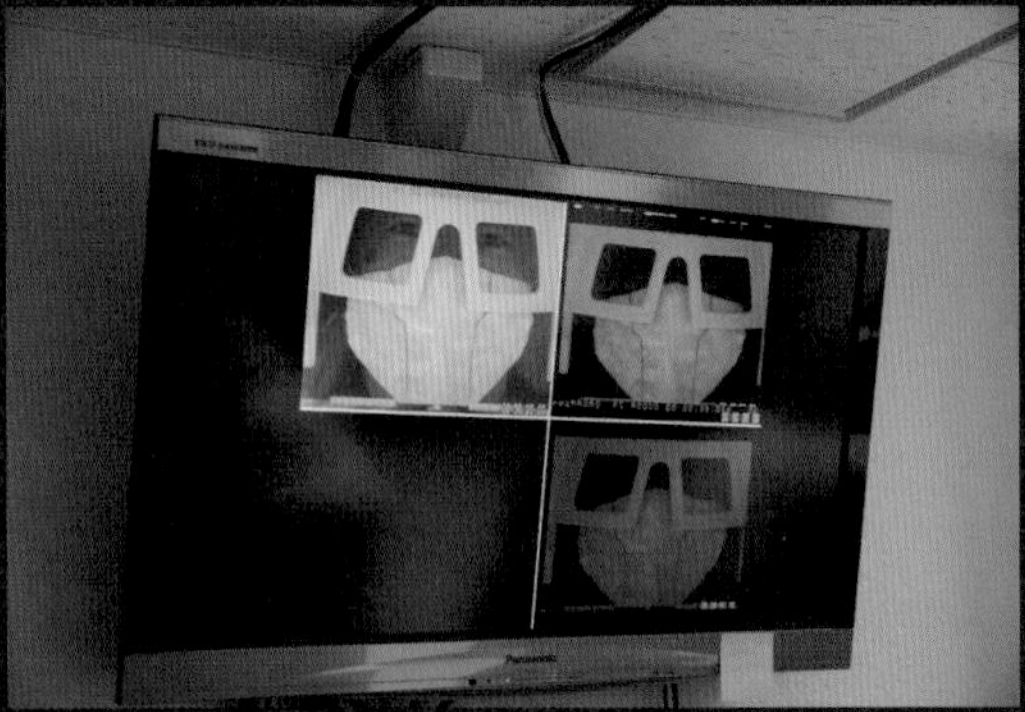

伊藤：絵本にそんなことまで書かれていたのですか？

坂本：記憶が朧げでさまざまなガンダムシリーズのエピソードと混ざっているのですが、かなり早い段階から、ガンダムの世界では自分と、有機無機関係なく、自分以外の何かとの意思疎通やシンクロがテーマのひとつとして描写されていたように思います。ハロなんて、おそらくガンダムの中の登場人物たちも、ハロをただの機械ではなく、意思と個性を持った生命体として認識し、仲間とみなしていますよね。意思の疎通があまり得意ではなかった自分にとっては、そんな世界がすごく羨ましかったです。言葉で説明しなくても、人や動物など周りと仲良くできたら…という想いがどこかにあったのかもしれません。ガンダムはある意味、仲間を作る物語じゃないですか。あれだけ個性的な人やロボット達が集まって、互いに違いを受け入れながらも理解し合い、協力し合い、そして仲間として受け入れていくわけですから。

伊藤：たしかに、ニュータイプ論云々の前に、ホワイトベースのクルーは最初バラバラで、徐々に意思疎通ができてチームになっていきますね。

坂本：人間に限らず、ロボットや船ですらも強烈な個性を持ち、全てがぶつかりながらひとつになって仲間

「土足で、人の脳波を録るな!!」

になっていく、いわゆる少年誌にありがちな世界が、孤立しがちだった幼い頃の私には羨ましかったですね。何も言わなくても分かり合えたら良いのにってずっと思っていましたから。

伊藤：その反動で、今はすごく喋るんですね（笑）。

坂本：そうかもしれません（笑）。結局きちんと言語化しないと人には伝わらないと、どこかの時点で諦めたのだと思います。

伊藤：そこから再びガンダムに注目するようになった経緯は？

坂本：私の専門は神経科学ではなく、本当は歯科医師です。大学卒業以降は口腔外科の医局に入り、通常の歯科診療の他にも親知らずを抜いたり、顎関節症や、腫瘍などの治療に携わったりといった、いわゆる外科の先生達に近い歯科医療に従事しました。私がいた当時、医局には顎の筋肉が過緊張を起こす〝顎口腔ジストニア〟という症例の研究をされている著名な先生がいらっしゃって、その先生の所で大変難しい疾患に悩まされていた一人の若い患者様と出会いました。この方は体だけでなく、自分の意思を伝えることも、さらには自力での摂食も困難な状況でしたが、ご家族との

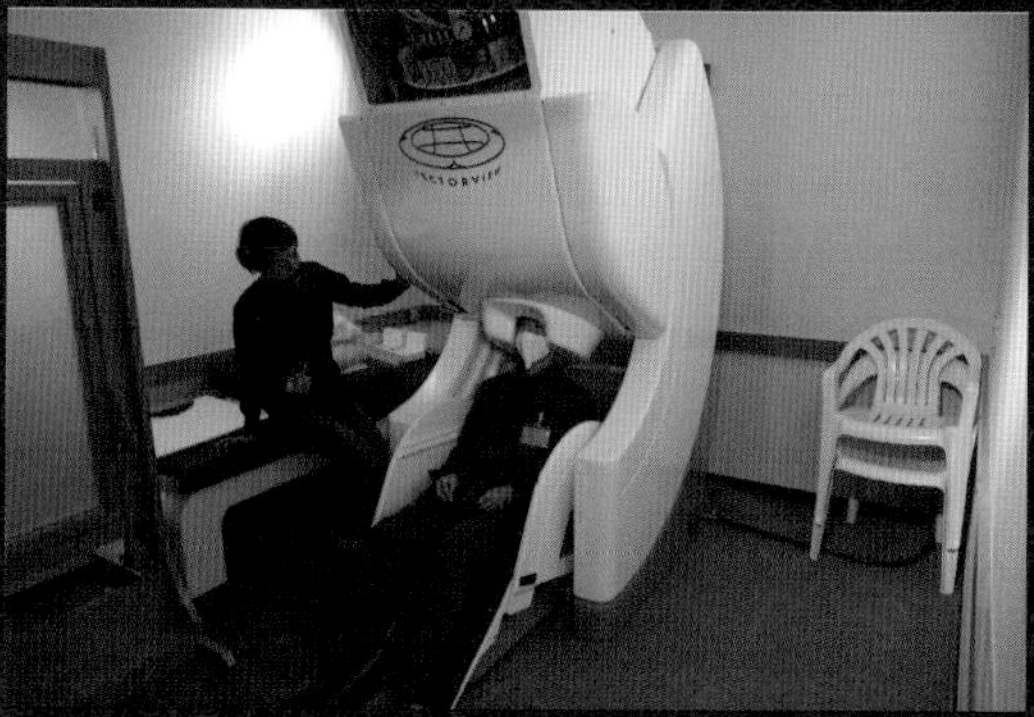

長きにわたる試行錯誤の結果、非常に特殊な方法ではありますが、他者へ自分の意思を伝え、家族や仲間と意思疎通を行いながら、今も立派に社会生活を営んでおられます。

　患者様が大学へ治療にいらした際、雑談の中で将来の夢の話をしました。彼の答えは明快で、親の手を借りずに一人で暮らしてみたい、と。そのときにぶわっと、まるで電気が走るように、今まで思い出しもしなかったガンダムが頭に浮かびました。そういやガンダムの世界には、考えただけで機械を動かすロボットなかったか？　って。そもそも〝サイコミュ〟というガンダム用語は、空間に存在するミノフスキー粒子なるものが振動することで意思などを他者に伝達していたのではないか？　それって、神経線維（シナプス）の伝達に近い現象なのではないか？　とそこまで一気に妄想しました。もし家に帰って、頭の中で考えただけで電気をつけることができる世界になったら、それはもしかしたら患者様の一人暮らしを叶える第一歩になるかもしれない。思い立ったが吉日、脳の研究をやらなきゃダメだ！　と思い、歯科医師をスパッと辞めて、神経科学の勉強をするべく大学院に行くことを決めました。

人はお互いに分かり合いたい、ではどうやって互いを知る？

脳の働きは現代科学のさまざまな機器で測定できる。しかし、そこから出てくるデータで本当に人の心は読み解けるのか？

脳の活動は何で計測するか

伊藤：本日は、サイコミュやニュータイプについてのお話を伺いに来たのですが、まずは脳波というものについて教えていただけますか？　脳波という言葉は、ちょっとSFの世界では独り歩きしていて、何か電波のようなものが脳から出ているようなイメージなのですが、そのあたりはいかがでしょうか？

坂本：ざっくり言うと、脳の神経細胞の中を流れる電流、それを拾うのが脳波です。神経の活動というのは、神経線維の中で、電気のプラスとマイナスを交換していくことで情報を次々と伝えていきます。神経細胞同士の間は微妙に手を繋いでいて、情報が伝われば、伝言ゲームのように刺激が伝わってきます。そうやって私達は手や足の感覚、匂いなどの五感を感じたり、お腹が空いたり眠くなったり、果ては物事を考えたり、喋ったり、記憶を想起したり、感動したり、悲しくなったりするわけです。

　これはすべて電気活動で、脳から発したり、体のさまざまな部位から脳へ伝わって入っていくものです。脳における電流の流れを見ることによって、脳の中でどのような反応が起こっているか観察することができます。例えば手を触ったときに、この触った感覚が脳のどこで、いつ、どのような反応となって現れているのかを調べることができます。ただ、脳波は「どこで」を特定することが難しいので、脳の反応を詳しく知るには、さまざまな機械を用いて包括的に観察する必要があります。

伊藤：その電流はどのようにして測るのですか？

坂本：脳の中の電流はすごく微細な電流なので、頭皮表面に電極を置いて計測します。この置き方は国際基準で決まっていて、計測する反応がどのような反応なのかによって電極のつけ方も変わります（10－20法《テン・トゥエンティ》）。私達の大脳皮質は、だいたいどの場所が何をしているかというのがすでに分析されており、例えば手の触った感覚であれば、左手を触れば右、右手を触れば左の側頭付近に反応が出ます。

伊藤：つまり、脳の中を流れている電流が、頭蓋骨や頭の皮膚を通して、外に張り付けた電極まで流れてくるわけですか？

坂本：その電流を拾っているのが脳波計測ですね。

伊藤：脳波の正体は脳の神経線維を流れる電流だったのですね。サイコ・ウェーブのような、脳から放出されて空間を伝わっていくようなものは？

坂本：そのようなものもあります。大脳皮質の神経線維は、脳表面に向かって垂直に整列しています。皆さんも中学校の頃習ったと思いますが、電流が流れるとその周りには磁場が発生します。いわゆる右ねじの法則です。この、大脳皮質の神経線維の周囲に発生する微弱な磁場を計測するのが脳磁場計測器（ＭＥＧ）です。

伊藤：電流が流れるとその周りに磁場が発生するというのは、電磁石と一緒なんですね。かなり強い電流が流れていないといけないのかなっていうイメージがあったのですが、脳神経を流れるくらいの電流でも微弱な磁場が発生して、それを拾うことができるのですか？

坂本：地磁気の約1億分の1という、すごく小さな磁場を拾うために、ＭＥＧは超高感度の超伝導磁気センサ（ＳＱＵＩＤセン

ニュータイプが「何か」を感じた瞬間に、額に表示される雷状のエフェクト。初代『ガンダム』では、アムロ・レイ、ララァ・スン、シャア・アズナブル、セイラ・マス、そしてミライ・ヤシマの5人にだけ表示されていた

サ）を利用するとともに、周りの環境磁場を可能な限りシャットアウトできるシールドルームの中に置かれています。

伊藤：それによって微弱な磁場も計測できるわけですね。一方、小池先生が利用するＭＲＩ（磁気共鳴現象画像法）では神経そのものではなく、血流を見ているとのことですが。ＭＲＩとは、病院で検査に使うあのＭＲＩですよね？

小池：そうです。神経線維を流れる電気パルスが発生するときには、そのために酸素とエネルギーが必要になります。ある場所で脳が活動して酸素を消費してしまう、つまり酸欠になってしまうと、それを補うために大量の酸素を帯びた血液が流れ込んでくる。酸素を帯びた血液、正確にはヘモグロビンと、酸素を失ったそれとは磁気に対する反応が違います。その磁気への反応の違いをＭＲＩで測定することで、酸素を帯びたヘモグロビンが流れ込むところ、つまり脳活動の起こったところを計測しています。脳波は神経の周りに発生する磁場や電場を計測しているわけですが、ＭＲＩは神経の周りでの酸素代謝が変化したところを見ています。脳の活動を調べる場合、「い

Column

の被験者には、食いしばりや手足をぶらぶらさせるなどの不用意な体動からまばたきひとつに至るまで、その行動を制限する必要があります。よって、意思の疎通の難しい年齢（乳幼児など）や病気で不随意運動がある患者さんなど、計測が難しい場合があるのが難点と言えます。

磁場をターゲットにしているMEGの特筆するべき利点は2つあります。ひとつ目はその時間分解能で、ミリ秒単位で脳磁場を分析することができます。つまりMEGは、脳活動が「いつ」発現するかを詳細に調べるのにもってこいの機械である、ということです。2つ目の利点は、病院の検査などでお馴染みの磁気共鳴画像装置（Magnetic Resonance Imaging：MRI）で撮影した個人の脳の画像と重ね合わせることで、脳神経の活動によって発生した磁場分布（脳磁場）が脳の「どこで」発現したのか、その位置を高い精度で推定することができます（信号源推定）。つまりMEGとは、時・空間分解能に優れた、人に優しいスゴイ装置なのです！

ただ、MEGはその性質上、頭の表面に接しているセンサーコイルに対して平行に発生する磁場を拾うことができないことや、脳深部から発生する磁場については計測することができないなど、弱点ももちろん存在します。この弱点を補うために、機能的MRIや光トポグラフィ（Near-infrared Spectroscopy：NIRS）、経頭蓋磁気刺激装置（Transcranial Magnetic Stimulation：TMS）、脳波計（Electroencephalography：EEG）など、計測したい反応がどのようなものかによって、さまざまな装置を複合的に利用しながら、研究を行っています。

シールドの必要性

体の各部位から入力された感覚情報は、神経を通して脳に伝えられます。この脳に伝えられた感覚情報は、脳の「いつ」、「どこで」、「どのような」反応として発生し、処理され、さまざまな行動や情動に結びつくのだろうか。これら全てを詳細に調べるため、偉大なる先人たちは、さまざまな脳機能計測装置を開発してきました。ヒト脳機能計測装置として成り立つには、とても大切な条件があります。それは、当たり前のことですが「非侵襲であること」です。脳の神経細胞の活動を計測する最も確実な方法は、頭を開けて脳の神経細胞に針状の電極を刺し、直接活動を拾う方法でしょうが、これは倫理的に認められません。そこで考え出された方法のひとつが、脳磁場計測器（Magnetoencephalography：MEG）です。写真にある、私の所属していた生理学研究所のMEGは、フィンランドのElekta社製306ch全頭型Neuromagシステムです。

MEGは、大脳皮質の表面に向かって垂直に並ぶ神経線維の周りに発生する磁場（脳磁場）を、被験者の頭を覆っている部分の内部に埋められた306個のセンサーコイルを使い、活動している神経線維周囲に発生する磁場を記録することができます。つまり、体を一切傷つけることなく脳活動を計測することができる、とても人に優しい装置と言えます。

ちなみに皆さんは、脳から発生する磁場がどの程度の強さであるかご存じでしょうか？　実は脳磁場は、地球が持つ磁気（地磁気）の1億分の1ほどの、本当に小さな強度しかありません。いかに微細な反応であるか分かると思いますが、通常の部屋に装置を置いて脳磁場を計測しようとしても、環境磁場が全てノイズとなり肝心の反応が全てかき消されてしまいます。つまり、MEGで脳磁場を計測する環境は、周辺の環境磁場を可能な限りシャットアウトする必要があるのです。このためMEGは強力な磁気シールドルームの中に置かれ、実験中は分厚い扉を閉めた完全密室の状態で計測を行います。ちなみに生理学研究所のシールドルームは、装置の故郷フィンランドのサウナをモデルに内装が作られています。実験に参加してくださる被験者の皆さんの不安をできるだけ取り除き、リラックスした状況で実験を行うことができるようデザインされたものです。

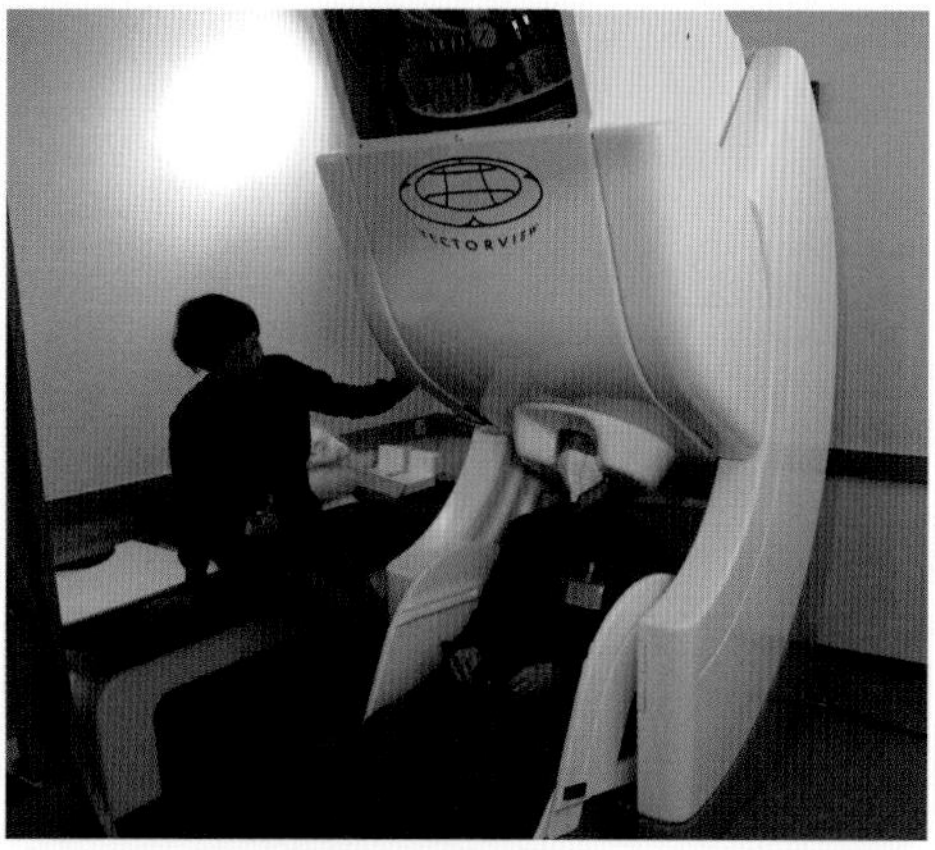

MEGを使った脳磁場の測定は非常に微弱な磁場を計測する必要があるため、磁気シールドルームの中で計測するのはもちろんのこと、計測中は敷地内にあるエレベーターをすべて停止させる必要もある

さらに、シャットアウトするべき磁場は環境磁場だけではありません。私たちの筋肉から発生する強力な磁場は、脳磁場をかき消すに十分な威力があります。よって脳磁場計測を行う際

つ」「どこで」「どのような」活動が起きているか、この3つを見たいわけです。ヒトの脳活動を非侵襲的に計測する方法は、いずれも一長一短でして、「いつ」「どのような」を見るには神経活動が生み出す電場や磁場を見る方法が適していて、「どこで」を見るにはMRIでの計測が適しています。

伊藤：MRIだと三次元的に脳全体を、内部までスキャンすることで「どこで」を見ることができるわけですね。それと比べて、脳波と脳磁場は表面に漏れてきたものを測るから、どちらかというと二次元的なイメージですね。

坂本：その代わり、ミリ秒単位の細かい反応を見ることができるくらい、時間分解能が高いです。これは、血流を計測するMRIには難しいですね。

伊藤：少し飛躍してしまうのですが、ニュータイプ専用機としてモビルスーツに積むならどちらのタイプだと思います？

坂本：神経活動を直接記録するしかないと思います。

小池：僕も、電極を使って細胞の活動を直接計測する方法が確実だと思います。

伊藤：神経細胞の活動を直接記録するんですか？ なんだか怖いものを想像してしまいますが……。

小池：これは、電極を利用して神経細胞が生み出す電気信号を直接記録する方法です。神経活動を記録したい脳のポイントを一部露出させる必要があるので、一般的には侵襲的な計測という方法に分類されています。電極の下の細胞しか記録できないという問題点はありますが、頭皮上の電場や磁場、または血流で計測するのと違って、直接に脳活動を記録できるという強みがあります。最近の例だと、ニューラリンクでイーロン・マスク氏がその方法を用いて、脳活動の読み出しをやって、思考を読み出すことを目指した実験をしています。

伊藤：宇宙世紀初頭は神経の活動を電極で記録するしかないのかもしれませんが、その後はやはりMRI的なものより、脳波、脳磁場をとるほうに向かうのでしょうか？

坂本：反応時間の問題ですね。何か情報が来たときに、即座に反応しなければならない。それはミリ秒単位のタイムラグです。となると、ミリ秒単位の活動が拾える機械の方が適していると思います。

小池：神経活動にともなう血流がピークに達するのに5秒程度かかるので、MRIだとどうしても秒単位の読み出しになってしまい、難しいように思います。ただ電極を使った直接記録にもデメリットはあります。運動そのものに関する脳の指令をキャッチする場合は一次運動野にポイントを絞って計測するだけで良いと思いますが、もっと複雑な思考になってくると難しいのではないかと思います。ここの脳活動だけを測れば複雑な思考を読み出せる、という場所が存在しないのではないかということです。

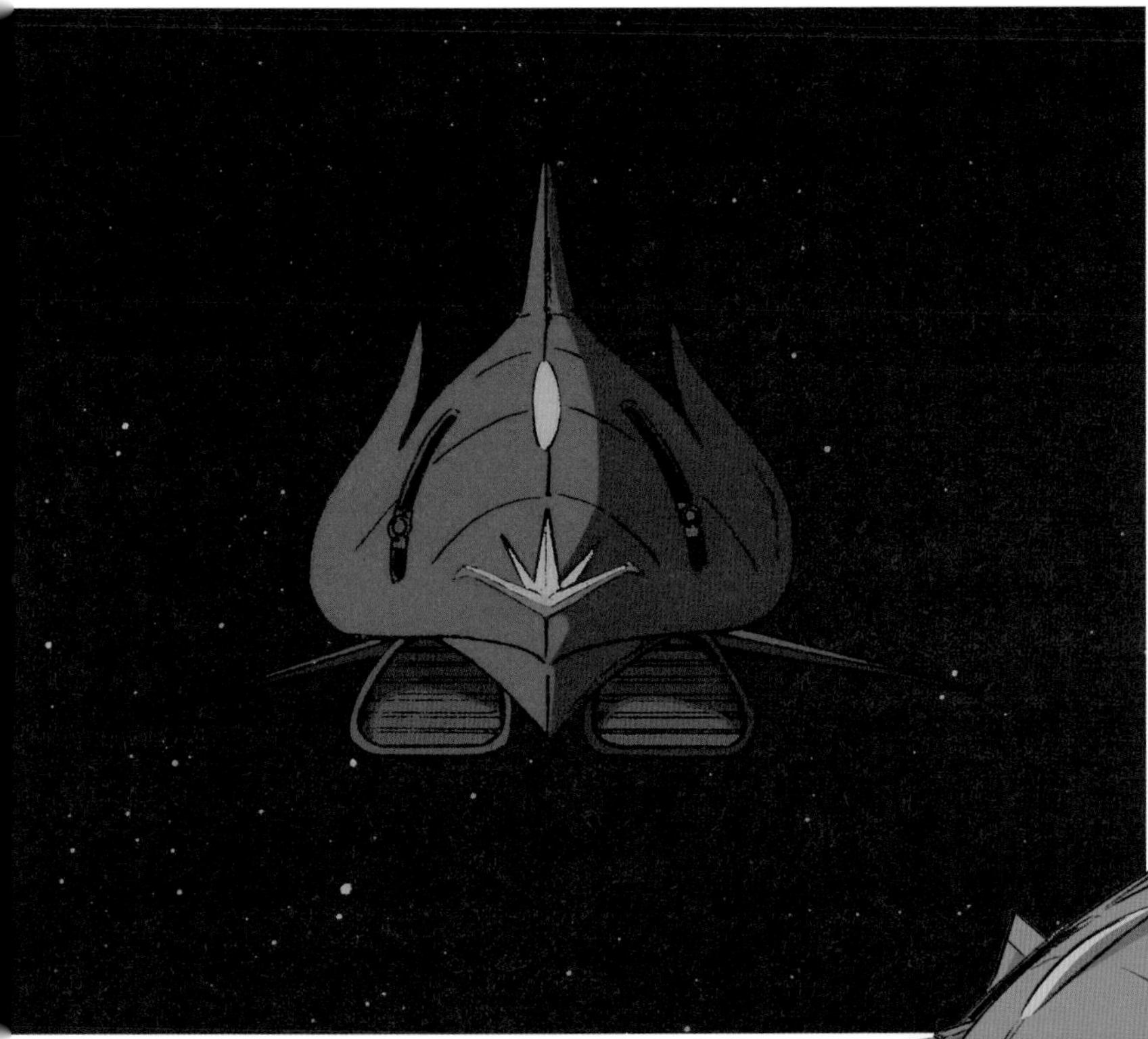

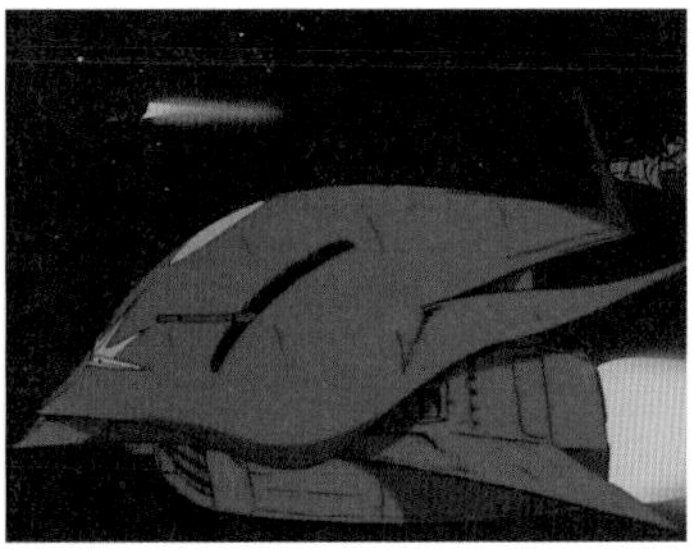

エルメスに搭載されている無線サイコミュ誘導では、脳波によって目標の指定と射撃タイミングを設定できる。あとはプログラミングによって各ビットを最適な位置に移動させつつ、射線に味方や他のビットが入っていなければ撃つ、という動作が自動的に行われているのではないだろうか

きっと脳内の複数の領域からなるネットワークが複雑な思考を生み出しているのですが、その全てを詳細に読み出すとなると、脳が電極だらけになってしまいますよね。そもそもそんな状態で生きていけるのか、というところが気になります。

伊藤：となると脳波などで記録することになるのでしょうか。脳波というとどうも電波が飛んでいるようなイメージになってしまうのですが、それはどちらかというと脳磁場になるわけですか？

坂本：脳波は頭皮に接触していないと記録できないので、たぶん、ヘルメットの中にたくさんのＳＱＵＩＤセンサーみたいなものがついているんじゃないかと思います。これは非常に感度の高い磁気センサーでして、もしかしたらニュータイプという人たちは通常の人類よりも脳の活動がすごく強くて、強力な磁場を発生しているのかもしれません（笑）。

アムロとララァ。二人は無線を繋がずとも、お互いの機体を視認しているだけで、感情のやりとりをしている。これも何らかの情報のやりとりが生じていると考えられる

伊藤：ちなみに脳波はだいたい何ヘルツくらいなんですか？　脳波というと飛んでいるイメージだったので、ミノフスキー粒子は通信障害を起こすのに、なぜサイコミュだけは飛べるのかがちょっと疑問だったんですよ。ミノフスキー粒子は長い波長、ヘルツ（振動数）で言えば低いほうをカットしてしまう設定らしいので、その中を飛ぶ脳波はどれくらいなのかが気になります。

坂本：脳波の場合、このヘルツ帯でしか活動してないということはなくて、長波長の活動もあれば短波長の活動もあります。いわゆるアルファ波（8-13ヘルツ）やベータ波（14-30ヘルツ）と呼ばれるものですが、帯域によって区別されています。

伊藤：アルファ波とかベータ波というのは波長帯域での区別なんですね。その中でもだいたい測っているレンジというのはありますか？

小池：上はガンマ波（30-100ヘルツ）

の上限で、下限はデルタ波（1-3ヘルツ）でしょうか。機能的な意味があると思われているものは、そのくらいのレンジです。

伊藤：そうなると、ミノフスキー粒子によるカットの、さらに下の圏外になっているのかもしれませんね。

坂本：ちなみに、リラックス状態で出るというアルファ波というのは8〜13ヘルツくらいのゆったりした波なのですが、「俺はアルファ波をコントロールできる」みたいなことを言う人がいるじゃないですか。以前そのような内容の放送を観たことがあるのですが、その人は、座って、電極つけて、目を閉じたんです。実はアルファ波というのは目を閉じるだけでも出ます。

小池：むしろ寝ると消えるので。目を閉じてはいるけど覚醒していると出ます。

伊藤：覚醒した方が出るのは個人的には意外で、面白いですね。ちなみにアルファ波はどこから出るんですか？

小池：視覚野が関係していると言われています。視覚入力が入ってくると、いろいろな入力が入ってきて、波が揃いにくくなる。みんな違うパターンになってしまうのですが、目を閉じるということは視覚入力を遮断することになるので、脳がそもそも持っているような周波数で揃いやすくなるわけです。

伊藤：つまり自分からアルファ波を出したからといって何の意味もないんですね。

小池：いろいろとややこしいのですが、リラックスした時にアルファ波が出るからといって、アルファ波が出るとリラックスできる、とは必ずしも言えないのですよね。

伊藤：しかも、先生たちが仰っているアルファ波というのは脳の信号としてのアルファ波でしかないわけですね。僕らのイメージしているアルファ波はやはり電波のように飛んでくる感じで、アルファ波を出せますと言われると、何か特別な電波を発信しているかのように思えてしまいます。

脳のシンクロは起こるのか？

伊藤：それではあらためて話を本筋に戻しましょう。こちらの研究所で研究しているコミュニケーションについて教えていただけますか？

小池：僕たちはコミュニケーションを支える脳の働きが知りたくて研究しています。コミュニケーションするというのは、自分の意見を相手に伝えるだけでなく、それを理解してもらって、今度は相手からの意見を受け取ります。この情報が行きつ戻りつするコミュニケーションを通して、伝わった感じとか、わかってもらえたとか、伝わって嬉しいとか、そんな気持ちを感じるわけですが、そのときに脳の中で何をやっているかを知りたいと思っています。このコミュニケーション能力、広い意味で言うと社会能力をつかって、我々はどうやって他人とうまくやっていけているのか、もしくはやっていけていないのかを研究しています。

　この目的のために、普通の研究手法だと、MRIを1台だけ使って「何かを見たときに脳のここが光りました、活動しました」という情報を調べています。ですが最近、それではダメなのではないかということが2012年頃から頻繁に言われるようになりました。これはさっきお話しした、コミュニケーションは情報が行きつ戻りつする社会行動である、ということと関連しています。つまり、コミュニケーションは、自分の中で完結するものではないということです。モノを見ましたというのは、「僕が見ました」だけなんです。環境から一方的に何かを受け取って、自分の脳が動いているだけです。しかし、コミュニケーションはそうではない。たとえば会話なら、話す人がいて、聞く人がいる。話し手は、「自分の言葉は相手に理解してもらえたか」を窺いながら話を進めていきます。聞き手もただただ受動的に情報を受け取っているわけではなく、「相手は何を考えてこんなことを話しているのだろう」と推測しながら聞いている。つまり、お互いに相手の思考を予測しながら会話のキャッチボールを行い、そして試行錯誤を繰り返しながら次第に二人の思考や感情に一体感が生まれてくるわけです。そう考えると、コミュニケーションの真髄を知りたければ、二人で一つの所謂「ニコイチ」状態を計測しないと本当のことはわからないのでは、という考え方が出てきました。この考え方の究極的なところが、「二人でコミュニケーションさせて、その際の脳活動をまとめて二人記録してしまえ」という、僕がやっているような研究になります。

伊藤：二人同時に記録して、解析すれば、わかりあえたかどうかわかるということでしょうか？

小池：現状では、わかりあえたかどうかを脳活動から知るのは、難しいかもしれません。そしてそれを脳活動から知ることが、個人の幸せにつながるかどうかも、よくわかりません。本当にわかりあったかということより、僕が「わかりあえた」と思うかどうかが、最終的には僕にとっては大事なことなので。

伊藤：なるほど。

小池：伊藤先生が今、「なるほど」と仰いましたが、本当に「なるほど」と思っているかどうかを問うことに、あまり意味はないと思っているということです。「なるほど」とは思っているけど、よくわかっていないかもしれない。でも「僕がそれを伝わったぞ」と思えば、僕にとっては伝わっているわけだから、この話は僕が満足してこれでおしまいになります。「伊藤さん、わかってないぞ」と思えば、ここはさらにしつこく喋るわけです。どっちにせよこれは、本当に伊藤さんがわかっているかはそっちのけで、僕がどう思ったかだけで決まってしまいます。哲学みたいな話になってしまいますよね。話がそれましたが、とにかくコミュニケーションは、2人の間で情報が行ったり来たりして、盛り上がったり、盛り下がったり、とにかく何らかの相互作用がある。その相互作用を直接調べるためには、2人まとめて調べようというのが、今の研究の主流になりつつあると思っているので、脳活動だけでなく視線などの行動指標も、2人から同時に記録しているのです。

伊藤：まさに先端をいっているわけですね。

小池：先端なのかどうかはちょっとわかりません。先端なのか、それとも明後日の方向を向いているだけなのかは、後の人が決めることですから。もちろん僕らは先端だと思っていますよ（笑）。僕たちは幸運にも2台のMRIを使えるので、それで研究をしているのですが、コミュニケーション中の脳活動を二人から記録する研究はMRIだけでなく、脳波でも行われています。例えばパイロット。操縦士と副操縦士

モビルスーツ越しに、2人のパイロットがシンクロする現象が描写されている。このようなシンクロは、情報が相互にやり取りされるコミュニケーション場面で起こっていることが報告されており、それは相互理解の存在を反映していると考えられている。モビルスーツ同士の戦いにもある種の相互理解があるのかも？

の間ではハイレベルなコミュニケーションが行われていますが、その状態を計測するために脳波を使っています。さすがに今のMRIは、コクピットに搭載することはできないですから。他にも、光トポグラフィという装置があって、これは赤外線で血流を測る装置なのですが、日本の人は結構この計測装置が好きだという印象を僕は持っています。島津製作所が良い装置を売っているということもあるのかもしれません。原理的にはMRIと同じなのですが、空間解像度があまり良くないのと、脳の表層の血流しか測れないという問題があります。

伊藤：MRIよりも優れた点もあるのですか？

小池：MRIは非侵襲なんですけど、磁場と電波を使っているので、小さい子にはあまり良くないという話もありますが、光トポグラフィは赤外光だけを利用しているので基本的には完全に非侵襲です。また頭に赤外光センサーを付けますが、拘束度も他の機器に比べて高くありません。赤ちゃんなどにはこちらのほうが良いですね。

伊藤：身体の拘束度が低いということは、体を使ったコミュニケーションの研究ができるわけですね。

小池：そうですね。僕たちが使っているMRIというのはどうしても拘束度が高く、中に入っている参加者の方に提示できる情報も限られています。なので主にやっているのは、〝見つめ合い〟などの顔と顔でのコミュニケーションの研究です。実験の前に一度、怪しくないよってことをいつもアピールしているのですが、エスパーの研究ではないということだけはここでも力説させてください。そもそも2人がシンクロする現象は完全に物理現象だと僕らは考えています。〝ホイヘンスの振り子〟というのが、2人がシンクロする話の説明でよく使われます。ざっくり言うと、柱に2つ振り子時計をくっつけて、しばらく放置しておくと振り子のシンクロが起こるという有名な逸話です。ホイヘンスも最初はこのシンクロを奇跡的な現象という言い方をしていたのですが、これには実はタネがあります。振り子同士が直接コミュニケーションをしてシンクロしているかのように見えるのですが、実は2つの振り子時計を繋いでいるもの（振り子をかけている柱やテーブル）が一緒に揺れることで、振り子時計Aの振動が振り子時計Bに伝わり、振り子時計Bの振動が振り子時計Aに伝わります。つまりここでは、2つの振り子がひとつの系になっていて、最終的にシンクロするわけです。

伊藤：これが2人の脳の間にも起こるということですか？

小池：起こっているのだろうと考えています。人間のコミュニケーションの場合、2人を繋げているのは、柱ではなく、相手に送りつける情報なのだと思います。もちろん押すとか引くとかいった物理的な接触もありますが、それを除くと、情報を使って

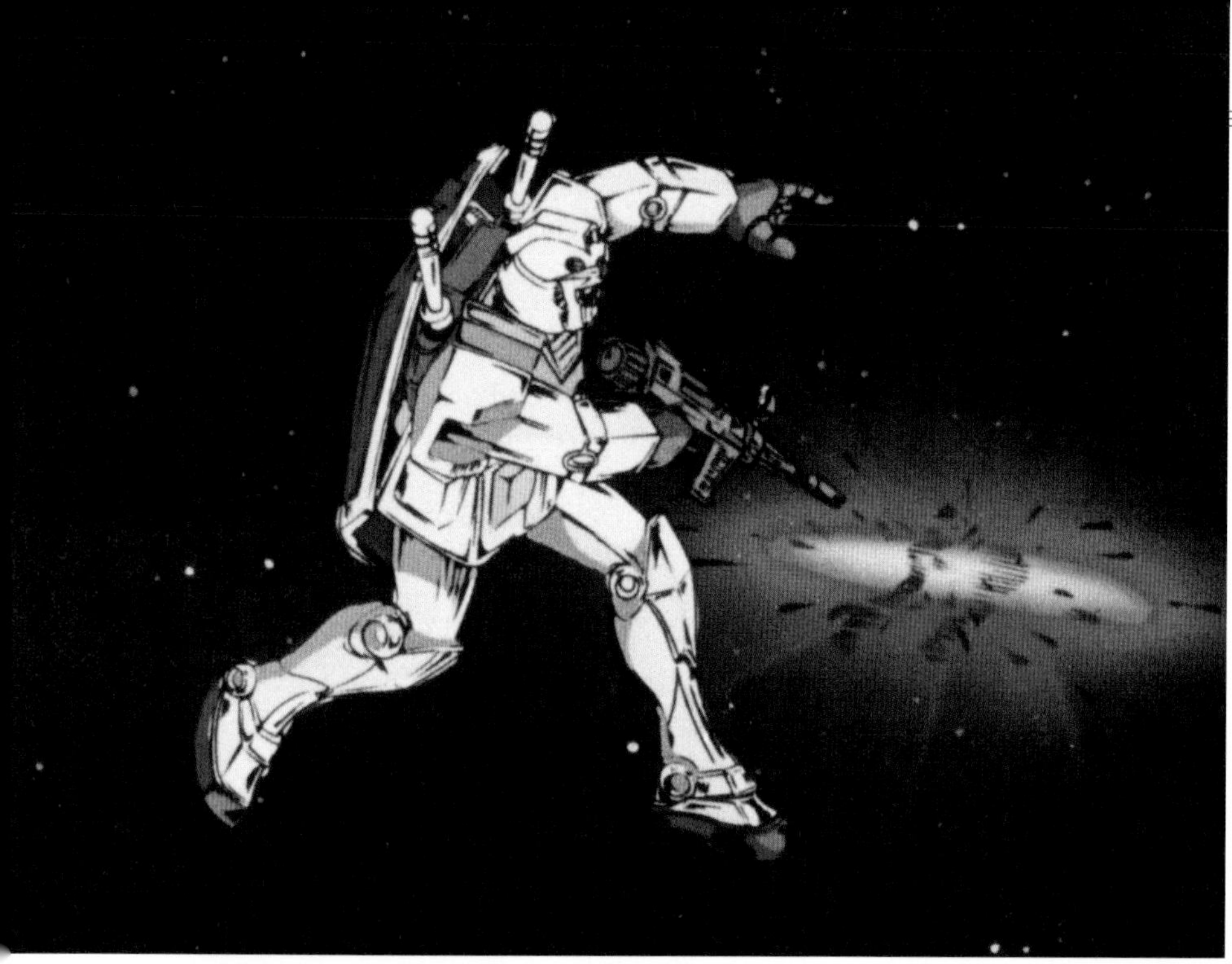

12機のリック・ドムを沈めたアムロ・レイは、リック・ドムのパイロットとシンクロしたという可能性もあり得る。多人数でのシンクロについては、現代科学では研究がはじまったばかりである

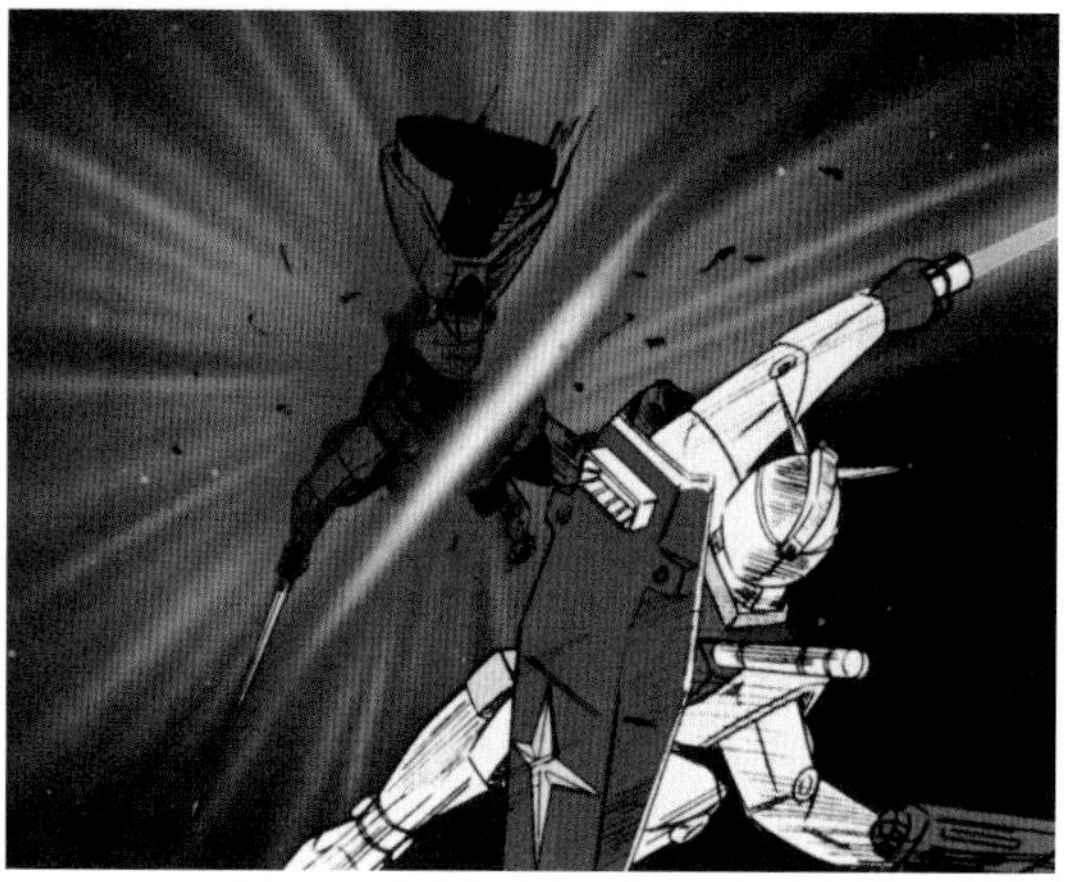

相手を動かし、相手は情報を使ってこちらを動かす。そうやってお互いに情報が伝播しているので2人が揃う、ということがあってもおかしくないだろうと思います。

伊藤：振り子の場合は物だからインプットとアウトプットが物理的な力になるわけですが、脳の場合は信号処理なので、インプットとアウトプットは信号になるし、その信号は別に物理的なものでなくても良いということですね。

小池：そうですね。情報同士が脳と脳の間でやりとりされることによって、ある種の共鳴を起こすのではないかというのがアイデアの背景にあります。だから、何もないのにいきなりビビッと伝わるのではないと思います。この種の、二者同時記録研究の一番最初のものは、僕から見ると完全にオカルトなんですよ。1960年頃の研究でサイエンスという一流誌に載っているんですけど、これは双子の共感の研究でした。「虫の知らせ」ってよく言いますよね。そ

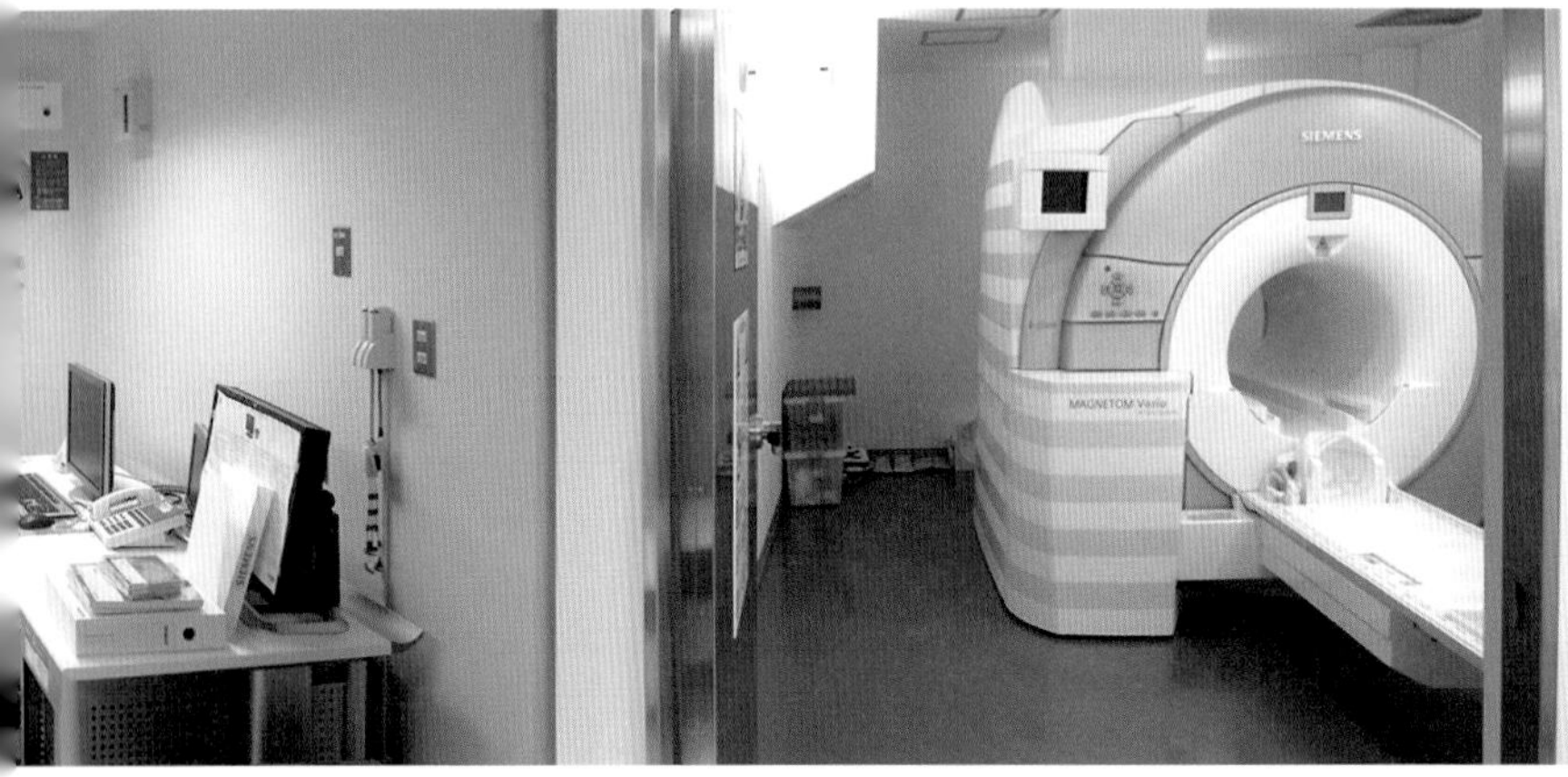

コミュニケーション中の2人の脳活動を同時に記録するための装置。別々のMRI装置に入った参加者は、ビデオチャットで画面越しに対面コミュニケーションができる。この装置を用いて脳活動のシンクロを研究している

れを知りたいという目的で、虫の知らせがあるような双子の間では脳波が揃っているのでは、という仮説でした。昔の研究なので、細かいデータなどはあまり残っていないのですが、本文を読む限りではかなり微妙な結果だったように思います。

伊藤：否定はしないけど肯定もしないという感じですね。その時代だとＥＳＰなども関係してくるのでしょうか？

小池：すごく流行りましたね、超能力。ただ、その論文には書かれていなかったので、ＥＳＰなどと根が同じかどうかはちょっとわかりません。分かり合うことと脳活動のシンクロを結びつける最初の仮定がどこからきたのかは僕もちょっとわかりません。その後は、脳の間でのシンクロというアイデアは、ずっと何もなかったことになっていたのですが、２００２年になって突然復活しました。それは二人での意思決定を要する経済ゲームを一緒にプレイすると、脳活動が同じパターンになるのではないかというものでした。例えばＭＲＩの解析って、「同じモノを見たら同じような脳活動をする」というのが前提となっています。ある課題に対応した脳活動を描出する際は、たくさんの参加者さんに同じ課題をしてもらい、みんなが同じ脳活動パターンを示した場所は、その課題に関連しているという考え方で解析をします。そうすると、２人で場を共有して同じ気持ちになっていれば同じ脳活動が起こる、すなわちシンクロするというのは自然な考えのような気もします。

伊藤：その経済ゲームではシンクロしたのですか？

小池：しました。したことはしたんですけど、それほどシンクロ具合は高くなかったようです。

伊藤：小池先生がやっている実験で、実際のシンクロ具合というのはどれくらいなんでしょうか？

小池：結論から言うと、相当に低いです。せいぜい、数%くらいが相手にシンクロしているくらいでしょうか。

伊藤：それはどんな実験でわかったんでしょうか？

小池：僕らは目と目で見つめ合う研究をずっとやっています。実験はすごくシンプルです。MRIに入ってもらって、画面越しに8分間、2人で延々と見つめ合ってもらう。そして、見つめ合っているときに何が起こるかを観察しています。目と目で通じ合うと言うとちょっと古いんですけど、そういう状態があるのではないかという考えです。これは大阪大学の中野さんという方が発表された、僕らが勝手に「キムタク実験」と呼んでいる研究が、アイデアのベースになっています。この実験で参加者さんがやることは、木村拓哉さんが主演の『CHANGE』というドラマを見てもらう。たしか木村さんが総理大臣の役だったと思うのですが、ノーカットでずっと喋っている演説のシーンをただ見てもらうだけ。この実験では、参加者のまばたきを測っていました。木村さんも人間なので、演説中にまばたきをしますよね。その木村さんのまばたきと参加者のまばたきの関係性を調べたら、木村さんがまばたきをすると、見ている人もまばたきをしていたという話です。僕たちは向かい合ってコミュニケーションをしていると、相手の行動に自分の行動を自動的に合わせてしまうという傾向があるのですが、それがまばたきにも出ているらしいということです。これと同じような実験を、僕らもMRIを使ってやりました。知らない人と8分間見つめ合うという課題を、2回行います。

伊藤：8分間見つめ合うというのは、相当長いですね。

小池：長くて辛いですね。さらにその見つめ合いの間には、共同注意という課題、もやってもらいました。これは簡単に言うと、ある物について話をしたい場面を考えてく

アムロ・レイからカミーユ・ビダン、そしてジュドー・アーシタとい3人のニュータイプ。彼らの能力の一つ「先読み」が成立するのも、何らかのコミュニケーションを介して、共鳴が起こっていることに由来するのではないだろうか

ださい。目線を動かして何かを見ると、相手もそれを見て会話が始まる、みたいな場面がありますよね。あんな状態です。これがだいたい40分くらい。長いし、キツいと思います。本当に参加者の方には感謝しかないです。

伊藤：まったく知らない人と見つめ合うという点もキツそうです。

小池：それがまた難しいポイントです。友達同士とか、恋人同士だとどうなるかって話に絶対なるんですけど、試しに恋人同士でやってみたら、笑ってしまうんですよ。何やっているんだろうみたいな感じで、笑いが止まらなくなって実験にならなかった。それで、この過酷な見つめ合い実験をやって何がわかったかというと、初対面で見つめ合っているだけで、脳活動がシンクロしていました。つまり2人の脳活動が、同じタイミングで上がったり下がったりするようになっていました。

伊藤：先程はまばたきという行動が揃う話でしたが、今回は脳の信号が揃っていると。

小池：実はまばたきも調べたのですが、こちらは初対面ではそんなに揃っていなかった。しかし、脳活動自体は揃っていました。揃っていると言っても、脳全体が完全に揃っているわけではなく、右の中側頭回だけが揃っている。ただ非常に難しいのは、たしかにシンクロがあるんだけど、すごく弱い。そして先程もお話ししましたが、MRIで測れる脳活動は、周波数がものすごく低いんです。その遅い脳活動が、2人でとても弱くシンクロしている。

伊藤：1回目と2回目で差はあったりするのですか?

小池：8分間見つめ合って、その後、40分ほど共同注意の課題をやった翌日にもう一度見つめ合いを行うと、もっとシンクロするようになります。先程話した中側頭回だけではなく、もっと頭の前方の下前頭回というところまで、脳活動がシンクロするようになりました。これがなぜシンクロするかという話は、正直よくわからないことばかりです。わかっていることは、見つめ合いの間に40分の課題を協力してやっていない場合は、下前頭回までシンクロが増えることはありません。なので、共同注意で、相手の目に注目することが大事だということがわかります。しかも、その課題をやったとしても、2日目に違う人と見つめ合うと、やっぱりシンクロは増えませんでした。なので、特定の人の目に注目し続けたという記憶が、ある意味、脳活動のシンクロを起こしているのではないかと考えています。

伊藤：シンクロのしやすさには相性もあると思いますが、一度シンクロした人とは、次もシンクロしやすいということになりますか？

小池：そうじゃないかというのが僕たちの見解です。これはある種の学習で、その履歴が残っているのではないかと思っています。

伊藤：ガンダムの場合、ニュータイプは感受性が豊かだから、何らかの違和感を感じる表現がありますが、最初は誰かわからなくても、だんだん慣れてきて、誰かが分かるようになるみたいに、シンクロにも慣れのようなものがあるということでしょうか？

小池：おそらく相手依存なのではないかなという風には考えられます。実際のところ、ニュータイプがどのようにコミュニケーションをしているかがわからないので、そこにはいろいろな可能性があると思います。ただひとつ言えるのは、自分が受ける、そして自分が出して相手が受けるという形が成立すれば、2人の間で情報がやりとりされて、揃って、共鳴するということは十分に起こりえると思います。

伊藤：一方通行ではなくて、あくまでも相互にやっていると。

小池：先程お話した「キムタク実験」の例は、木村さんから参加者への一方向性の影響です。ですがリアルタイムでのインタラクションが持っている価値は、おそらく、2人の間で情報が行って帰ってする相互作用性にあると思っています。僕はハウリングをよく例に出すんですけど、信号としては元々小さいけれど、お互いの間で増幅しあってキーって鳴るわけですよね。そういうことが起こっているのではないかと思います。

伊藤：この実験は顔同士を見つめ合っていますが、信号という抽象的な言い方をすれば、別に顔でなくても良いわけですか？

小池：顔じゃなくても大丈夫です。今までやった実験では、例えばつま先立ちで見つめ合うというのがあって、つま先間の距離が20センチという、あたかも喧嘩が始まる直前か、ってくらいの距離感で対面して起立するという地獄のような実験なんですけど、この実験で僕たちは、体の揺れを測りました。この実験はすごくきれいに結果が出て、2人の体の揺れがシンクロするんですよ。片方の人に目を閉じてもらうと、シンクロには時間遅れが出る。目を閉じているほうは気ままに揺れているのですが、目を開けている方は相手からの影響を受けて、相手に追従してしまうので、時間遅れが出るんです。でも、2人で一緒に見つめ合っていると、時間遅れ無しでシンクロした形になります。もちろん、参加者には、ただ立っていてくださいと言っただけで、相手に合わせてくださいとは一言も言っていません。だけど、自分の体の揺れは相手の揺れに影響される、その体の揺れは相手に影響をして……そういう形でグルグル回って、最終的に自分と相手の揺れがシンクロしていくわけです。

伊藤：それは脳が無意識でやっているのですか？

小池：無意識でやっていると思います。そのほかにも、2人で同じものを持つみたいな実験でも、やはり脳活動はシンクロしました。

伊藤：やはり共同作業に意味があるんですね。例えばそれはモビルスーツでの戦いのようなものにも当てはまりますか？

小池：それもひとつの共同作業になるのではないかと思います。難しいところではありますが、共同作業というのは、私がやってあなたが応えて、あなたがやって私が応える、というアクションとリアクションの関係性があるという行動かなと思います。その意味では、戦いも協力ではないですが、共同作業かと思います。例えば格闘ゲームに「暴れ」ってあるじゃないですか。「暴れ」は予想の範囲外の事をして、共同作業として成立しないから、作戦として通用する。戦いというのは、予測が立つから成立するところがあって、予測できないと、来たものに対して対処していくしかないわけです。

伊藤：「ブロッキング」とかもそうですよね。相手の攻撃に対して後キーじゃなくて前キーを押すとか、そんなの人間業じゃないと思っていたんですけど、あれはある意味シンクロしているわけですね（笑）。

小池：まさに「読み」ですよね。シンクロする理由の一つに、自分の行動に対する相手の反応を脳内で予測するメカニズムがあるから、という仮説があります。裏をかくのって、そもそも「読み」が揃っていないと意味がないわけですよ。お互いが相手を予測して理解ができているときのほうが、うまく相手と合わせあって、熱戦になりますよね。

伊藤：モビルスーツ戦なんかはまさにそういうことをやっている可能性がありますね。先程知り合い同士だと笑ってしまうという話がありましたが、この場合はどうなるんでしょう。

小池：どうなるんでしょう。知り合いの人

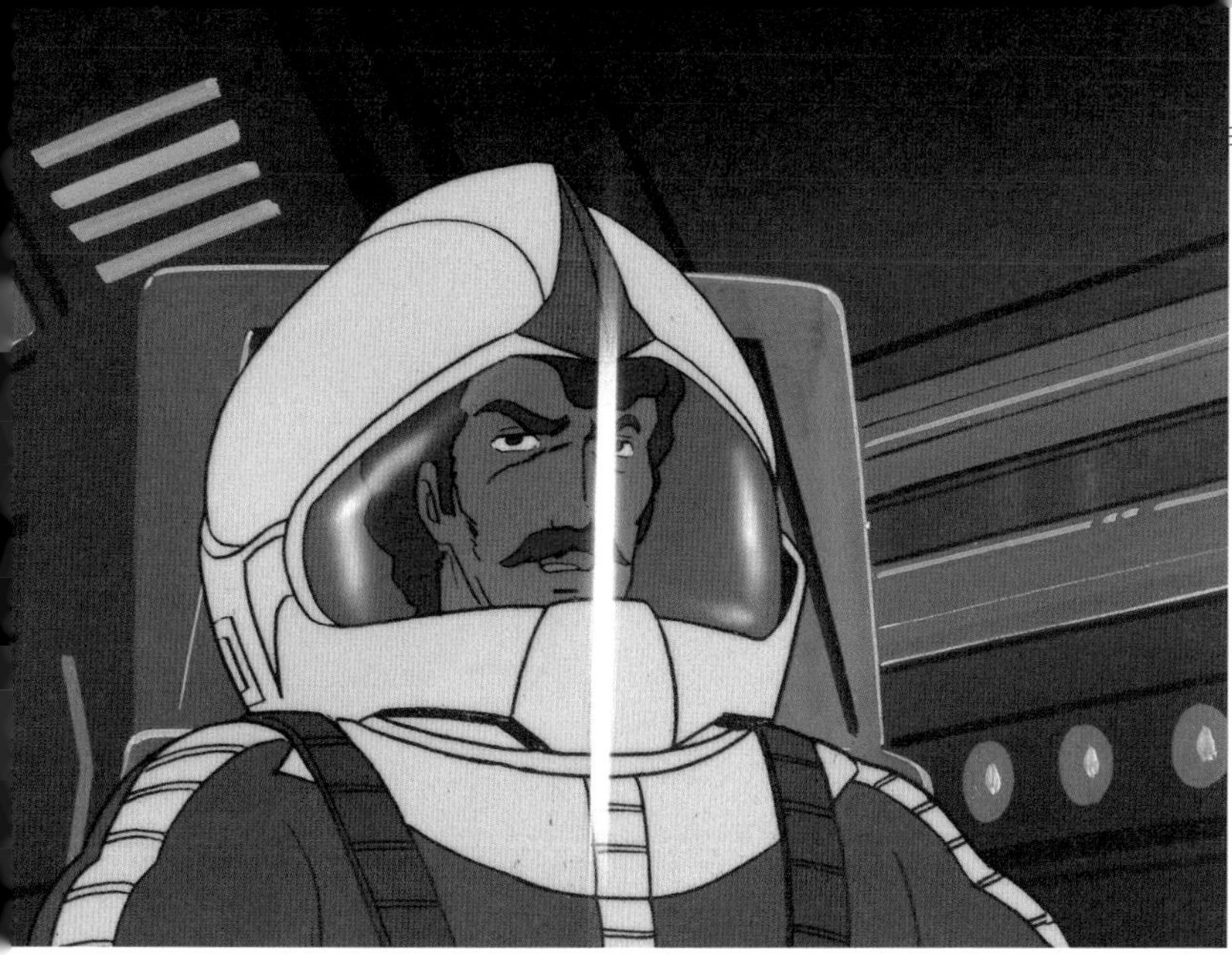

シャリア・ブルはアムロと宇宙空間で遭遇したただけで「凄いMSとパイロットだ。あのパイロットこそ真のニュータイプに違いない」と語っていた。わかりあえる2人は、脳活動のパターンも近いのか

は脳活動が似ているという研究があります。この研究では、アメリカの私立大学に通う大学1年生にアンケートを取って、まずは友達関係を調べて友人関係の繋がりを調べました。次にコミュニケーションをしているわけではないのですが、映画を観ているときの脳活動を大量に集めて、友人関係の距離と脳活動の類似性を比較したんです。映画を観ているときの脳活動は、他の人のそれと相当に似ているということが知られています。ただ映画鑑賞という行為は、完全な受け身の行為ではありません。電気刺激を受けているわけではなく、あるシーンについていろいろと思うことがあったりするじゃないですか。友達同士は考え方が近いだろう、あるシーンについて同じような見方をするし、同じように感じるだろうから、脳活動はより似るはずだろうという解析をすると、実際にそうなっていました。友達は、映画を観ているときの脳活動が似ている、と。ただ、そういう風に言うと、「脳活動が同じような人が友達になるんじゃないか」と思うかもしれませんが、この実験の結果だけでは、似ているから友達なのか、友達だから似ているのかはよくわからない。ただ、この研究チームがすごいのは、この後に別の研究をやっているんです。友達じゃなかったけど脳活動が似ている人を追跡調査すると、友達になる可能性が高かった。つまり、これまで生きてきた人生の中で作られてきた脳の活動や構造、それが似ている人たちは共鳴しやすいし、友達になりやすいようです。

伊藤：この話は、映像を観たときのリアクションが似ているということですよね？

小池：そうですね。その2人が合わさった時、つまり一緒に談笑しながら映画を観たときに何が起こるかは別の話です。この研究で難しいのは、友達とは何か、という話です。何か悲しい結果が予想されるじゃないですか。僕は友達だと思っていたけど相手は……という片思いになっていたらどうしようって（笑）。それがあるから僕は友達同士の実験というのはあまりやりません。

TMSによる刺激で自分の意思と無関係に手が動くことが気持ち悪いように、自分の脳を原因としない「何か」が他人から感じられるようになったら、「何かおかしい」「ざわざわする」という感覚があってもおかしくはない

話が発散してしまいましたが、脳と脳、体と体はシンクロするんだけど、それは何かが飛んでいっていきなり心が伝わり合うＥＳＰみたいなものではなく、もう少し現実的な、情報が媒介されることによる物理現象としてのシンクロでしかありません。ただ、逆に言うと、媒介さえあれば伝わるということにはなると思います。

伊藤：つまり、宇宙世紀になって、サイコ・ウェーブという媒介手段があれば、シンクロできるかもしれない。

小池：実際、脳の電気刺激は可能で、経頭蓋磁気刺激（ｔＭＳ）というのがあります。これは強い磁場を脳の近くで発生させることで、神経細胞を発火させる介入方法です。そうすると、自分の脳が発生する磁場をものすごく増幅して宇宙空間に放って、それで直接相手の電流を引き起こすことができれば、何かが起こるのではないか……みたいな話を、疲れた体で妄想したことがあります（笑）。

坂本：手を動かしたらとか、手の感覚が起きたら、脳のこの部分が活動して、みたいな話をしていましたが、経頭蓋磁気刺激は、外部から他者が意図的に被験者の脳を活動させるわけです。そうすると、例えば右の運動野にある手の支配領域に刺激を与えると、左手が勝手に運動します。自分の意思とは無関係に。

小池：ものすごく気持ち悪いですよ。

伊藤：自分でも体験してみたいですが、ちょっと勇気がいりますね。

坂本：安全を配慮して、刺激を与える回数や強さなど、詳細に決められています。

伊藤：どこにどういった信号を送れば良いかが明確になってくれば、例えばガンダムに登場する強化人間のようなこともできる可能性がありますか？

小池：脳は機能局在性があって、電気信号を受けて動いていますから、電気信号自体がどこから来たかは問わないような気もします。ただ、本当は、問うのかもしれません。先程、経頭蓋磁気刺激をされるとすごく気持ち悪いと言いましたが、それは結局、僕たちが、自分で体を動かしたいと思って動かしている、あるいは動かされる理由があって動いている、ということを理解しているからだと思います。なので、そこから外れたことが、すなわち意図がないのに体が動くと違和感を覚えるのかなと。そういう意味では、電流がどこから来たかは大事なのですが、意図までふくめて完全に外部に乗っ取られてしまったら、それさえわからなくなってしまいますよね。

伊藤：例えば、脳波増幅器があって、その発信器があって、受信器がある。それが前提の世界になれば、ニュータイプが脳波を受信して、それをプレッシャーとして感じることがあるんでしょうか？

小池：自分の脳を原因としない何かが入ってくるわけですから、何かおかしいぞ？ざわざわするぞ？　とはなるでしょうね。

坂本：その意味では、脳波をデジタル信号化して、モビルスーツの中に仕込まれている小さな経頭蓋磁気刺激装置に伝え、強制的に刺激提示する方法であれば可能かもしれません。

小池：可能だと思います。

坂本：そちらのほうが現実的ですね。でも怖いとは思います。例えば映画で誰かが手を撃たれる感覚が、それがどんなに小さくても、刺激として与えられたら、どうです？

伊藤：でも将来のVR（バーチャルリアリティ）はそうなる可能性もあるわけですよね？

坂本：そう考えれば、ありえない話ではないかもしれないですね。

反応速度と集中力——ガムを噛む効果

伊藤：一方、坂本先生は脳波を使ってどのような研究をなさっているのですか？

坂本：私は最初、顔や口の中などの触った感覚が脳の中でいつどこでどんな感じで反応として現れるのかをずっと研究していました。

伊藤：それはやはり脳を知りたいというのが最初のモチベーションですか？

坂本：そうですね。脳の研究を始めるにあたり、まずはシンプルな実験から入りました。誰しも一度は、ご両親や先生からよく噛みなさいと言われたことがあると思います。さらには「よく噛むと頭が良くなる」とまで言われることも。噛むことの何が良いのか、何で噛んだら頭が良くなるのか？そんな簡単に良くなるわけ無いだろ！　と思って始めたのが最初です。それが、集中力やモチベーションといったところに繋がっていきました。

伊藤：ガンダム的に言えば、ニュータイプの異常な集中力はどこからくるか？　というところに繋がると良いなと思います（笑）。

坂本：咀嚼の効果は、ストレスの軽減とかリラックス効果とか記憶力が向上とか、さらにはダイエット効果があるとかいろいろ言われています。そのような効果がなんとなくあるような気がするけど、実は科学的にはっきりと証明されたものは殆どなかったんです。

伊藤：何らかの根拠はあるんですよね？

坂本：過去の研究事例としての裏付けは、ＭＲＩを使った研究で、ＭＲＩの中にいるときにガムを噛ませて、どこが活動するかを調べたものがあります。小池先生の話にも出てきましたが、何かしらの行動をすると、当然脳のどこかは活動します。そして、美味しいとか楽しいとか、高次脳機能に向かえば向かうほど、脳の中のいろいろなところが活動してしまうから、咀嚼に特異的な脳の領域を特定するのはさらに難しくなります。噛めば、口の中の感覚や顎の運動をはじめ、いろいろなところが活動するのは当たり前です。でも、過去の研究は、いっぱい活動するから頭が活性化する、すなわち頭が良くなるって解釈だったのですね。

伊藤：ガムを噛むと、運動に依存する脳の領域が活動して、脳の中の血の巡りが良くなり、ＭＲＩの信号がでる。ここまでは今日覚えました（笑）。でも、脳の血の巡りと、頭が良くなることは本当に関係あるのか？　ということですね。

坂本：そうです。それなら、はっきりさせようと私の研究が始まりました。噛むことが本当に脳活動に影響を与えるのかを調べるために、背景脳波、いわゆるアルファ波やベータ波などを利用して実験したところ、ガムを噛んだからといって、計算の正答率が高くなるとかはあっても、特に頭が良くなったとは当然言えなかった。

伊藤：それは残念ですね。ただ、今日ここでその話題を出してくださったということは、ガンダム的には面白い結果も出たのですか？

坂本：脳波というのは、先程も言いましたが、ひとつひとつは本当に微細な、ノイズと間違えるくらいの小さい電気活動です。だから、とあるタスクを行った際の脳活動をたくさん繰り返し計測し、加算して平均値をとります。例えば真っ暗な宇宙空間でモビルスーツを操縦している自分を想像してみてください。突然敵やら隕石やら何かが横からパッと現れたら、おっ！　てびっくりしますよね。おっ！　と思ったら、できるだけ早くブレーキをかけるなりミサイルを発射するなり、とにかく何らかの対応を素早く行う必要があります。何かの刺激を認知しておっ！　て思うまでのわずかな間、人の脳内では刺激認知から約３００ミリ秒付近で、大きな下向きの脳活動（陽性波）が記録されることが知られています。この脳波は神経科学用語でＰ３００と呼ばれているもので、これまでとは異なる刺激が提示されることで現れます。つまり、何かを認知・判断・処理したときの脳波なので、脳の認知処理機構を反映していると考えられています。人によって出やすい、出にくいはありますが、ニュータイプに限らず、どんな人でもこのＰ３００という波は大なり小なり出ます。

　このＰ３００を測定するために、私たちはオドボール課題と呼ばれているタスクを組み、実験を行います。私の場合は音刺激を使い、低い音が流れている中で、ランダムに２割の確率で高い音を混ぜます。この高い音が来た時に、できるだけ速くボタンを押してください、と被験者に指示を出し、ボタン押しの反応時間の計測も併せて行いました。ここでひとつ問題があって、そもそも脳の活動は微細なので、ガムを噛んで

Column

わからないことを楽しむ

　近年の他者とのシンクロに関する研究は、非侵襲的に脳活動を操作することで円滑なコミュニケーションを実現し、相手とのより深い相互理解を促進しようとする方向へと進んでいます。しかし、あたかも「私がより良い方向に君たちを導いてやろう」とでも言いたげな動向を見るたびに、何ともモヤモヤとした感情が湧き上がってきます。そもそも他者の気持ちは完全に理解しなければならないのでしょうか？　他者の心がまる見えの世界は楽しいのでしょうか？

自分の心を誰かに全て理解される社会は本当に心地良いものでしょうか？カミーユから「人はわかりあえる」と言われたとき、「良くもずけずけと他人の心の中に入る」と答えたハマーンの気持ちが、私にはよくわかります。カミーユの言は純粋な善意から出たものなのでしょうが、人は誰しも土足で踏み込まれたくない領域を心の中に抱えています。相手を理解しようとする努力を否定するつもりはないし、誰かに理解される喜びだって当然あって然るべきものです。でも、二人の意志に関係なく無理矢理に相互理解を促すような介入は、それが科学者の善意と正義感によるものだとしても正しいとは思えません。他者の心には自分の価値観とは異なるものがあることを受け入れながら、理解できずともお互いの心の接点を模索し、その過程すら楽しむ。これこそがコミュニケーションの真髄であり、多文化共生の世界では大切なことではないでしょうか。科学が進歩しても、わからないことを互いに受け入れ、楽しめる社会であることを願います。

νガンダムの装備の一つ、フィン・ファンネル。エルメスに装備されていたビットや、キュベレイに装備されていたファンネルなどとは異なり、攻撃だけではなく防御目的にも使える。これらも脳波でコントロールされているのだろうか

いる最中の脳波は口腔周囲を取り巻く咀嚼筋群の発する膨大な活動電位にかき消されてしまい計測できません。だから我々はガム噛み前後の脳波の変化を観察することにしました。実験では合間に5分間の休憩を挟みながら、計4回、このオドボール課題を行っている最中の脳波を計測しました。この休憩中に、〝ガムを噛む〟、〝何もしない〟、〝ガムを口に入れずに顎を動かす〟、〝指の運動をひたすらやる〟といった4種類の行動を、それぞれ別日にやってもらいました。

　結果、まずは反応時間ですが、休憩の合間にガムを噛んでもらったときは、一回目の計測より二回目、三回目、四回目と、次第に速くなることがわかりました。面白いことに、休憩中にガムを噛んでもらった時以外では、実験の回を重ねるごとに反応時間は遅くなりました。口の中に物を入れずに顎の運動だけしてもらった時にもです。もしガムを噛む動作が、眠気を抑えるだけの効果であれば、反応時間は変化しないでしょうけど、だんだん速くなるというのは

予想外でした。P300の反応は、人のモチベーションの状態を反映すると言われているので、飽きてきたり、つまらなかったり、眠くなったりすると、P300の振幅は小さくなるし、反応のピークも遅くなります。実際に脳の反応のピークが出たタイミングをプロットしていくと、休憩中に何もせずにいるとだんだん遅くなりますが、ガムを噛むと、P300のピークは速くなります。この現象は、休憩中に顎の運動や指のタッピング動作などをさせた時にも、反応時間にほぼ変化がないか、むしろ遅れをきたしました。つまり結果として、ガム噛みには反応時間を速める効果があった、ということです。

伊藤：ガムを実際に噛むのと、ガムは入れないけど同じように顎を動かすという条件で、違いが出たのはなぜですか？

坂本：同じ顎の運動で差が出た理由は、口の中に食べ物があったかどうかの違いによるものと考えています。これには2つ仮説があって、ひとつはモノを食べることによって起きる、舌の運動や唾液の流出などといった複合的な要因によるというもの。そしてふたつ目が咀嚼《そしゃく》による覚醒効果によるもので、私はこれが答えだと思っています。咀嚼は、動作そのものを意識しなくても継続することができる動作です。別の考え事をしたり、誰かとおしゃべりしたりと、運動そのものに意識を向けていなくても、咀嚼は維持することができます。こういった動作をリズム動作といい、貧乏ゆすりや自転車漕ぎ動作、歩行なども含まれ、脳幹の上行性網様体賦活系を活性化すると言われています。上行性網様体賦活系は入眠覚醒など、体のリズムバランスを調整している場所とネットワークがあります。咀嚼というリズム動作も、もれなくこの効果を発現するものではないかと考えられます。一方で、口に何も入ってない状態で顎をただ単純に開閉口運動するという動作は、やってみたらわかりますが何分も続けるのは困難です。だから、おそらくこちらは網様体賦活系の活性化が得られなかったのではないか、と考えています。

小池：リズム動作の速度などは関係ありますか？

坂本：速度というより、自分のタイミングで持続して運動可能かどうかが大事なのだと思います。食べるスピードだって人によって異なりますから。

小池：これは運動である必要はありますか？ 例えば外的信号などでも可能なのかと。

坂本：調べていないのでわからないのですが、動作との連携だと思っています。覚醒をうながすだけでよいのであれば、面白い映画などを視聴するだけでもよいのかもしれません。しかし、それが反応時間そのものを速めるかどうかについては疑問です。注意が「面白い映画を観る」ことに行っていますし。例えば千日回峰行っていう過酷な修行がありますが、修行の節目のひとつに、一週間、堂の中を歩き回りながら読経するか、座ってただ読経するか、いずれかを選択することがあるそうです。大抵は座って読経する方を選ぶけれど、実は歩いた方が辛くないと、千日回峰行を二度達成した故・酒井雄哉大阿闍梨の著書に書かれていました。私は、これも歩行というリズム動作によって、モチベーションの維持や覚醒の惹起が起こったのではないかと思っています。

伊藤：覚醒すれば反応速度が上がると。そこで、集中力も絡んでくるんですか？

坂本：集中していないと、間違ってボタンを押したり、高い音を聴き逃してボタンを押さなかったりしますよね。ガンダムの操縦でも、注意力が散漫になると、突然敵が飛び出してきたら、集中しているときほどの反応は出来ないと思います。

伊藤：集中していないと鈍るのはわかるのですが、集中していれば反応速度が上がるというのは自明なんでしょうか？

坂本：何が出るかわからない、どこから何が飛び出てくるかわからないという状況に慣れてしまっているよりは、いつ何が来るかわからないと構えていたほうが反応は速いと思います。

伊藤：集中していると逆に視野が狭くなる場合もあると思うんですよ。反応は上がっているけど、想定しているモノがすごく狭いから反応できる気もしますね。一方で、イレギュラーなモノが来たときの認知を上げるためには、ちょっとリラックスしたほうがいいんじゃないかと思ってしまいます。

坂本：伊藤さんのご指摘の通り、課せられている課題の難易度にもよると思います。すごく難しい計算に集中して取り組んでいるときに、横で何か別のことが起きても即時対応は不可能だと思いますが、今回のように、何かが来たらボタンを押すというシンプルな課題のときは適度に集中したほうが良いと思います。

伊藤：例えば歌を歌うなんていうのはどうなりますか？

坂本：歌うのが鼻歌程度に無意識で持続可能であれば良いかもしれません。意識しなくても持続できるリズム動作であれば、何もガム噛みである必要はありません。無意識で持続できる運動、というのがモチベーションや覚醒の維持に貢献するのではないか、というのがこの実験結果から言えることです。

伊藤：カミーユが爪を噛むのもそのひとつかもしれませんね。

坂本：爪噛みは無意識に覚醒を上げるかもしれません。貧乏ゆすりしかり、悪癖と片付けるのは勿体ないかもしれませんね。ただ、この実験でわかるのは、リズム動作が脳に何かしらの影響を与えている、ということだけで、その本態まではこの実験からはわかりません。ガムを噛む運動が認知に影響を与えたから反応時間と脳の活動の短縮が起きたのか、それとも運動機能そのものに影響を与えたのか、それとも認知と運動両方に影響を与えたのか。これについてはこの実験だけではわかりません。そこで次に私たちは、ふたつ目の実験を行いました。次に着目した脳の活動は、「運動準備電位」というものです。

運動をする時には、動作の直前に脳の中で運動準備電位という活動が発生します。この脳の活動には2つの種類があり、まずひとつ目が刺激始動性運動準備電位である「随伴性陰性変動（Contingent Negative Variation：CNV）」です。例えば野球において、バッターはピッチャーの投げたボールの軌道を瞬時に見極めてバットを振ります。バッティングのタイミングは自分で決めているように思うかもしれませんが、実は脳の中では、動作を始める2秒ほど前から動作の瞬間にかけて、大きな脳波が発現します。これをCNVと言います。

ふたつ目が、自発性の随意運動の直前に

相手の脳活動を長時間記録してDeep Learningのようなアルゴリズムで解析することができれば、相手の行動をある程度先読みして予測することもできるかもしれない。アムロが攻撃タイミングやビットの移動先を読んでいたのは、本人の特殊能力に加えて、このような技術のサポートを受けていた可能性もある

プルシリーズが搭乗する量産型キュベレイ。クローンである彼女たちの考え方が似通っていることに加え、訓練によってさらに反応時間が磨かれることで、戦闘中の高度な連携を生み出しているのかもしれない

現れる運動関連脳電位（Movement Related Cortical Potential：MRCP）です。MRCPは、ベンチプレスやゴルフ、ダーツといった、いわゆる自分のタイミングで開始する運動の約2秒くらい前から運動開始にかけて現れる脳の活動です。CNVとMRCPはとてもよく波形が似ており、一見しただけではよくわかりません。しかし、CNVは刺激の認知判断処理を経て起きる脳活動であることと、MRCPは自発的に発現する随意運動そのものに関与していることから、両者は脳内の発生源が異なるといわれています。そこで私はこのふたつの脳活動を、先ほどの音を使った実験と同じような方法を使って計測しました。CNVは高音と低音を使い分け、低音が聴こえたら動作に備え、高音が聴こえたらできるだけ速くボタン押しをしてもらいました。一方MRCPでは音の刺激は使わず、被験者自身のタイミングで、ただひたすら人差し指を上に持ち上げる動作を繰り返してもらいました。どちらの場合も、実験と実験の合間の休憩中に、5分間ガムを噛む場合とただひたすらリラックスする場合の2つのパターンの休憩をそれぞれ別日にとってもらいました。

　すると、運動準備電位の波形は、休憩中にガムを噛んでもらった際のCNVの振幅でのみ増大しました。一方でMRCPは、休憩中にガムを噛もうが何もしなかろうが、その波形の振幅はどんどん小さくなる一方でした。つまり、認知に関わる運動準備電位にのみ変化があった、ということは、ガム噛み動作が我々人間の認知・判断に影響を与えている、ということを示しています。

伊藤：その運動準備電位を検知して、パイロットの動きをサポートするなんてことはできますか？

坂本：何らかの工夫を凝らせば可能だと思います。昔、俳優の木村拓哉さんが脳科学者の役を演じる『MR.BRAIN』という作品があったのを覚えています？

小池：我々は木村拓哉さんの作品が好きで

すねえ（笑）。

坂本：本当に（笑）。その中で、助手役で出演されていた女優の綾瀬はるかさんがバナナを取ろうとすると、木村さんがそれを察知して取り上げます。そのとき、お前の動くタイミングはこれを見ていたらわかるからって、運動準備電位の波形を出したのです。だから、もしかしたら工夫次第ではそういうことができるかもしれないのですが、問題はこのような加算平均を要する活動電位は、リアルタイムで流れる脳波の波形を見ただけでは判別ができないことです。ドラマの中では、助手の脳波をリアルタイムに観察して運動準備電位を検知して……ということなのだと思いますが、ひとつひとつの運動準備電位は微々たるものなので、ただ漫然と脳波を見ただけでは判別は難しいと思います。

伊藤：ある人の信号を取り続けることで、その人の特徴的なタイミングをＡＩで予測したりすることは可能ですか？

坂本：その人の何万回という運動準備電位のタイミングを計測し、蓄積して、予測をかけることがＡＩ技術でできるのであれば、おそらく可能ではないかと思います。

伊藤：ニュータイプに特化した、チューニングを掛けた装置としてだったらできるかもしれないですね？

坂本：そのあたりは、いわゆるＡＩとの融合になるのですが、それができるのであれば可能だと思います。

伊藤：『００８０』の「アレックス」は、ニュータイプ専用機と銘打たれていて、アムロ専用として作られているので、実際に搭乗したクリスチーナではうまく運用できないというのがありましたね。

坂本：脳のタイミングや動作の癖みたいなものは人それぞれなので、そういうことも起こり得ると思います。例えばＰ３００も大体３００ミリ秒で大きな波が出るからＰ

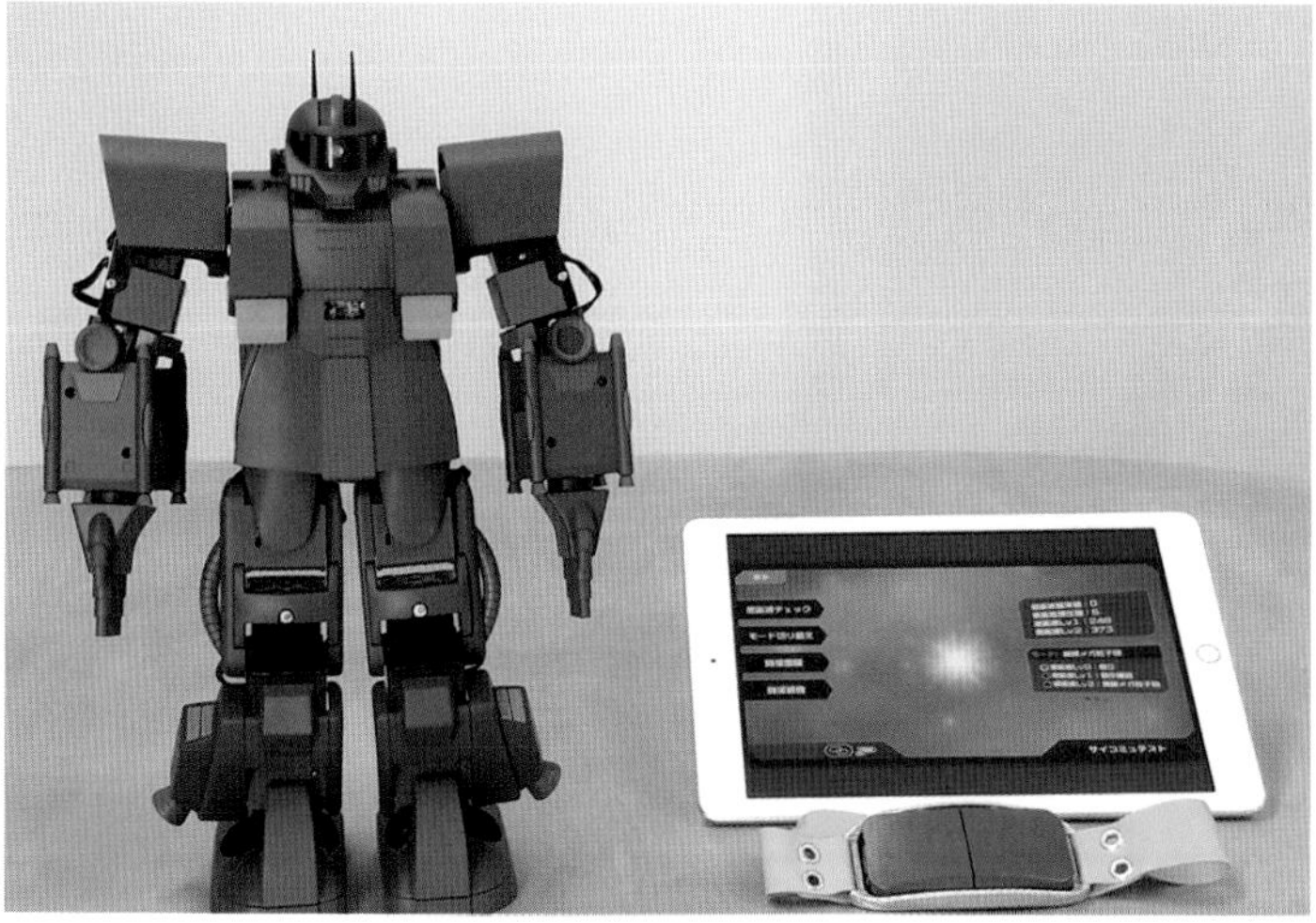

バンダイの「ZEONIC TECHNICS」とNeUがリサーチコラボレーションにより開発。脳血流量を計測する超小型センサーとスマートフォンを介して、脳活動のコントロールによってミニチュアザクを動かすという試作品の開発に成功

300と言われるのですが、みんなが揃いも揃ってきっかり300ミリ秒で出るわけではありません。人によって波形の大きさもピークの出るタイミングも違いますし、年齢によっても出方に差が出ます。

さて、面白いのはMRCPもです。この実験は私も実際に体験していますが、自分のタイミングでボタンをただ押すだけという本当につまらない実験です。ボタン押しのタイミングは、被験者の感覚的に5秒程度間隔を空けて押すよう心がけてもらいました。この実験では運動の瞬間が外から判別できないので、同時に筋電図を取ることで、押したタイミングを判断して加算平均しています。そして前述の通り、休憩中にガムを噛もうが、リラックスしていようが、脳活動は増大することはありませんでした。MRCPの発生源は大脳皮質の運動関連領野と呼ばれる領域と言われていますが、今回の実験では運動関連領野にはガム噛みが直接影響を与えていないとわかりました。

伊藤：つまり、自発性の随意運動の場合は

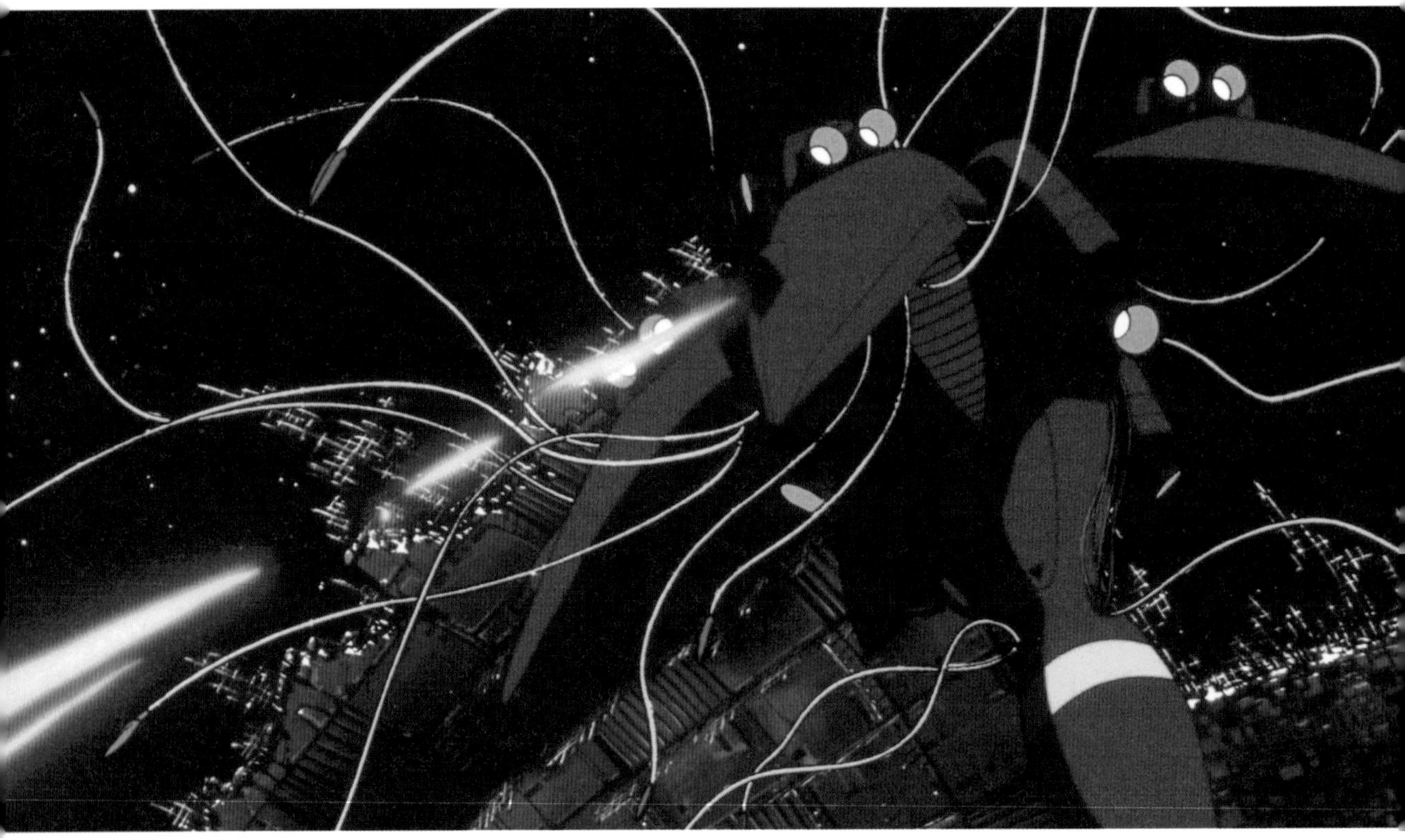

ガム噛みの効果はないわけですね。

坂本：そうですね。刺激の認知判断を伴うＣＮＶは、前頭前野や頭頂連合野、側頭葉が発生に関わっている領域と言われていますが、このあたりがガム噛みによって影響を受ける、ということです。一方で運動関連領野には特に影響を与えなかった。つまり、咀嚼というリズム動作が影響を与えるのは、認知機構に関連した領域である、というのが私の得た結論です。

さらに、何かしらの刺激が来たときに、動作をしない、という選択肢もあります。これは運動の遂行の反対で、運動の抑制という反応です。では、この抑制に咀嚼がどう影響するのか調べてみました。今回はさらにガム噛みがどれだけ高い効果を持続させることができるのかをみるため、前２つの実験よりも計測の回数を多くしてみました。すると、休憩中にガムを噛んでもらった場合、回を多く重ねるにつれ、だんだん反応時間が短縮しなくなり、一定になってきました。おそらく速くなるにも限界があ

ラフレシアを操縦する鉄仮面（カロッゾ・ロナ）は、ラフレシアの触手を動かすためか、ヘルメットからも多数のケーブルが伸びている。パイロットの脳波をより速く、確実にラフレシアへ伝達する必要があるため、有線で繋がっているのは合理的なデザインといえるのかもしれない

るのでしょう。でも、一旦短縮し切った反応時間はその後の実験でも維持されます。つまり、反応時間のバラツキが減ってくるのです。さらに、「間違って押した」、「押さなければいけないのに押さなかった」、「押してほしいときに押さなかった」など、さまざまな理由で起きたエラーを計測したところ、休憩中にガムを噛んだ時にはエラー率が低く抑えられたのに対し、ガムを噛まなかった時にはエラー率が上がりました。つまり、ガムを噛む効果は、単純ミスやケアレスミスを減らす効果もあるということです。これも、咀嚼というリズム動作によって脳の覚醒が維持されている、あるいはモチベーションの維持がもたらされることによるものと考えられます。

伊藤：ちなみに、これらの実験に使うガムの味は（笑）？

坂本：味はありません。味の効果について言われると思って、これらの実験では、味をつける前のガムベースと呼ばれるものを

Column

ゴリラの頭蓋骨には中隊長アンテナが？

ゴリラの頭蓋骨は、私たち人間の頭蓋骨によく似ています。しかしいくつか人とは異なる特徴を有しています。パッと見ただけでも、頭のてっぺんにある突起や上下顎骨の前突と下顎角部にある凹みなどは、明らかに私たちとは違った特徴と言えます。これらの場所には一体何があるのか？　というと、それは咀嚼を司る筋肉、いわゆる咀嚼筋と言われるものです。

頭頂部の突起には、顎の閉口運動を司る筋肉のひとつである側頭筋が付着しています。人類の最大咬合力は概ね自身の体重と同程度ですが、ゴリラは約415kg（雄）と、およそ体重の倍以上の咬合力があることが知られています。つまりこのとんでもない咬合力を生み出すには、相当分厚い咀嚼筋が必要になる、ということです。

そしてゴリラの頭蓋骨にみられる特徴の中の下顎角部の凹みは、頭頂部の突起と同様、閉口筋のひとつである咬筋の付着部でもあります。ゴリラは進化の中で強靭な肉体を手に入れました。ゴリラの体はまさに強力な筋肉の鎧に覆われているとも言えます。しかしその鎧が強靭であるがゆえに、上下顎骨は外から押されて前突し、頭蓋骨は筋付着部を尖らせるほどの圧を受けるに至っています。

あくまで仮説ですが、私たち人類が進化の過程で大脳皮質を縦にも横にも大きくすることができた原因のひとつには、人間の筋肉が何らかの理由で矮小なものへと進化（退化？）したこともあるのかもしれませんね。

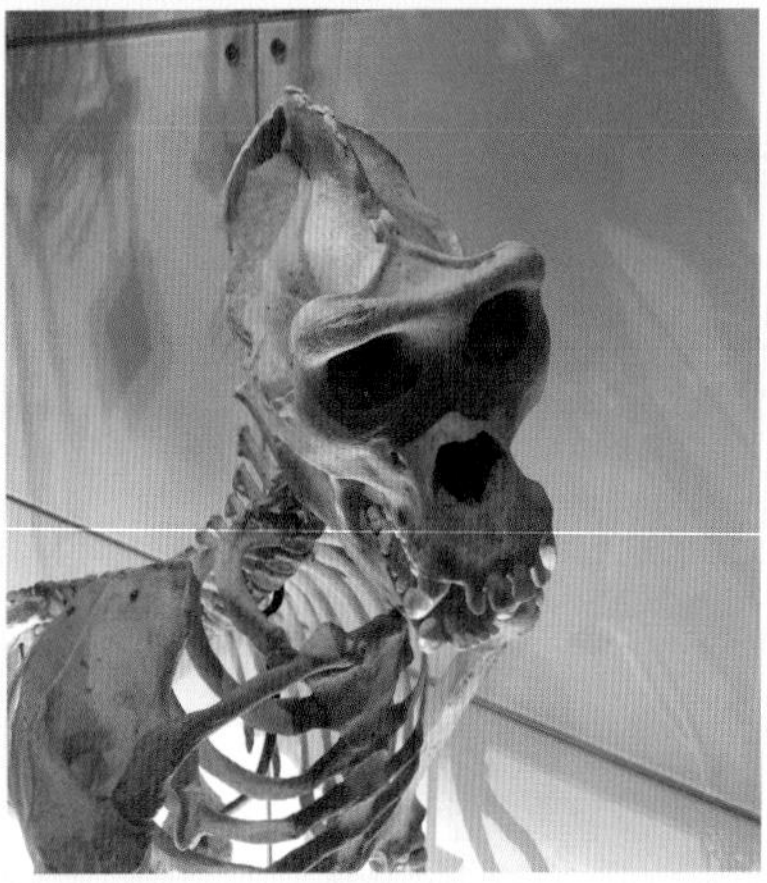

噛ませています。つまり、匂いや味といったファクターを除外して、単純にガムを噛んだだけでこういった結果が出ているわけですから、眠気醒まし効果を謳ったものでなくても、持続して咀嚼を続けることができるものであれば十分覚醒効果が期待できます。逆にたくさん噛む必要があっても食べて無くなってしまうものはあまり向いていないかもしれません。

伊藤：ガムを噛む場合は、味がなくなっても噛み続けろということですね（笑）。

坂本：スカスカになっても噛み続けたほうが良いですね（笑）。

脳波でモビルスーツは動かせるか

伊藤：ガムを噛むことでニュータイプの反応速度が出せるようになる……という話とは別に、はたして脳波などを使ってモビルスーツは動かせるのか？　という話になるのですが。

坂本：脳波の場合、基本は静止状態で計測します。ただし指のタッピング動作や足先、つま先の動作ぐらいでしたら、食いしばりやまばたきを制御すれば可能です。脳波を脳から直接サイコミュに繋げることができれば、決して叶わない世界ではないかもしれません。

伊藤：サイコミュは完全なSFの世界だと思っているし、SFの世界だからあえて突っ込まなかったりするのですが、今の技術の延長線上で、お金と大きさに糸目をつけなければ、実現可能かもしれないということですか？　エルメスがすごく大きいのは、そのほとんどが兵器ではなく、サイコミュのためのコンピュータシステムやら脳波の受信システムなどが積まれているからという設定もあったかと。

坂本：先程も話したAI技術との融合で、パイロットの脳波パターンを学習させた後であれば、ある程度可能だと思います。

伊藤：脳から直接信号を読み取って、それで動かしているというのが明確に描かれているのが、『F91』で鉄仮面が操縦するラフレシアで、有線式サイコミュの進化型みたいな触手を伸ばすんですけど、ヘルメットから直接脳信号を拾っているような線がいっぱい出ていますよね。

小池：機械学習を使えば、あの触手の一本一本を制御する必要はないと思います。全体的な運動のイメージがあれば、それに対して一対一対応すれば良いわけです。僕らが手足を動かすとき、いちいち右手をこうしてとか左手をこうしてとかではなく、合算されたイメージとして動かしているので、いろいろな脳波が混ざっても、それは分けることはできますし、正確に言うと、分ける必要すらなくて、複合パターンとして理解できればそれで良いわけです。

伊藤：機械学習によって、勝手に複合パターンから複合動作をアウトプットしてくれるわけですね。

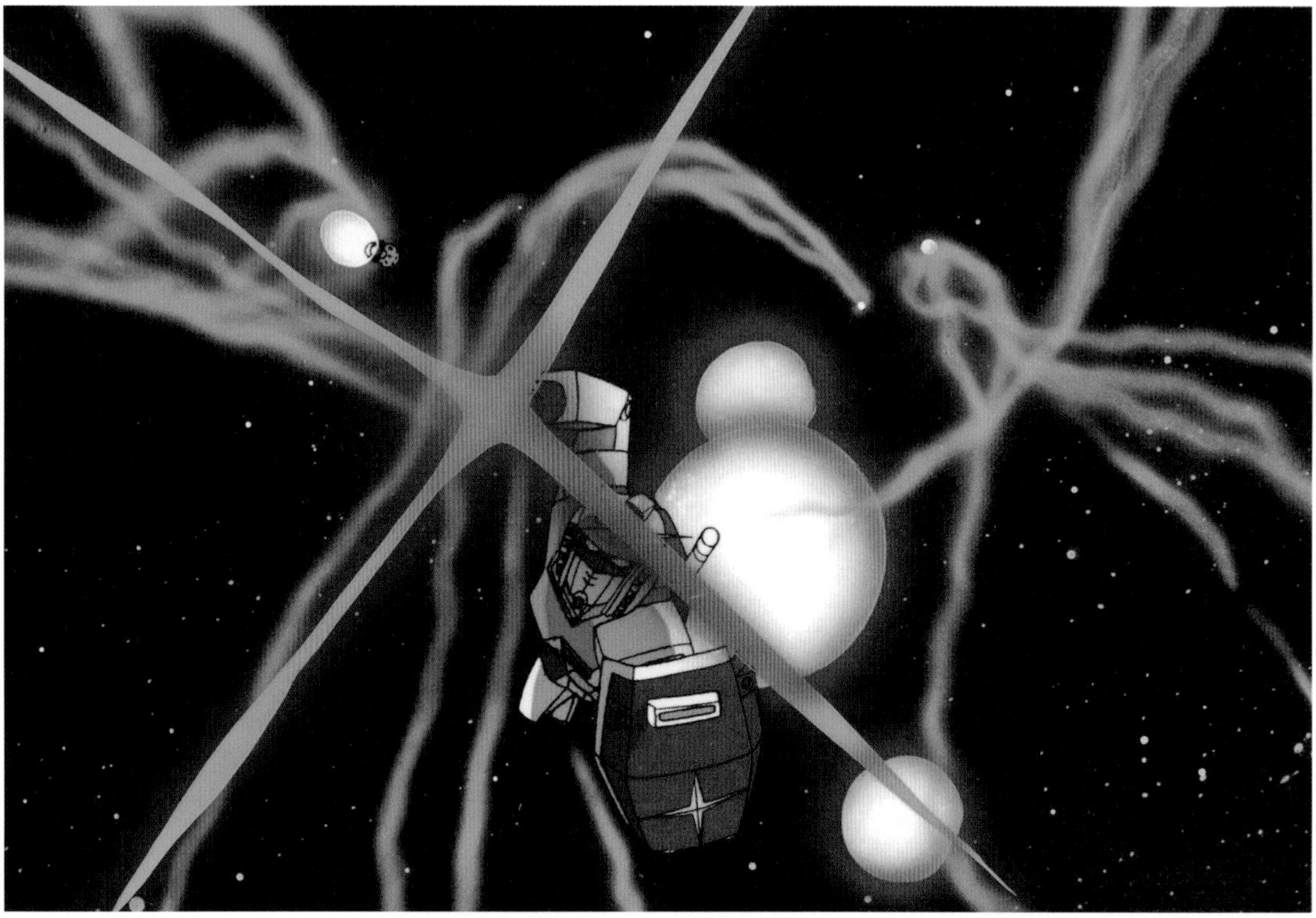

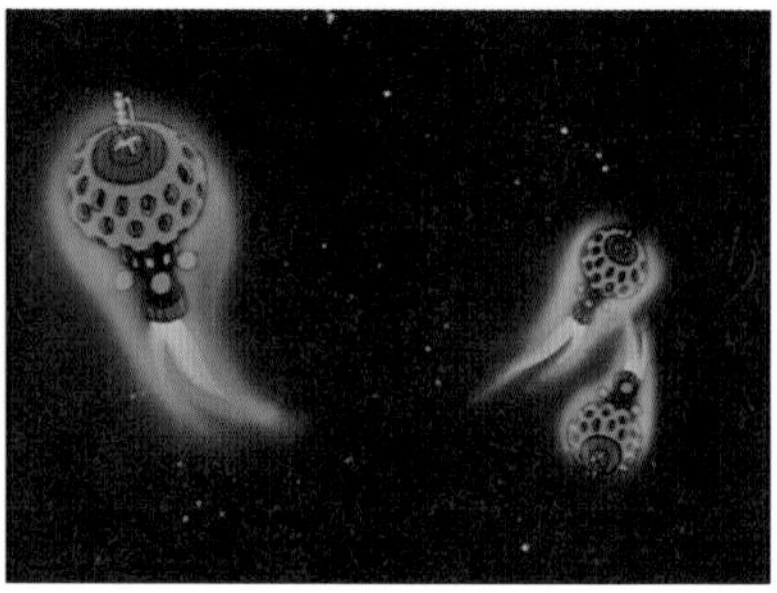

人間が脳波でモビルスーツなどを動かす場合、ビットのような非人型よりも、人型の方が運動のイメージがしやすく動かしやすいのではないだろうか

小池：そして、複合すればするほど精度は上がっていくと思います。

伊藤：それではあらためて、本日ご紹介いただいた研究を通して、サイコミュを作るとしたら、どのように作りますか？

小池：おそらくＭＲＩよりは、脳波を使うことになると思います。

伊藤：サイコミュの能力というと、人間が何を考えているかを読み取る部分と、増幅して伝達する部分、それとは逆に、外から来たものを受け取る部分の３つに分かれると思うのですが。

小池：まずデコードは可能だと思います。レベルと、どこから信号を取るかは別にして、運動の意図を読み取ることはできるし、機械学習を組み合わせれば精度も上がると思います。ＭＲＩですら、グーをイメージして、ロボットハンドでグーを出させるといったことが可能です。すごくタイムラグはありますが。

伊藤：その応答速度を、ガンダムの世界くらい速くすることは将来的に可能ですか？

小池：この実験は、MRIだから遅いというのもあって、それこそ脳波などを使えば時間的には短縮できます。直接電極を使って脳活動を記録すればもっと速い。問題は、『逆襲のシャア』の最後あたり、会話なのか、会話のようなコミュニケーションなのか、よくわからないのですが、あのレベルになると、今度はどうやって自分の脳に情報を流し込むのかということになります。機械に読ませて、それを音で聞かせる、みたいなことはできると思いますが。

坂本：人間の受容器は限られているじゃないですか。視覚、聴覚、触覚や痛覚などの体性感覚、嗅覚。その範疇の中でのみ伝達するとなると難しいですね。

小池：それを飛ばす（迂回する）ことも可能だとは思うんですよ。視覚の場合も、視覚再建のように、カメラから信号を送って、網膜ではなく、視覚野を刺激するというのがあるので、飛ばすことはできると思います。ただ、複雑な話になったとき、例えば思いとか、そういったものを伝えるのはかなり難しいだろうと思います。

伊藤：それこそ第六感といわれるものになるのでしょうか？

小池：そもそも第六感とは何かという話になると思うのですが、例えば磁気センサーをつけたネズミの話があって、人間は磁気感覚を基本的に持っていないのですが、逆に言うと、センサーがあって、磁気に応じて電気信号を流すものがあれば、目から電気信号が出るのと同じことだと思うんですよ。それで、ネズミに磁気センサーをつけて、それを皮質に直接接続して実験したところ、脳が磁気を知覚できるようになるそうです。つまり、センサーがあれば、五感以外のものも知覚できるのではないかと思います。

坂本：根本的にコミュニケーションの手段を会話以外のものでできるようになれば、話が変わってくるかもしれません。例えば、私達は紫外線を見ることはできませんが、鳥は紫外線を見ていますし、磁場も感じ取ることができると言われています。つまり、私達が見ている色の世界とはまったく別のものを見ていて、それを頼りにコミュニケーションをとっているわけです。だから、ガンダムの世界のような、言葉の詳細を脳に伝えるというのは難しいかもしれませんが、何かニュータイプには別の感覚を受容している可能性があって、それによって例えば相手の気持ちが色に出るとか、我々の計り知れない形で意思疎通を可能にしているというのであれば、可能性がないとはいえないかもしれません。

人間の進化

伊藤：そういったコミュニケーションは、

脳自体の進化のようなものが必要になるのか、技術の進歩、外的デバイスだけで可能になる話なのか、どちらですか？

坂本：進化という話では、なぜ人間は大きな脳を持ちえたのかという問いに対し、さまざまな考察がなされています。例えばゴリラと人間の遺伝子は、わずか数%しか違いがありません。しかし、ゴリラと人間では、頭蓋骨の構造から体格からなにもかもが違います。例えば、顎のアーチを見ても、ゴリラの顎のアーチは前歯に向かって狭く前方へ突出していますが、人間の顎のアーチはいわゆる馬蹄形と、なだらかな曲線を描きます。また、ゴリラやチンパンジーなどの頭頂部の骨は尖っていますが、ここは大きな咬合力を生むための筋肉のひとつ、側頭筋が付着する部位です。彼らの咀嚼力は非常に大きく、その強い力を生み出す咀嚼筋もとても大きく肥大しています。だからこそ彼らの筋肉の付着部は尖ったり、大きく張り出したり、顎のアーチが筋肉に圧迫されて狭くなったりしているのですね。

一方で人間にももちろん側頭筋がありますが、ゴリラほど肥大していない我々の筋肉は彼らと比べて低い位置にあります。そして顎のアーチも幅広のままなのです。つまり他の類人猿に比べ、人間は圧倒的に噛む力が弱いのです。しかしこのおかげで、我々は大脳皮質を大きく成長させることができたのではないか、という考察をする研究者もいます。

伊藤：宇宙世紀になって、宇宙に出ることによって、無重力とかそういった事象が変革を起こすのかなって漠然と考えていたんですけど、今の話を聞くと、もっといろいろと妄想しても良いのかなって思いました。例えば宇宙時代になったとき、宇宙食的な柔らかいモノばかりを食べるようになったら、ますます側頭筋はいらなくなって、脳がもっと横に広がる可能性もあるんじゃないでしょうか？

坂本：実は、我々人類の顎骨の退化はすでに始まっています。これは柔らかい食べ物が多くなったことが原因のひとつと考えられています。特に、現代の私達の中で、第三大臼歯、つまり親知らずのことですが、これがきちんと真っ直ぐ生えている人はもうあまりいないのではないでしょうか。これも、古代人はきちんと生え、食べ物を噛むのに使っていました。それが食生活の変化に伴い、顎骨が小さくなることで行き場を失い、斜めに生えたり、埋まったまま生えてこないこともあります。さらに近年では、その手前の第二大臼歯でさえも、行き場を失って真っ直ぐ生えない人もいらっしゃいます。

伊藤：そういった進化というか変化は、何千年、何万年かけてというイメージだったのですが、そんな短いスパンで起こるというのはちょっと驚きです。

坂本：それこそ、高度経済成長から今の私達に至るまでの食生活や環境の変化が、いかに大きかったかを現していると思います。

伊藤：そうすると、まさに今のｗｉｔｈコロナ時代で、人に会えなくなることによって感応性が高まるようなこともあるかもしれませんね。

坂本：私もそう思います。私達は社会で生きる動物なので、社会性を切り取られてしまったら生きていけません。だから、宇宙世紀より前に、コロナによってニュータイプのような新しい人類が発現する可能性もなくはないのではないかと思います。例えばインターネットを使うことで、普段は交わるはずのなかった人たちとの交流が生まれ、良くも悪くもさまざまな社会現象が起きました。これも人類の歴史の中でひとつの進化の過程によるものだと思います。私達人類はじめ、生物がその強さを発揮するのは何かを失ったときだと思います。筋力も体力も他の生物に比べて劣る人類は、大昔からさまざまな動物の襲撃や、自然環境の変化によって、幾度となく絶滅の危機に瀕してきたであろうことは、想像に難くありません。その中で私たち人類はなんとか生き残るために仲間と徒党を組み協力することを覚え、獲物を獲って食い繋いできました。でも生物的に弱い人類はコンスタントに獲物にありつくことは難しかったのではないでしょうか。だからこそなかなか食料の選択肢にあがらないような植物の根すら食べてきたのでしょう。木の根などの繊維質のものは、長時間咀嚼して初めて消化吸収することができます。おそらく、人間の持続可能な咀嚼機能もまた、生きるために獲得した進化の証拠の一つなのかもしれません。

何かを得るためには何かを失う

伊藤：サイコミュのようなものが実際にできた場合、ファンネルを動かすこともできますが、どちらかというと人型モビルスーツを動かすほうが、自分の体を動かすイメージを反映させやすいのではないかと思うのですが。

小池：やはり人間が動かす以上、人型のほうがやりやすいと思います。

伊藤：すると、あの時代でもモビルスーツが人型である必然性はあるわけですか？

小池：おそらく、そのほうがイメージしやすいと思います。結局我々は、この体で何十年か生きてきているので、この体を動かすことに特化して、脳はずっと学習を続けているわけです。だから、これの延長を動かすほうが楽だと思います。3本目の腕とかになると、イメージしにくいのでかなり厄介ですよね。もちろん、学習すれば可能だという研究報告はあります。

伊藤：人型のほうが動かしやすい。ジ・Oみたいな3本目の腕はそれなりの訓練が必要だろうと。しかし、そうなるとファンネルみたいなものを複数飛ばすようなことは可能なのでしょうか？

小池：おそらく、いきなり搭乗させられても操作はできないのではないでしょうか。

少なくとも、いわゆるニュータイプでない僕にはできないと思います。

伊藤：訓練すれば制御する数を増やすようなことはできますか？

小池：例えばチンパンジーは、人間にはできないレベルのワーキングメモリを持っていると考えられています。ワーキングメモリというのは、情報を一時的に蓄えておいて後でそれを利用するための、ちょっと高級な短期記憶だと思ってもらえれば良いのですが、その能力が圧倒的なんです。じゃあ、そちらのほうが良いかと言われると、ちょっと微妙じゃないですか。人間はだいたい短期記憶で覚えられる数の限界が7個くらいなんです。ファンネルって、結構な数が放出されていたように思いますから、それを覚えておくどころか操作するとなるとヒトには難しい話かなと思います。でもワーキングメモリの能力を得る代わりに、失ったものもあるだろうと考えると、ファンネルをコントロールする能力を学習するトレーニングをしたら、何かを失うのではないかという気もします。

坂本：失うというのがネガティブなものではなく、機能の強化に繋がると考えれば、割と良いかもしれないですね。

小池：そうですね。失うというのは別にネガティブなだけではないかもしれません。例えば目の不自由な方というのは、モノを見ることができない代わりに、触覚がすごく鋭くなったりします。何かを失った場合、リソース自体は空いているので、別の何かを手に入れることができるかもしれないです。

伊藤：失うモノは何かの能力なのでしょうか？

坂本：話は逸れますが、普通の状態で育てたラットと、発達期にまぶたを縫い、明暗のみ判別できる状態で育てたラットを比較した研究があります。脳の成長期に物体を見せずに育ったラットは、成長完了後にまぶたを縫っていた糸を外して外の世界を見せても、物体を認知することができなくなるそうです。つまり、物体を視覚情報として与えられずに育ったラットは、視覚野の神経細胞自体は存在するものの、物体を認知するために必要な神経のネットワークがきちんと構築されずにいるわけです。一方、普通にいろいろなものを見て育った通常のラットは、物体の形など、さまざまな視覚情報をきちんと処理するために必要な神経ネットワークをきちんと形成・強化しています。もちろん、ネットワーク形成がまだ未成熟の時に存在したさまざまなネットワークの可能性の中には、選ばれなかったネットワーク回路も存在するでしょうが、情報伝達をする上で最も効率の良い回路が選択されて物体を見るのに適したネットワークが作られていくのです。一方で物体を見せなかったラットでは、物体を見るのに適したネットワークを形成するのに必要な神経細胞やネットワークは残っているものの、物体を認知判断処理するために必要なネッ

ジ・Oの隠し腕のような、人間の身体には本来ない部位の操作は難しい。人間が操作するためにはトレーニングが必要になるだろう。三本目の腕を自在に操ることのできるシロッコは、圧倒的に高い能力を持つとともに、ハードトレーニングを行っていたのかもしれない

トワークとして強化することができないまま成長しています。どれだけ選択肢はあっても、最適化されていなければ機能を十分に発揮することができません。自らの経験による強化が伴わなければ能力が失われることもあるのです。

伊藤：失うものといえば、ガンダムの場合、強化人間は記憶を無くしているパターンが多いのですが、脳における記憶はどういったものなのでしょうか？

小池：記憶となるとぶっちゃけよくわからないです。どういう形で、どこにあるのかも完全にはわかっていない。

伊藤：宇宙世紀にはそのあたりが判明していて、消すことができたりするんでしょうね。

〝サイコミュ〟実現の可能性

伊藤：実際、サイコミュのような技術が実

現するのはどれくらい先になると思いますか？

小池：脳波で何かをコントロールするだけであれば、結構早く実現できるのではないかと思います。それこそ10年もかからないレベルで。走れと思ったら走って、止まれと思えば止まるというのは、たぶんそんなに遠い未来ではないと思います。特に、ここ最近のＡＩ、特にディープラーニング系の技術が進歩する速さを考えると、10年もあればできるのではないかと僕は思います。ただ、進め、止まれみたいな、ある程度セット化された行動であれば全然問題ないのですが、自在に飛び回るみたいなのは難しいかもしれません。

伊藤：装置の大きさ的には？

坂本：脳波だったら割とコンパクトにできると思います。

小池：実際、脳波だとヘッドセットみたいなので記録できます。最近では他の計測装置も小型化されていて、Nature誌に掲載されたポータブルのＭＥＧは、見た目が完全にラフレシアを操作するカロッゾです。装置は進歩し続けていますが、相手の心がわかるとかになると、それはちょっと別の話ですね。

伊藤：心がわかるのは難しいかもしれませんが、今日の話を聞いていたら、ニュータイプ同士のシンクロはできるのかもしれないと思えてきます。

小池：シンクロしているというのは、結局、外から見てわかることなんですよ。傍から観察していると、揃っているのがわかるんですけど、自分は自分のことしかわからないので、相手と脳が揃っているかどうかはわかりません。それが揃っていることをどうやって理解するのか。そうなると、行動か、何か信号が送られてくるかみたいな話になりますが、現在のコミュニケーションとは何か少しチャンネルが違うだけのもの

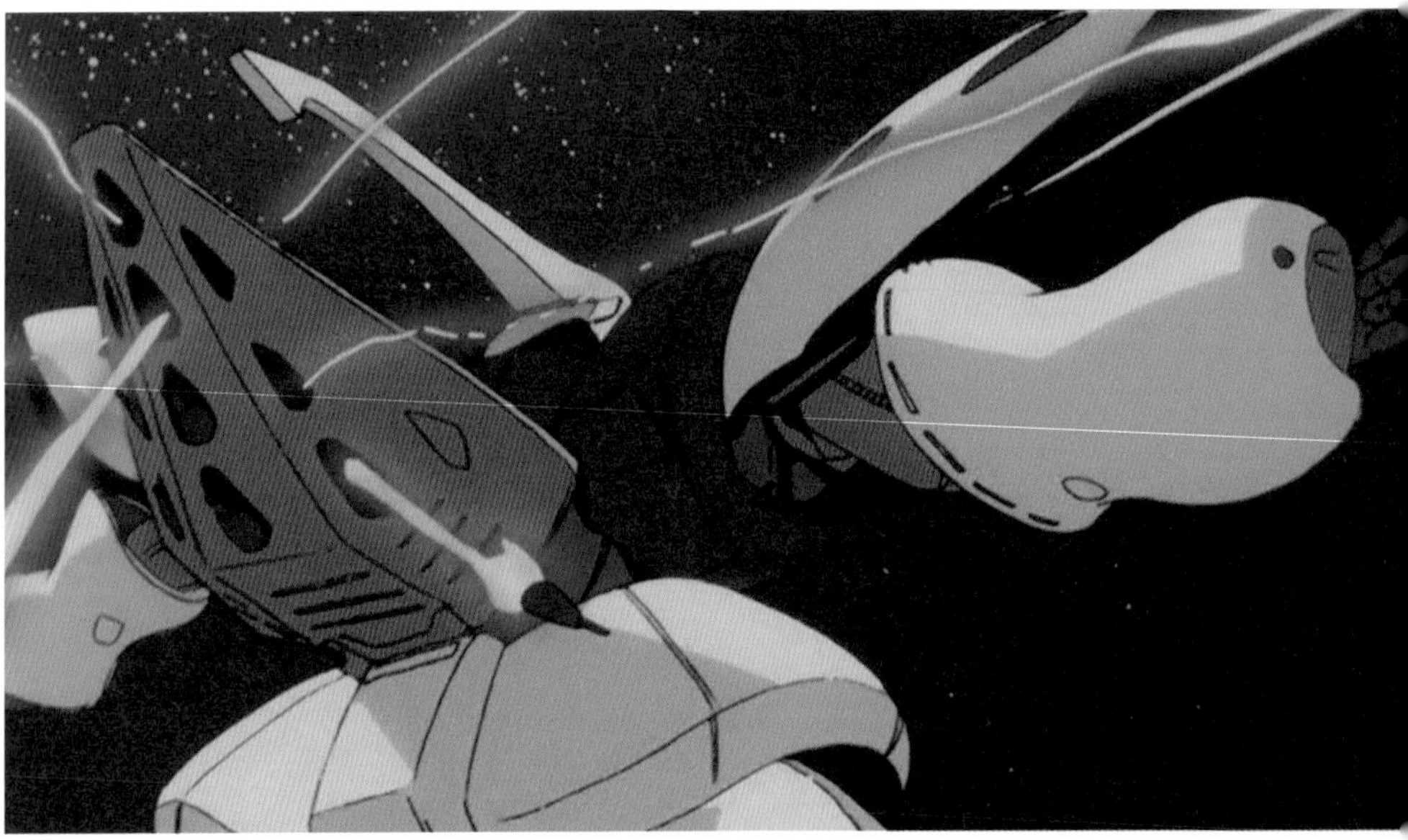

キュベレイのパイロットのようにたくさんのファンネルを同時に操作するには、我々人類を遥かに凌駕した能力が必要なのではないだろうか

にしかならないんじゃないかと。

伊藤：会話以外のコミュニケーション自体はありえるということですか？

小池：人類の歴史の中で考えたら、言語だって最近のものです。音声言語じゃないものは、本当に最近じゃないですか。昔の人は、喋れたけど読めなかった。そう考えると、会話以外の新しいコミュニケーションの形態があっても全然おかしくありません。ただ、たぶん今の僕らには想像もできないものだとは思います。

伊藤：それでは改めて、お二人にとってガンダムとは？

小池：僕にとっては憧れですね。とにかく乗りたいというのが一番最初で、サイコミュの話など全部取っ払って、単純に乗りたい、動かしたいという気持ちが今でもあります。

坂本：掴みたかった夢です。私の研究のアイディアもモチベーションも、全て子供の頃に憧れた物語の世界と、大人になってから出会った患者様たちからいただきました。私自身が宇宙世紀の技術を実現することは難しいですが、誰かが夢を叶える助けになればと願っています。

【参考文献】

- 柳沢信夫、柴崎浩. 臨床神経生理学. 医学書院 (2008年)
- 坂本貴和子、柿木隆介. (2019). 咀嚼が脳に与える影響. 矯正歯科, 39.
- 坂本貴和子ら. (2013). 特集：痛み研究における神経イメージングの新展開「口腔内の感覚情報処理メ カニズムの解明に向けて」. ペインクリニック 34(12).
- 坂本貴和子、柿木隆介. "黒岩恭子の口腔ケア&口腔リハビリ"を解剖する「咀嚼と脳機能」の視点からみる、なぜ「黒岩恭子の口腔ケア&口腔リハビリ」は食べられる口になるのか. デンタルダイヤモンド社 (2013年)
- 長尾三郎. 生き仏になった落ちこぼれ - 酒井雄哉大阿闍梨の二千日回峰行. 講談社 (1988年)
- Sakamoto et al. (2009). The effect of mastication on human cognitive processing: A study using event-related potentials. Clinical Neurophysiology, 120, 41-50.
- Sakamoto et al. (2009). The effect of mastication on human motor preparation processing: A study with CNV and MRCP. Neuroscience Research, 64, 259-266.
- Sakamoto et al. (2015). Mastication accelerates Go/No-go decisional processing: An event-related potential study. Clinical Neurophysiology, 126, 2099-2107.
- Ishikawa et al. (2014). Experience-dependent emergence of fine-scale networks in visual cortex. Journal of Neuroscience. 34(37), 12576-86.
- 宮内哲、星詳子、菅野巖、栗城眞也、徳野博信. 脳のイメージング(ブレインサイエンス・レクチャー). 共立出版 (2016年)
- Hasson & Frith (2015). Mirroring and beyond: Coupled dynamics as a generalized framework for modelling social interactions. Philosophical Transactions of the Royal Society B, 371: 20150366.
- Boto et al. (2018). Moving magnetoencephalography towards real-world applications with a wearable system. Nature, 555, 657-661.
- Koike et al. (2016). Neural substrates of shared attention as social memory: A hyperscanning functional magnetic resonance imaging study. NeuroImage, 125, 401-412 .
- Parkinson et al. (2018). Similar neural responses predict friendship. Nature Communications, 9(1), 1-14.
- Montague et al. (2002). Hyperscanning: simultaneous fMRI during linked social interactions. NeuroImage, 16(4), 1159-1164.
- Duane, & Behrendt. (1965). Extrasensory electroencephalographic induction between identical twins. Science, 150, 367.
- 小池耕彦. (2020). ハイパースキャニングを用いたコミュニケーションの神経基盤の検討. The Japanese Journal of Psychonomic Science, 39(1), 96-102.

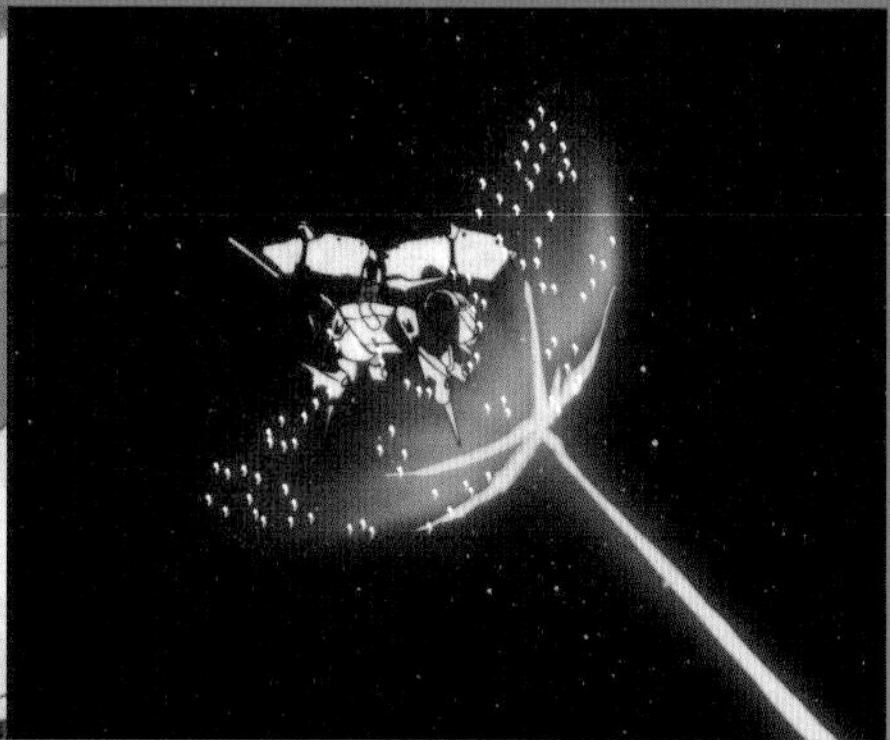

Scene 4 >>>Minovsky Particle

ミノフスキー粒子

ミノフスキー粒子を散布するとレーダーが効かなくなり、有視界戦闘の重要性が上がるためにモビルスーツ戦が必要となった、という設定は理解できる。でも、そもそも「粒子」って何？ という素朴な疑問に答えつつ、ミノフスキー粒子の可能性について模索していきたい。

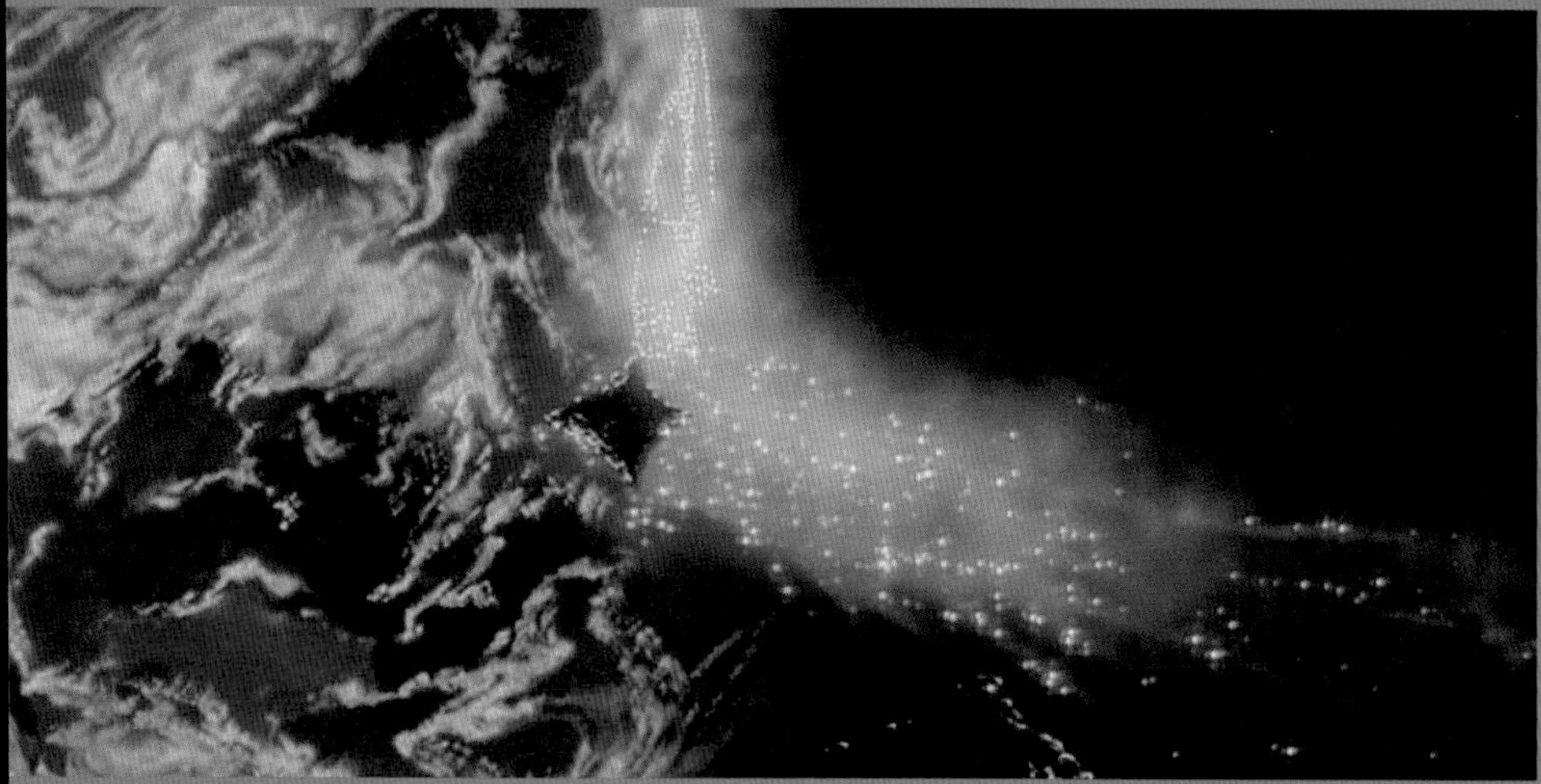

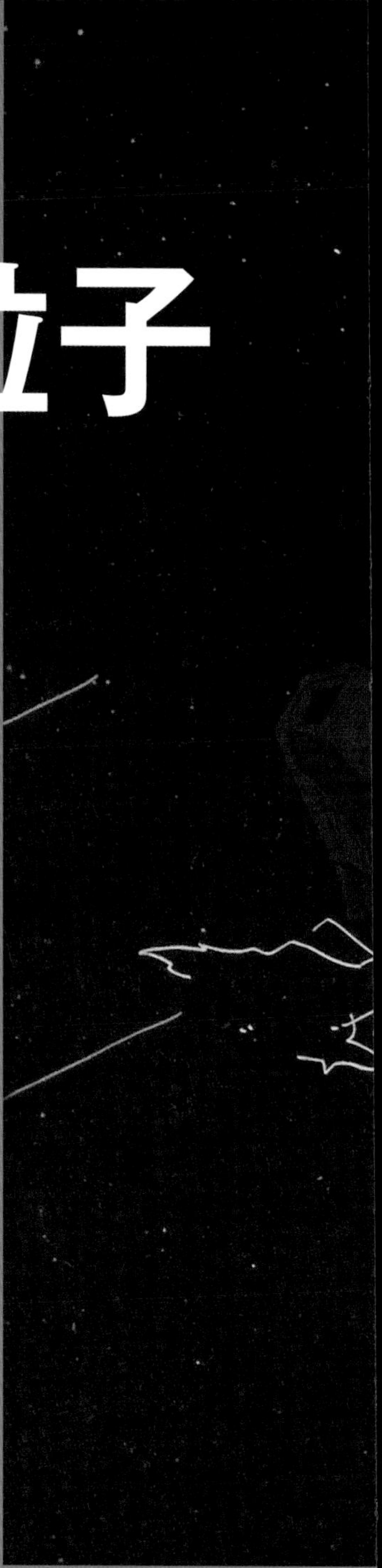

公式設定

サイド3に移住したの物理学者トレノフ・Y・ミノフスキー博士が、大統一場理論に対する自説を証明するために仮定した新素粒子。のちに博士自身の手によって存在が確認され、新たな素粒子論の根幹を成すこととなった。性質としては静止質量がほぼゼロであり、極めて強力な帯電性を有する。そのため散布されると正と負の電荷に帯電したミノフスキー粒子が立方格子状の力場を形成することになる。この力場は電磁波の通過を著しく阻害することで知られ、この性質を応用することで放射能汚染のない小型核融合炉が開発されることとなった。また、この特殊電磁波効果に着目されミノフスキー粒子を戦場に散布。レーダー、通信の遮断、電子機器の誤動作を起こし、従来の電子戦兵器が無力化されていった。その一方で、ミノフスキー粒子はニュータイプの発する感応波（サイコ・ウェーブ）と共鳴する性質があり、これを軍事利用することでサイコミュ兵器を始めとするニュータイプ専用兵器が誕生することとなった。

私とガンダム

研究室の試験装置に「ハマーン」と命名

伊藤：今回、劇場版『Zガンダム』のDVDを持ってきたのですが、それはなぜかというと、実は15年前、劇場版三部作を福田さんと一緒に観に行ったんですよ。ちょうど我々が大学院の修士課程から博士課程くらいのときなんですけど、研究者という狭き門を目指すというのは本当に精神的に辛くて。当時は、劇場版が公開されるのを拠りどころに研究を頑張っていました（笑）。

福田：自分は割と夢とロマンを追ってましたけどね（笑）。

伊藤：第一部を観たときには、帰りの電車で、福田さんがギャプランがすごく良かったといって興奮していたのを覚えています（笑）。ちなみに、最初にガンダムに興味を持ったのはいつ頃でしたか？

福田：ガンダムとの最初の出会いは、いわゆるガシャ

ポンですね。あと、我々が子供の頃、カードダスとかSDガンダムがすごく流行っていたんですけど、おそらくそれが最初だったんじゃないかと思います。それと『Zガンダム』がテレビでやっていたのが大きいですね。小学生の頃、再放送だったと思うのですが、『Zガンダム』はいわゆる勧善懲悪とは違うじゃないですか。それが面白くて。どっちが善で、どっちが悪かがわからないし、演説を始めたりする。普通の小さい子供が観るアニメには無いような要素がたくさんあって、そこにものすごく惹かれました。

伊藤：我々の世代は、リアルタイムの『Zガンダム』とか『ガンダムZZ』がちょうど幼稚園くらいで、ギリギリ観られなかった。逆に、その頃やっていた勇者シリーズのような勧善懲悪で育ってきたので、青年になってからガンダムを観たときの衝撃はすごかったですよね。

福田：中学、高校の頃は部活動などでいろいろと忙しくてあまり観ていなかったのですが、大学に入ってからあらためてハマった感じです。実は大学に入って、最初に入学金を払いに来たときに、たまたま前にいたのが伊藤さん。それが初めての出会いで、第一印象は、何かジュドーに似ているなって（笑）。

伊藤：ちょうどその頃は、ジュドーっぽい髪型だった気がします（笑）。

福田：それが、久しぶりにガンダムを思い出した瞬間。その意味では、伊藤さんがガンダムの世界に引き戻したようなものなんですよ。入学して話してみたら、案の定、ガンダム好きでしたし（笑）。

伊藤：物理学科にはなぜかガンダム好きが揃っていた。授業中なんかも、課題をやってこなかった学生が「当たらなければ、どうということはない」とか言ってましたし。

福田：本当にそういう雰囲気でしたね。懐かしい。研究室の装置にもガンダム由来の名前を付けたりしていました（笑）。濱田くんが作った試験装置にハマーンと名付けたり。

伊藤：そういうのは意外と研究のモチベーションになりますよね。

福田：そうですね。自分はニュートリノという素粒子を研究しているのですが、記号で書くとνなんですよ。νガンダムの。そのあたりでシンパシーを感じたりもしました。

「ニュートリノは伊達じゃない！」

「ミノフスキー粒子」講師

ツトム・フクダ

福田 努

名古屋大学高等研究院
大学院理学研究科
YLC特任助教
高エネルギー加速器研究機構
素粒子原子核研究所
客員助教

[好きなモビルスーツ]
νガンダム

RX-93

ミノフスキー粒子は素粒子？それとも複合粒子？

「これ以上小さく分かれない」物質の最小単位が「素粒子」。つまり、現在素粒子だと思われている物質も、さらに小さい単位が見つかれば、それが新たに「素粒子」と呼ばれる。ミノフスキー粒子は素粒子なのだろうか？

ミノフスキー粒子は素粒子か？

伊藤：今回、ミノフスキー粒子の章を作るに当たって、誰に話を聞くべきか結構悩んだんですよ。それで改めてミノフスキー粒子について調べてみたら、どうも素粒子らしいと。だったら、福田さんだなと。というわけで、ミノフスキー粒子について議論する前に、素粒子とは何か？　というところから解説していただければと思います。

福田：まず我々が研究しているのは、世の中にある物質を構成している、もっとも小さな要素は何かということです。その最小単位とも呼ぶべき要素が素粒子になります。ここで重要なのは、素粒子と素粒子の間に働く力、これを相互作用というのですが、その力を伝えるものも我々は素粒子だと認識しています。

伊藤：素粒子にも種類があるのですね。

福田：大きく分けて素粒子には3種類あります。ひとつは物質を形作っている素粒子、その間を行き来して力を伝える素粒子、そして素粒子に重さを与えるヒッグス粒子という素粒子があります。

伊藤：一つ目の物質を形作る素粒子というのはどういったものですか？

福田：例えば、水は酸素の原子と水素の原子が繋がって水分子を作っています。H_2Oです。その原子を拡大して中を覗くと、原子核があってその周りを電子が飛んでいます。まず、この電子が素粒子の1つです。そして、原子核を拡大して見ると、

Column

水から素粒子まで

水分子は酸素原子と水素原子で構成されています。それぞれの原子は原子核とその周りを回る電子で作られていて、さらに原子核は陽子と中性子で構成されています。

陽子と中性子はクォークと呼ばれる素粒子で構成されていて、これが現在の素粒子（これ以上分解できていない粒）です。

電子も素粒子の仲間で、他にも別タイプのクォークや電子の仲間のミュー粒子、ニュートリノ、ヒッグス粒子、光子など様々な素粒子が見つかっています。

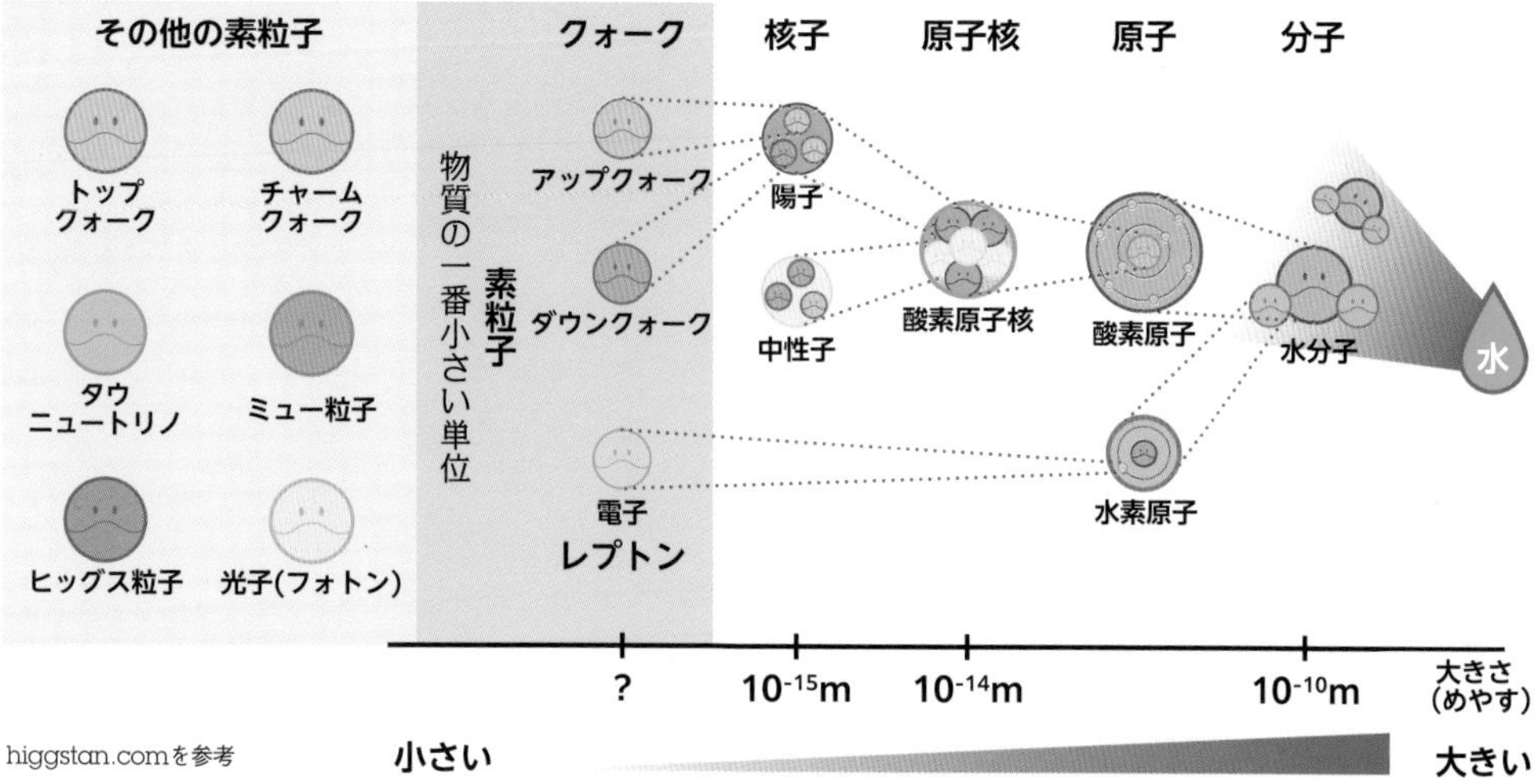

分子や原子をもっともっと分解すると行きつく先が素粒子。現状見つかっている素粒子は、図に記載した以外にもあるが、時代が進み更に小さな構成粒子が見つかれば、それがその時代の素粒子になるだろう

中性子と陽子という粒子によって構成されています。これらをさらに拡大して見ると、〝クォーク〟という素粒子が現れます。今の物理学では、これ以上小さな要素には分解できないとされています。

伊藤：ということは、世の中の全ての物質は電子とクォークで出来ているのですね？

福田：それだと一つ大きな問題がありました。実はクォークの集合体である中性子は、放っておくと陽子に変わってしまうのです。その時に電子と一緒にニュートリノという素粒子が出ていることが分かりました。実はこのニュートリノの研究が私の専門です。この電子とニュートリノ、その仲間となる素粒子を合わせてレプトンと呼びます。クォークとレプトンが物質を構成する素粒子になります。

伊藤：それでは、力を伝える素粒子というのは？

福田：例えば、原子核と電子はひとつにまとまることで原子を構成しています。それは、何か力が働いているからまとまっているわけです。その力を電磁気力と言いますが、それを伝えている素粒子が〝光子〟です。光子というのは、我々が光と呼んでいるものです。素粒子物理学の解釈だと、光ですら粒子だということになります。

伊藤：目に見えて光ってはいないけど、光が飛び交っているわけですね。

福田：そうです。同じように、原子核の中も、陽子と中性子がまとまっていますよね。陽子はプラス1の電荷を持っているのですが、プラスとプラスが集まると反発力が働くので、本来ならバラバラになるはずです。電気的には反発力が働くはずなのになぜかまとまっている。さらに中性子は電気的にゼロだから、反発しないにせよ、引力もなさそうだと。これが20世紀のはじめ、1930年代に大問題になった。なぜバラバラにならないか、誰にもわからなかったんです。そこで、その間に、光子以外に何か力を伝えている素粒子があるのではないかと予測したのが湯川秀樹先生で、それがノーベル賞になりました。おそらく、ミノフスキー博士もそれと同じではないかと思います。何かの力を媒介するようなミノフスキー粒子があると彼は考えたのではないでしょうか。

伊藤：私は最初、ミノフスキー粒子が素粒子と聞いたとき、原子核を細かくしていった先に出てくる、物質を形作る方のものだと思っていたのですが、そうではなく、ミノフスキー粒子は何らかの力を伝える方の素粒子だと。

福田：そのような可能性もありますね。ただ、ミノフスキー粒子は散布できるんですよね。そうなると物質を形作る方かもしれない。その前にもっと思い込みを捨てて考えると、素粒子物理学者が発見した粒子ではあるけれど、ミノフスキー粒子自体が素粒子かどうかは謎なんですよ。劇中の効果を説明するには素粒子レベルの粒子でないと難しい問題もありますが。逆に言うと、素粒子というのは、時代とともに変わるので、現在素粒子と思っているものが、50年後は素粒子じゃないかもしれない。素粒子というのは、あくまでも現状わかっている最小単位なので。

伊藤：ミノフスキー粒子の散布という話がありましたが、現在の素粒子は散布できるのですか？

福田：電子は単独で存在しますし、散布することもできます。またニュートリノも、高度な技術が必要ですが、加速器で作ってビームとして照射できます。ただし、ニュートリノの場合は反応率が非常に低いので、地球すら貫通してしまいますが。

伊藤：クォークの方はどうでしょうか？

福田：クォークは単独では存在できないと言われています。理論的にはすぐにまとまってしまいますし、実験的にも見つかっていません。少なくとも、現状の科学では単独で維持させられないでしょう。

伊藤：すごく高エネルギーで衝突させれば、陽子なりが割れる瞬間があるわけですよね？　割れた瞬間は少なくとも単独ではないのですか？

福田：少なくとも瞬間的にはあり得ますが、割れた瞬間に、すぐにまとまって、陽子なり中性子なり別の粒子ができあがってしまいます。ただ、もしかしたら、クォークではないかもしれませんが、半端な電荷をもつ素粒子があるかもしれないので、探しはします。発見したらノーベル賞ものですが（笑）。

伊藤：仮にミノフスキー粒子が単独で存在できるとして、自在に散布したり溜めておくための条件はどのようなものでしょう？

福田：素粒子の場合、電気を持っているものと、持っていないものがありますが、電気を持っていれば比較的簡単になります。電気を持っていれば電磁気力が働くので、磁場を使ったり、電気の力で留めておくことができます。しかし、中性だと電気の力が使えないので非常に困難です。

伊藤：その意味では、ミノフスキー粒子を発見するときも電気を持っていた方が見つけやすいのですか？

福田：見つけやすいです。我々が実際に素粒子を検出するときには写真のフィルムを使います。フィルムの中を素粒子が通ると、通ったところが線になって写ります。しかし、電気を持っていないとフィルムに写りません。

伊藤：写真のフィルムなら、粒子が通過するだけでも写るのではないかと思うのですが、やはり電気を持っていないとダメなんですか？

ミノフスキー・ドライブによって、亜光速まで加速できるというV2ガンダム

福田：粒子がフィルムの中を通った時に、ミクロには、電磁気力でフィルムを構成している電子を弾き飛ばすことによって、その痕跡が写るんです。素粒子そのものが写っているのではなく、あくまで粒子の通った軌跡が写っているわけです。中性の粒子では電子を弾き飛ばすことができず、軌跡が写りません。

伊藤：中性の粒子の検出は不可能であると。

福田：条件によっては工夫次第で見つけます。実際に、フィルムの何もないところから突然粒子の通った跡がついている場合があります。そこで中性の粒子が反応が起こして、電荷を持った粒子が生まれた場合です。

伊藤：つまり、中性の粒子がたまたま反応して、たまたま別の粒子に変わり、変わった先が電気を持っていれば写るわけですね。

福田：だから、電気を持っていない粒子が

Column

素粒子反応と検出装置

素粒子反応が写った0.15mm四方の顕微鏡画像（右下）。中央でニュートリノが物質中の原子核と反応を起こし、発生したミュー粒子や原子核の破片の飛跡が、黒い点列として原子核乾板という特殊な写真フィルムに記録されています。原子核乾板に写った飛跡を高速に解析するために、名古屋大学では独自に自動飛跡読み取り装置を開発しています。これを用いて、タウニュートリノの発見や、ニュートリノ振動現象の最終検証が行われました。

左の写真は現在世界最高速の自動飛跡読み取り装置です。直径12cmの特注の対物レンズ（右上）を使って画像を読み取り、装置後方の並列コンピュータで解析します。この装置を使用するために国内や海外から名古屋大学に研究者が集まってきます。

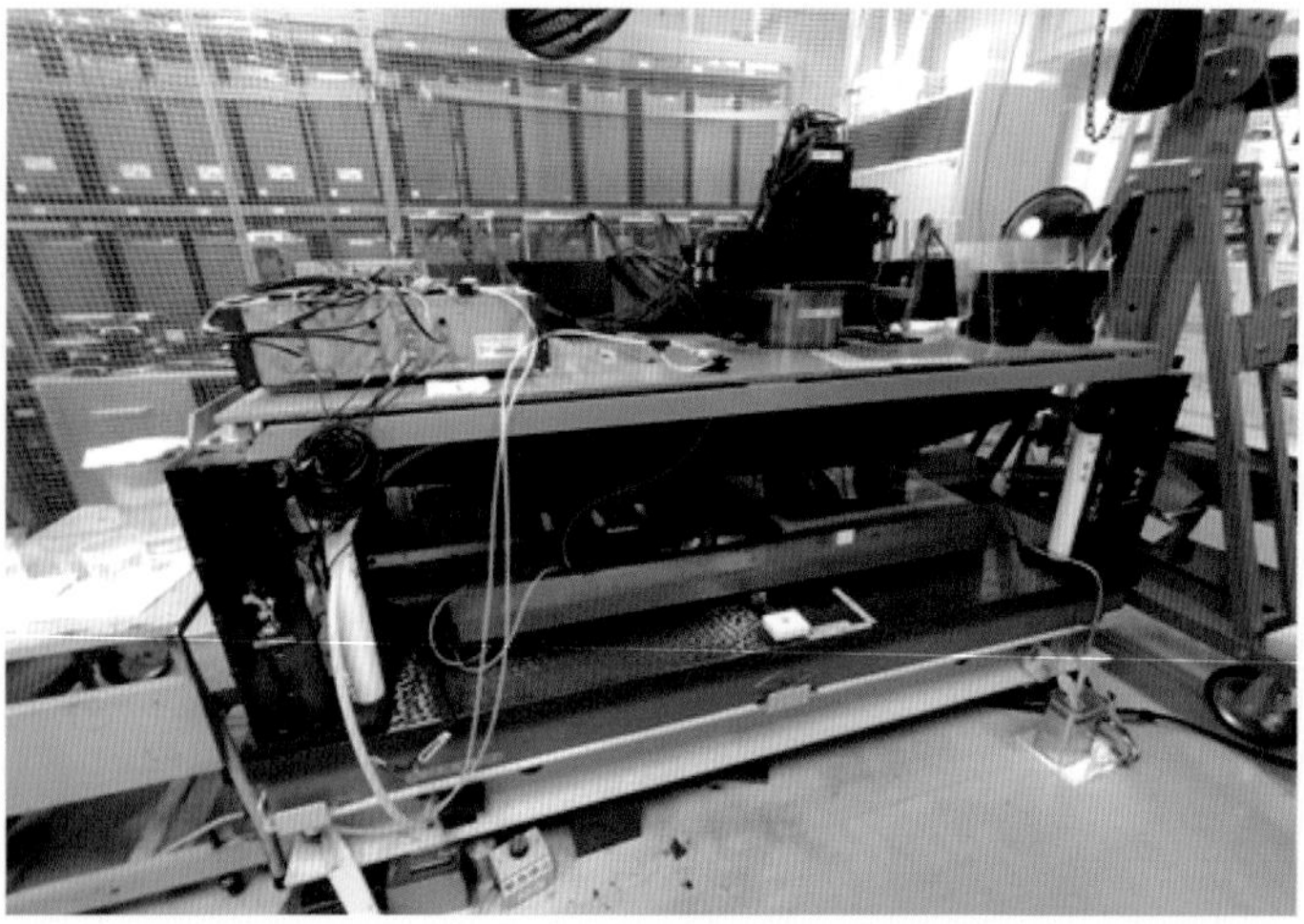

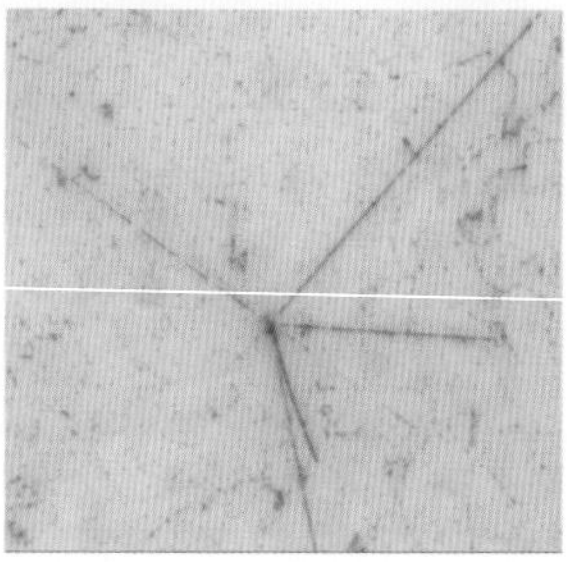

電気を持っていない粒子を作って最後までそのままなら、打つ手が非常に限られてしまいます。ミノフスキー粒子がそのような粒子だったら、我々はなかなか見つけられないでしょう（笑）。

伊藤：宇宙世紀になって、大気のないところで実験すれば、さらに新しい素粒子が見つかる可能性はありますか？

福田：クリーンな（邪魔な粒子の少ない）環境なので可能性はあります。宇宙に出ると、より良い環境でより良い実験ができると思うので。

伊藤：それでは、3つ目に挙げられたヒッグスとはどのような素粒子なのでしょうか？

福田：簡単な表現では、物質に質量を与える素粒子という言い方をします。つまり、ヒッグス粒子との相互作用ができれば重くなります。逆に質量がゼロのモノはヒッグス粒子から力を受けないわけです。この空間はヒッグス場と言って、ヒッグス粒子で埋め尽くされています。そして、ヒッグス粒子が素粒子と相互作用して動きにくくします。その動けない度合いが質量になるのです。

　皆さんの生活でも、重いものは押しても加速しにくいでしょう？　逆に考えて、ヒッグス場の影響で加速しにくいものは重い粒子であるというわけです。面白いのは光、光子は質量がゼロ、つまりヒッグス場の影響をまったく受けていないので、世の中で一番速い。それ以外は、ヒッグス場によって抵抗を受けているから光ほど速く動けません。

伊藤：そのヒッグス粒子と相互作用するミノフスキー粒子があって、ミノフスキー粒子によってヒッグス粒子の質量分の抵抗を減らしたりすることは可能なんでしょうか？　V2ガンダムは、ミノフスキー・ドライブによって、亜光速まで加速できるらしいのですが。

福田：モビルスーツの場合、亜光速となると、よく機体が持つなあと思いますが、まず、いろいろな学説があって、ヒッグス粒子は複合粒子ではないかという論文もあります。実は素粒子ではなく、複合粒子ではないかと。

伊藤：もしかしたら、ヒッグス粒子がミノフスキー粒子と何かの複合粒子で、ミノフスキー粒子の割合を高めることで、抵抗がなくなり、光速に近づくかもしれない？

福田：光速の話になると、必ずこのヒッグス粒子が絡んできます。その意味では、ミノフスキー粒子がヒッグス粒子の作る場と何らかの関係があるような性質を持っていれば、可能性があるかもしれませんね。

素粒子がつくる〝場〟

伊藤：少し前に、ヒッグスが見つかり大きなニュースになりましたが、ほぼ素粒子の枠組みとしては解明されたのでしょうか？

福田：現在の素粒子物理には標準模型と呼ばれる枠組みがあります。しかし、実は完璧なものではなく、例えば皆さんが良く知っている重力が入っていません。より進んだ理論では、重力を媒介する重力子によって重力場が作られている、という予測があります。この重力子もまだ見つかっていません。

伊藤：ヒッグスと並ぶ最近の大きなニュースとして、重力波の観測の成功というのもありましたが、関係がありますか？

福田：「ＬＩＧＯ」の重力波観測ですね。重力波があるということは、それを伝える重力子もあると考えられます。ただ、重力子という素粒子自体はまだ発見されていません。

伊藤：場と波と素粒子、言葉を整理したいのですが。

福田：Ｘ線とか、電波とか、赤外線とか、ガンマ線とか、可視光も含めて、これらはすべて光子であり電磁波でもあります。エネルギーの違いによって、いろいろな名前がついていますが、全部同じものです。電磁場という空間的に広がったものが波のように揺れた状態が電磁波だと思ってください。電磁波を量子力学の観点で粒子と捉えたものが光子です。

伊藤：物理の世界では、〝場〟は、英語でいうと〝フィールド〟なので、Ｉフィールドは「Ｉ場」になるわけですよね。このＩ場も物理学的な場なのかはちょっとグレーですが、ビーム・サーベルの議論をした際は、Ｉフィールドは磁場であることを前提に議論しました。ただ、『機動戦士ガンダム』のときは、劇中では〝強力な磁界〟だったものが、『ガンダムセンチュリー』という本から〝Ｉフィールド〟になっています。

福田：では、ここではＩフィールドは磁場ではない何か別の場だと仮定して議論しましょうか。すると、そのＩ場の発生する力を伝えるのが、ミノフスキー粒子ではないかとも想像できますね。

伊藤：ミノフスキー博士がミノフスキー粒子の存在を提唱したのは、自然界の４つの力、「重力」「電磁気力」「強い力」「弱い力」の統一場理論に決着をつけようとした仮説であるという設定もあるらしいです。この統一場理論というのは？

福田：４つの力と言いますが、我々素粒子屋はシンプル・イズ・ベスト、ひとつのことですべてを説明するのが美しいという思想の持ち主なんですよ。とにかくまとめたい。原子の周期表ってありますよね。そこに百を超える元素が載っているわけですが、それをまとめたら、中身は皆同じ陽子・中性子・電子で、さらにまとめたら陽子も中性子もクォークだという標準模型になりました。とにかく、できるだけ少ない種類でシンプルに説明したいんです。その意味では、４つある力も、元は何かひとつの力が

Column

4つの力と場／ミノフスキー粒子

素粒子物理学は、物質の最も小さな構成要素である素粒子とその素粒子を支配する法則を研究する学問です。素粒子間に働く力を相互作用と呼び、重力相互作用・電磁相互作用・強い相互作用・弱い相互作用の４つが知られています。

空間内には粒子の相互作用を伝える性質をもつ“場”があり、その“場”に粒子が置かれると、粒子は場に影響を及ぼし、他の粒子と場を通して相互に力を伝え合います。磁石は離れていてもN極−N極、S極−S極では反発し、N極−S極では引き合いますね。これは空間に磁場があるからです。

また、素粒子物理学では相互作用とは力を伝える素粒子の交換として考えることができます。例えば、静電気の力のような電磁場での相互作用（電磁相互作用）をミクロな世界で見ると、素粒子のひとつ、光子をやりとりしていると考えることができます。従って、電磁相互作用は光の速さを超えて瞬時に伝わることはありません。

ミノフスキー物理学は、現在の素粒子標準理論が拡張されたものと考えられるので、理論の枠組みには対応関係があるはずで、電磁場と光子の関係が、I場（フィールド）とミノフスキー粒子の関係になるのかもしれません。

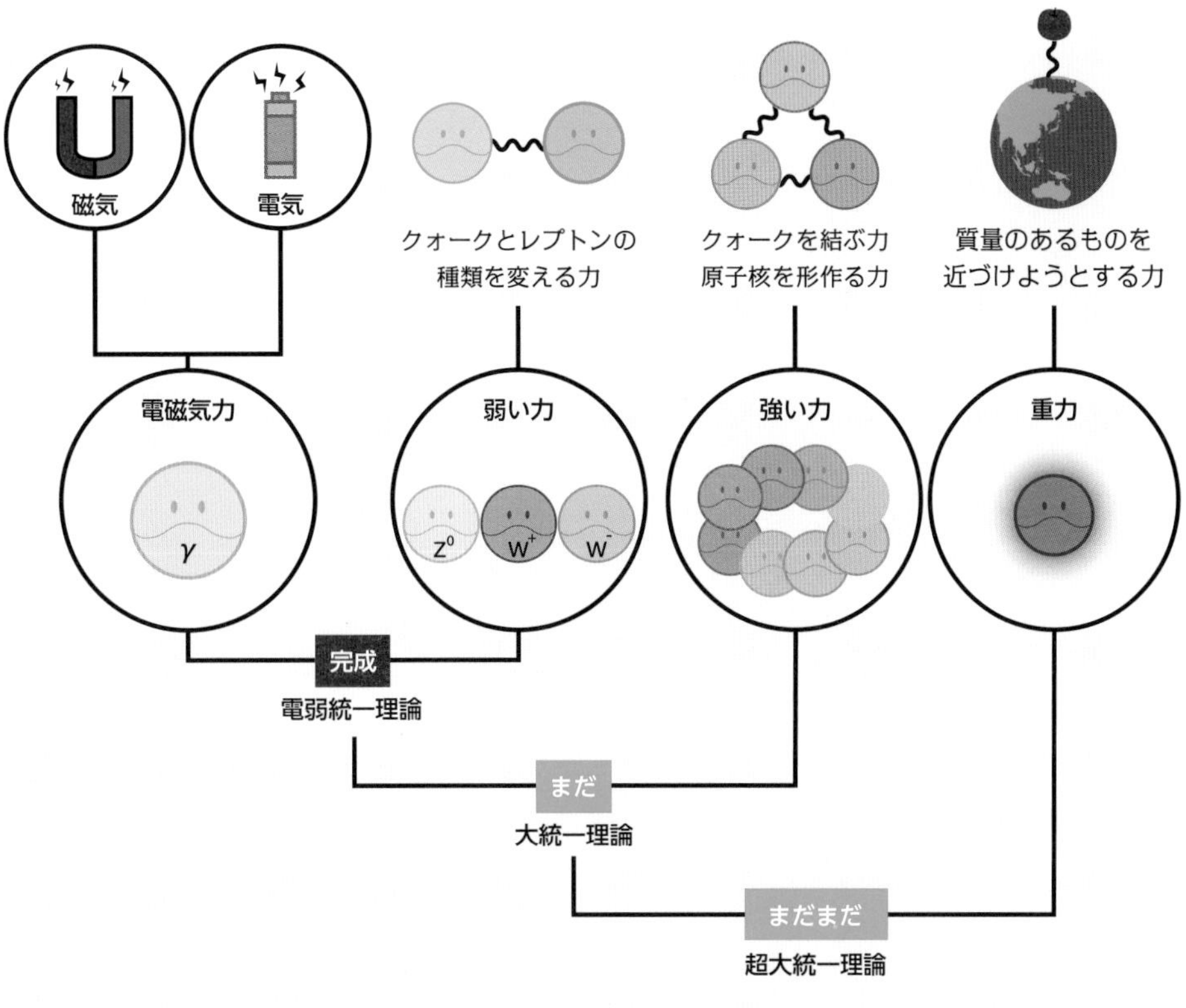

higgstan.comを参考

あって、それが4つに分かれたんだと考えられています。

伊藤：具体的に4つの力とはどのようなもので、統一とはどういうことでしょうか？

福田：例えば歴史的には〝電磁気力〟。これは元々、電気力と磁力に分けて認識していたところを、理論的に一纏まりの方程式で説明することができました。これが電磁気力として統一できたということです。かなり早い時代に行われたので、4つの力としては、合わせて1つと数えられていますが。そして次に、電磁気力と〝弱い力〟が理論的に統一されました。弱い力とはニュートリノの発生に関わる力です。統一されたものは〝電弱力〟と呼ばれます。弱い力に対比して、クォークを結び付けている〝強い力〟というものもあります。これら電弱力と強い力で標準模型が成立しています。しかし、その中に〝重力〟はまだ入っていませんし、強い力も統一できてはいません。だから次の目標は、この電弱力と強い力を大統一するような理論を作りたい。さらにその先は、重力をも統一した超大統一。ひとつにしたいというのが素粒子物理屋の夢なので、当然ミノフスキー博士も素粒子物理屋であれば同じように考えたと思います。

伊藤：ミノフスキー博士はこれを目的としてミノフスキー粒子を予言し、発見したわけですから、宇宙世紀においても、超大統一はまだできていなかったのでしょうね。

福田：どうでしょう（笑）。宇宙世紀がどれくらい未来かということにもよりますが、そして、重力を統一するためにミノフスキー粒子を想定したのであれば、重力関係に絡むような粒子なのではないかと思います。さらに、それが最小単位の意味で素粒子ではなかったとしても、標準模型に当てはまらない粒子であれば、そこからものすごい速さで研究が進んだでしょう。

伊藤：ミノフスキー粒子がどのようなものかは、まだ決着はつけられませんが、ミノフスキー博士の研究活動自体はすごく自然なものなんですね。

福田：私たち誰もが志す方向です。さらに、素粒子屋は力を統一したいという以外に、素粒子を研究することで宇宙のことを知りたいというモチベーションがあります。宇宙の最初は素粒子も何もなかったのですが、ビッグバンが起きた後、いろいろな粒子が生まれました。ただ、宇宙は元々は電気的にゼロの状態だと考えられています。だから、何か粒子が生まれるときは、プラスの電荷の粒子とマイナスの電荷の粒子がペアでできるはずなんです。物質と反物質といいますが、今までの話で出てきたクォークなどはすべて物質です。しかし、それとまったく逆の電荷を持つ反物質が世の中には存在するのです。反物質というと『ダ・ヴィンチ・コード』なんかにも出てきますけど、質量と寿命は粒子と同じだけど、持っている電荷が正負反対の反粒子というのが存在します。例えば、マイナス1の電子に

劇中に聞こえてくるミノフスキー粒子といえば、ブライト・ノア艦長の「ミノフスキー粒子、戦闘濃度散布！」くらいのもの。しかし、この一言が有視界におけるモビルスーツ同士の戦闘が必要だという必然性を感じさせてくれた

対してプラス1の陽電子というものが実際に見つかっています。このようなペアが必ずできます。そうしないと宇宙全体でプラスマイナスがゼロにならないので。

伊藤：エネルギーから粒子ができるというのがわかりにくいのですが、無から生まれるみたいなイメージですか？

福田：無ではなくエネルギーですね。ビッグバン直後の最初にエネルギーを持った光子だけがあり、光子同士の反応で素粒子が生まれます。光子は電荷がゼロなのですが、それが素粒子を作る場合はプラス1とマイナス1の両方ができないと計算が合わない。だから、光子が飛び交って、いろいろな素粒子ができるときには、プラスとマイナスが必ずペアでできるわけです。それらが冷えて集まって原子になり、我々はこの集まりで構成されています。しかし、どの原子も、原子核がプラスで、その周りにマイナスの電子がいる。最初にできたときは、それと逆の電荷を持つものが、1対1対応でできているはずなんですよ。つまり、原子核がマイナスで、その周りにプラスの陽電子がいるようないわゆる反物質はできずに、反粒子はどこかに消えてしまった。私たちはその事実を知っているだけです。

伊藤：反物質自体は見つかっているのですか？

福田：実験で人工的に作り出すことはできますし、自然界の素粒子反応で一時的に生成したりもしています。だから、存在することはわかっているのですが、今の世の中では私たちや星を構成する要素にはなっていません。それで、この反物質がどこに消えたのかというのも私たちの研究テーマになっています。それは、なぜ私たちが、つまり物質が存在できているのかということにも繋がるからです。

伊藤：外宇宙、銀河系の外には、反物質だけでできている星があったり、ある領域には反物質だけが残っているといったことは

鉄仮面に「質量を持った残像だというのか!?」と言わせた現象。F91が最大稼動状態になると高熱を発するために肩部冷却フィンや頭部フェイスガードが開いて冷却触媒を排出するが、それでも冷却が間に合わない場合にはMEPE（金属剥離効果＝Metal Peel-off effect）という、装甲を剥がすことで強制冷却した際に起きる現象

ありえますか？

福田：見つかってはいませんが、完全には否定はできません。

伊藤：物質と反物質は共存できないのですか？

福田：共存できません。この2つがぶつかると対消滅してしまい、光に戻ってしまいます。できあがったときも、ペアでできたら、すぐにぶつかって光に戻ってしまうので、本来は何も起こらないはずなんですよ。つまり、何も作られないはずなんですけど、私たちが存在しているということは物質のみが生き残った証拠なんです。それなら、反物質はどこに行ったのか？　これも素粒子屋が研究しているテーマになっています。

伊藤：ガンダムの世界で反物質というと、宇宙世紀の1000年後になってしまいますが、Gのレコンギスタでフォトントルピードという武器が出てきて、反物質を当てることで相手の兵器を消滅させてしまいます。物質と反物質が消滅して光が出るから、名前にフォトンが付いているんですね。宇宙世紀の先では、反物質が消えたこともかなり分かってきているんでしょうね。

福田：反物質の謎については、私が専門として研究しているニュートリノが鍵を握っているかもしれないと言われています。反物質が消えたのはニュートリノのせいだという研究もあって、ニュートリノは飛んでいる間に種類が変わって、違うタイプのニュートリノになる〝ニュートリノ振動〟という現象があって、この研究で梶田先生がノーベル賞を受賞されたのですが、このニュートリノ振動を使って、この宇宙から反物質が消えた理由を解き明かそうという研究があります。

さらに、暗黒物質、ダークマターというのを聞いたことがあると思うのですが、これもあるはずだけど見つかっていません。ダークマターにはいろいろな候補があるのですが、その中にまだ私達が見つけていないニュートリノもあるんじゃないか、みたいな話もあります。素粒子の中ではわかっていない部分が比較的多く残っているのがニュートリノです。宇宙世紀ではこのあたりの理解も進んでいるのだと想像します。

素粒子を作り出すためには

伊藤：ミノフスキー粒子の散布の話にも繋がるのですが、素粒子を人工的に作り出す方法はどんなものなのでしょうか？

福田：ひとつは、〝加速器〟という装置を使います。電磁気的な力で素粒子をどんどん加速し、高速で素粒子同士をぶつけたり、何らかの標的にぶつけたりすると、その際に素粒子が生成します。

伊藤：加速した方が良いのはなぜですか？

福田：速度が大きい方がエネルギーが大きいということになります。そして、素粒子は発見の世代が上がるにつれて重いものになりますが、重いものを作るには高いエネルギーが必要になります。有名なアインシュタインの$E=mc^2$ですね。

伊藤：加速器でエネルギーを上げる工夫はありますか？

福田：加速する粒子に何を選ぶかという点があります。陽子の場合は複合粒子なので重い。重いからエネルギーを高くしやすいんですけど、電子は軽いのでエネルギーが上げにくい。

伊藤：軽い方が加速しやすそうに思えますが。

福田：円形、リング状の加速器で素粒子を回しながら加速していると、その素粒子の質量の4乗に反比例したエネルギーが光として失われてしまいます。電子は陽子より2000倍くらい質量が軽いために、なかなかエネルギーを大きくできないのです。加速しやすくても、エネルギーのロスも大きくなるということです。

伊藤：それでは、陽子を加速してぶつける方が楽ということですね？

福田：ところが、陽子は3つのクォークでできている複合粒子なので、素粒子3つと素粒子3つの衝突になり、反応が複雑になります。とはいえ、私たちは現在の標準理論から、素粒子が衝突した際にどういう反応がどれくらいの割合で起こって、どういう素粒子が生成するかを計算できます。その上で、我々が探しているのは、その計算からどれだけズレるか。もしズレたとすると、我々が知らないような粒子ができたか、あるいは何か別の我々が知らない現象が起こったということになり、新たな発見に繋がります。

伊藤：その加速器で、現状ではどのくらいまでエネルギーを上げるのですか？

福田：ヨーロッパのＣＥＲＮにＬＨＣという巨大加速器があり、7テラエレクトロンボルトまで陽子を加速して、正面衝突させることで14テラエレクトロンボルトの反応を起こします。

伊藤：そこまで上げれば新種の素粒子の発見も期待できるのですね？

福田：実は、5年くらい前までは、地上で新素粒子を発見できると非常に期待されていました。もちろん今でも探していますが、当時は加速器を使うことで、ダークマターも含めて、すべて見つかると思っていたんですよ。ＬＨＣでヒッグス粒子も見つかったのですが、ヒッグスだけではなく、ダークマターの候補も見つけられると思っていた。しかし、結果としては現在でもまだ見つかっていません。

それまでは、みんなそこで見つかると思っていたし、理論もそういった予言が多かったです。ダークマターの候補がＬＨＣで作られるような理論ですね。それが正しい姿かどうかは別にして、結果としてはその予想が殆ど外れてしまった。なので、さらにエネルギーを上げる計画はありますが、今後30年掛けてようやく始まる計画なので、私たちが現役の間は無理。だから、大事な研究ではあるのですが、私はちょっと違う方向の研究をしています（笑）。

伊藤：宇宙世紀になって、もっと未知の粒子、例えばミノフスキー粒子を出すために、もっと加速する必要があると。

福田：出るかどうかは誰もわかりませんが、出てほしいですね（笑）。研究者の中には今より10桁以上のエネルギーを掛ければ新しい粒子が出るなんて予測もありますが、そのような加速器は現状では作れないですね。

伊藤：それは宇宙世紀でもかなり厳しいかもしれませんね。そうなると、新素粒子の発見も困難になりそうですが。

福田：加速器で新素粒子を直接作る場合は、

Column

がん治療や創薬分野にも役立つ加速器

加速器は電磁気力を用いて、電荷を持つ粒子(電子や陽子・重粒子など)を高いエネルギーまで加速する装置です。原子核や素粒子を研究する基礎科学のためにおよそ100年前に物理学者によって発明された装置で、現在でも開発を進めて最先端の研究に使用されています。

現代ではがん治療やレントゲン診断に用いる医療用加速器やタンパク質の結晶構造解析による創薬分野での利用、自動車タイヤのゴム強度の品質向上といった産業分野での利用など様々な用途で実社会でも活用されています。

写真は著者(福田)が推進するNINJA実験という名前のニュートリノ研究で使用している大強度陽子加速器施設J-PARCの我が国最大の陽子シンクロトロン加速器(直径約500m)で、陽子を光速の99.95%まで加速することができます。

J-PARCではこの世界最高強度の加速器を用いて最先端の素粒子・原子核研究が行われており、多くの成果が期待されています。

陽子シンクロトロン加速器(右)からニュートリノビームライン(左)へ、陽子ビームを分岐する

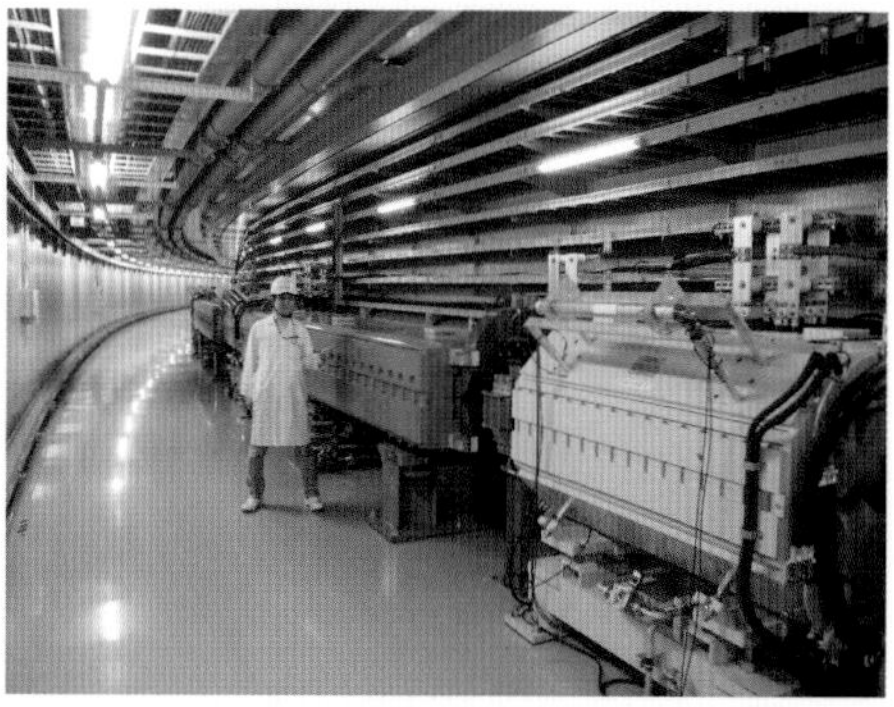

陽子シンクロトロン加速器の一部。この電磁石を使って、陽子を限りなく光速に近い速度まで加速する

加速したエネルギーより重い質量の粒子を作ることはできませんが、先ほどのように既知の反応の理論計算からのズレを探したり、長距離を飛んでいる間に別の粒子に姿を変えてしまうニュートリノ振動のような現象もあります。そういったパターンであれば、見つかる可能性はあります。つまり、間接的に証拠を出すということです。

伊藤：ちなみに加速器というのはどれくらいの大きさなんですか？

福田：先程お話ししたＬＨＣは山手線くらいの大きさです。その大きさのトンネルを地下に作って、その中を粒子を何度も回して加速します。実はスペース・コロニーの直径とほぼ同じ大きさなんですよね。

伊藤：かなり大きいですね。『００８３』では、デンドロビウムにミノフスキー粒子の発生器がついている。もしその場でミノフスキー粒子を作って撒いているのだとすると、例えば加速器で作るとしたら、戦艦サイズに積めるほどコンパクトになりますか？

福田：実際、戦艦サイズに載せるのはまだ難しいですが、ＬＨＣと比べると小型で強力な加速器の開発も行われていて、ＬＨＣでは陽子を回しますが、それをミュー粒子に代えた加速器が設計されています。ミュー粒子は陽子ほどは重くないのですが、電子よりは２００倍重い。そして、電子と同じように素粒子だからクリーン。

伊藤：クリーンなんですか？

福田：そうですね。反応が複雑ではないという意味です。先ほども話したように素粒子と素粒子がぶつかると反応の計算がしやすいんですよ。でも、陽子と陽子は複合粒子同士なので余分な粒子が生成して汚い。しかもミュー粒子は素粒子で電子より２００倍重いので、エネルギーも高い。良いとこ取りしたような加速器を作ろうとしているのですが、技術的に非常に難しくて、まだ実現には至っていません。

伊藤：ミノフスキー粒子を〝散布〟するためには、やはりその場で作りたいように思います。素粒子なら寿命も短そうですし。加速器以外の作り方は何が考えられますか？

福田：かなりＳＦ的な話になってしまいますが、ミノフスキー粒子がダークマターの一種で、このあたりに実はたくさんあるというのはどうでしょう。我々が知らないだけ、感じられないだけで、実は空間に存在している。

伊藤：宇宙世紀にはダークマターの正体もある程度わかっているとしたら、そういうこともあるのでしょうか。

福田：他には、素粒子じゃなければ、複合粒子もしくは原子のようなものなどですよね。例えば、ミノフスキー粒子というのは実は素粒子で、力を伝えるものだとして、そのミノフスキー粒子が他の素粒子をくっつけて何かの複合粒子か原子のような物質を作って、電気的に中性で、それを散布することをミノフスキー粒子の散布と言っているのであればありかもしれない。

伊藤：散布すると瞬間的にミノフスキー粒子に戻ったり、分解したり。素粒子は寿命が短いので、ある程度時間が経つと消えていくと。ちなみに、宇宙世紀の核融合炉にとっても、ミノフスキー粒子はキーテクノロジーらしく、ミノフスキー粒子が固体のような格子を組むらしいのですが。

福田：それこそ本当に、ミノフスキー粒子という素粒子はあったとして、それが他の素粒子と原子核のようなものを作り、周りを電子が回っていて、そういう粒子で結晶を作れるとすれば、そのような結構大きな結晶の微粒子をミノフスキー粒子の散布と、一般用語として言っているのかもしれません。なんとなくそれが一番辻褄が合う考え方ではないかと思います。

伊藤：そうすると、クォークで出来た既知の原子ではなく、ミノフスキー粒子をベースにした新しい複合粒子のようなものがあって、その複合粒子が格子を組んでいると。

福田：それだったら解釈できると思います。元になっているのがミノフスキー粒子だから、その複合粒子を一般用語としてミノフスキー粒子と呼んでいるだけかもしれません。

ミノフスキー粒子の特徴を探る

伊藤：ミノフスキー粒子にはいろいろな効果が設定されていますが、その中でも有名なものとして散布によって電波を妨害するというのがありますが、粒子を撒いて電波妨害というのは可能でしょうか？

福田：粒子と言ってよいかはわかりませんが、金属は電波を反射するので、例えば細かいアルミニウム箔を撒いて電波を妨害するというのはあるそうです。一般用語的な

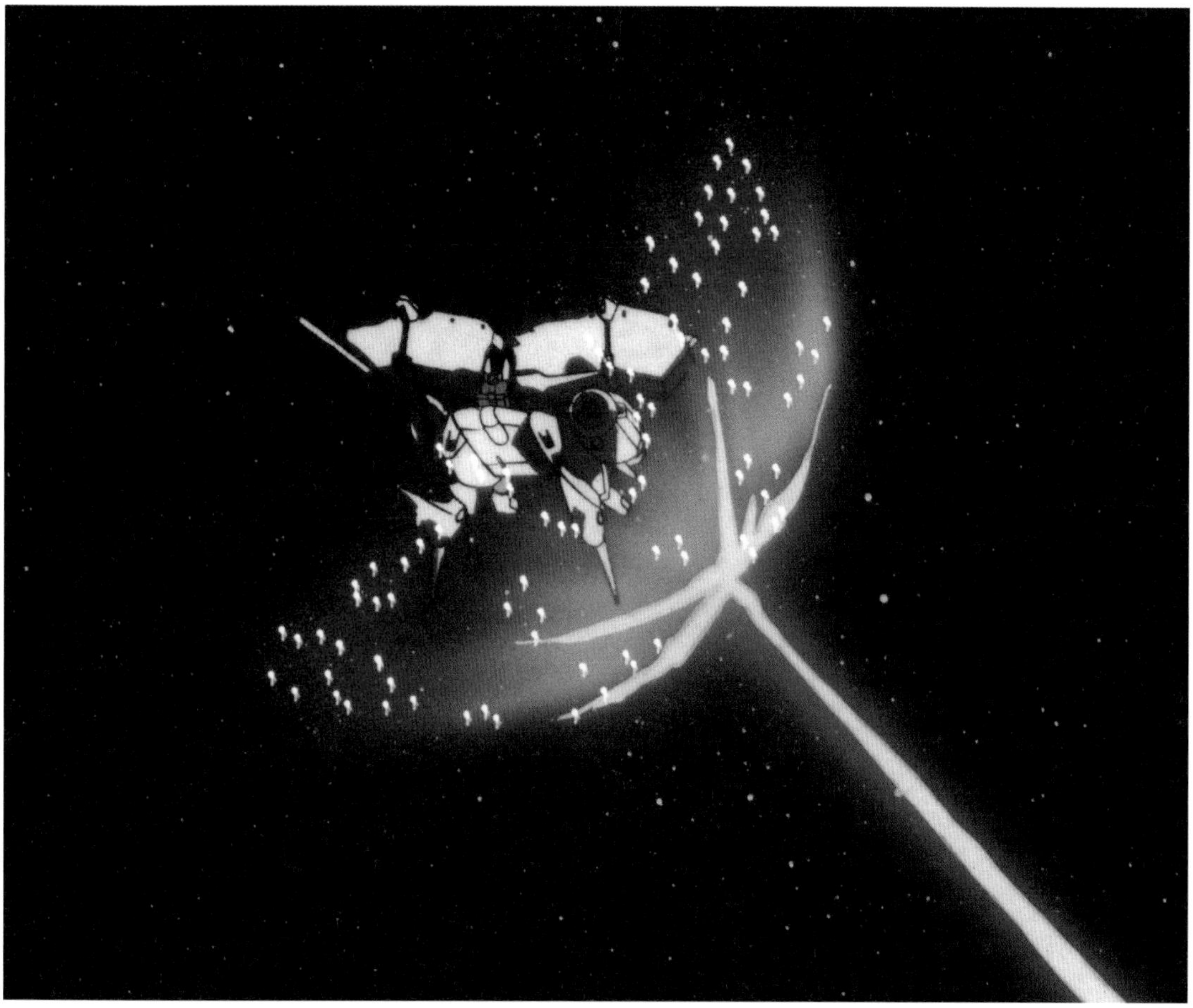

ガンダム試作3号機（デンドロビウム）のオーキス左側面には、Iフィールドを防御用に使った「Iフィールド・ジェネレーター」が取り付けられている。これによりビームを偏向・拡散させ、バリアのように使える

意味でのミノフスキー粒子由来の微粒子が、アルミなんかよりも反射率が大きいとか。

伊藤：そうなると、電波妨害だけを取り上げてミノフスキー粒子を議論するのは、あまり面白くないので、電波妨害以外の効果について掘り下げてみましょうか。まず、そのひとつとしてIフィールドが出てくるわけですが。

福田：フィールドと言うと、我々にとってはやはり〝場〟なので、何らかの力を伝える空間といった認識になりますね。

伊藤：やはりIフィールドと名付けた人は、そのあたりも意識していたんでしょうね。Iフィールドの粒子下にτ《タウ》フォースが出るとか。τという名前の素粒子も実際にありますしね。

福田：τ粒子は電子の仲間ですね。そして、対になるτニュートリノという素粒子もあり、私のいる研究室の専売特許だったりします。フィールドとフォースという言葉が

戦闘エリアではミノフスキー粒子を散布するため、味方同士とはいえ無線通信ができない。モビルスーツ同士を物理的に接触させることで、ようやく音声通信が行えるようになる

出てくるあたりは、やはり素粒子物理学を意識しているんだと思います。なぜ〝I〟なのかはちょっとわかりませんが（笑）。

伊藤：Iフィールドからも何やら素粒子物理の雰囲気がするので、やはりミノフスキー粒子は、単なるアルミニウムではなく、素粒子物理の何かでしょうね。

福田：物質の最小単位の意味での素粒子ではないかもしれませんが、先ほど思いついたように、素粒子が組み合わさった未知の複合粒子という可能性もありますね。

伊藤：ちなみに、Iフィールドを使うとミノフスキー粒子を圧縮することが可能で、それを使うと、ミノフスキー粒子がメガ粒子に姿を変えるという設定があるらしいです。ただ、メガ粒子がミノフスキー粒子なのかも微妙で、小説版ではメガボルトまで加速した重粒子ビームと書かれていた気がします。

福田：重粒子と言うのは、素粒子分野ではヘリウムよりも重いような粒子によく使います。ただし、重い・軽いというのは、分野に依って変わるところですから。

　例えば、加速器の医療応用として既に一般的になった重粒子線がん治療では、重粒子ビームとして炭素ビームが使われています。

伊藤：そうなると、現代科学でイメージするメガ粒子は、重粒子というのが自然な感じがします。がん治療でも使えるということは、エネルギーは高いけど、粒子自体の飛んでくる頻度はビームとはいえすごく少ないんでしょうね。

福田：どうだろう。素粒子分野的には結構多いと感じます。1平方センチメートルに1ショットで１００万個以上とか、それくらいのレベルにはなっています。治療には合計で10桁くらい使うそうです。あと、私が素粒子実験で使用している加速器では陽子を炭素標的に1平方センチメートルに1秒間に13桁くらいあてて、計21桁くらい使っていますね。

伊藤：そうか、多い・少ないも分野によるところですね。私の分野で言うと、コンピュータチップなどの半導体の溝をプラズマで削る場合も、1平方センチメートルに16〜18桁くらいイオン粒子があたります。

福田：そうなんですね、その他だと例えば、ミュー粒子という素粒子などは宇宙線として空から降ってきて、僕らの体を貫通しているのですが、それが1秒間に１００個くらいです。ただ、コンピュータも、宇宙線がぶつかって、メモリエラーが実際に起きたりしますしね。それくらいの確率で、宇宙線ミュー粒子は来ているわけですよ。面白いのは、同じ宇宙線でもニュートリノは何兆個も貫通していて、反応率が低すぎるから気づかれない。もしかしたらミノフスキー粒子も宇宙線として飛んできているかもしれませんね。

伊藤：ビームという単語が出ましたが、実はビーム・サーベルのお話をしたときに、ビームとレーザーの違いというのが話題になりました。素粒子を研究している福田さんはどのように考えますか？

福田：レーザーというのは定義があって、指向性が高く、単一波長の電磁波を発生させる装置を指すようです。その装置から出てくる光を指す場合は、厳密にはレーザー光といった方がいいかもしれません。一方で、ビームというのは何でも使える言葉ですかね。

伊藤：そうなると、光のビームも全然ありということですか？

福田：光のビームもあるし、ニュートリノのビームもあるし、それこそ陽子のビームも、電子のビームも、重粒子のビームも。

伊藤：素粒子的にいえば、光も光子という粒子なので、そういう発想になるんでしょうか？

福田：そうですね。特に光を特別視はしていません。光も粒子のひとつという認識なので。例えば、兵庫県にあるSPring-8という施設では光の一種であるガンマ線のビームを出しています。レントゲンで使われるX線も光子のビームですね。

伊藤：ビーム・サーベルのお話の際には、サーベルの正体は粒子なのか、光なのか、という切り口で、ビームという名称と、Iフィールドによる閉じ込めから、荷電粒子の集合であるプラズマだろうな、という議論をしました。その時は「Iフィールドは磁場のようなものだ」という前提だったので。

福田：それは面白いですね。光は磁場の影響を受けませんからね。ただ、Iフィールドは本当に磁場なのか、というのは気になります。

伊藤：その点はですね、よくよく思い出してみると、ガンダムユニコーンのラストが引っ掛かってくるんですよ。コロニー・レーザーをユニコーンガンダムがバリアするシーン。調べてみると、公式かどうかは分からないですが、Iフィールドは電磁波である光も減衰させるらしい。

福田：すると、磁場ではない、なにか別の場ということになっても良さそうですね。

Iフィールドは5つ目の〝場〟

伊藤：さて、さらに厄介なのがミノフスキー通信。ミノフスキー粒子が散布されている環境では、電磁波による伝達は不可能なんだけど、サイコミュが増幅したサイコウェーブは、ミノフスキー粒子によって伝達されると。これはどうとらえますか？

福田：電磁場があって、それが振動すると、その中を電磁波が流れたことに相当するように、空間にIフィールドなのか、ミノフ

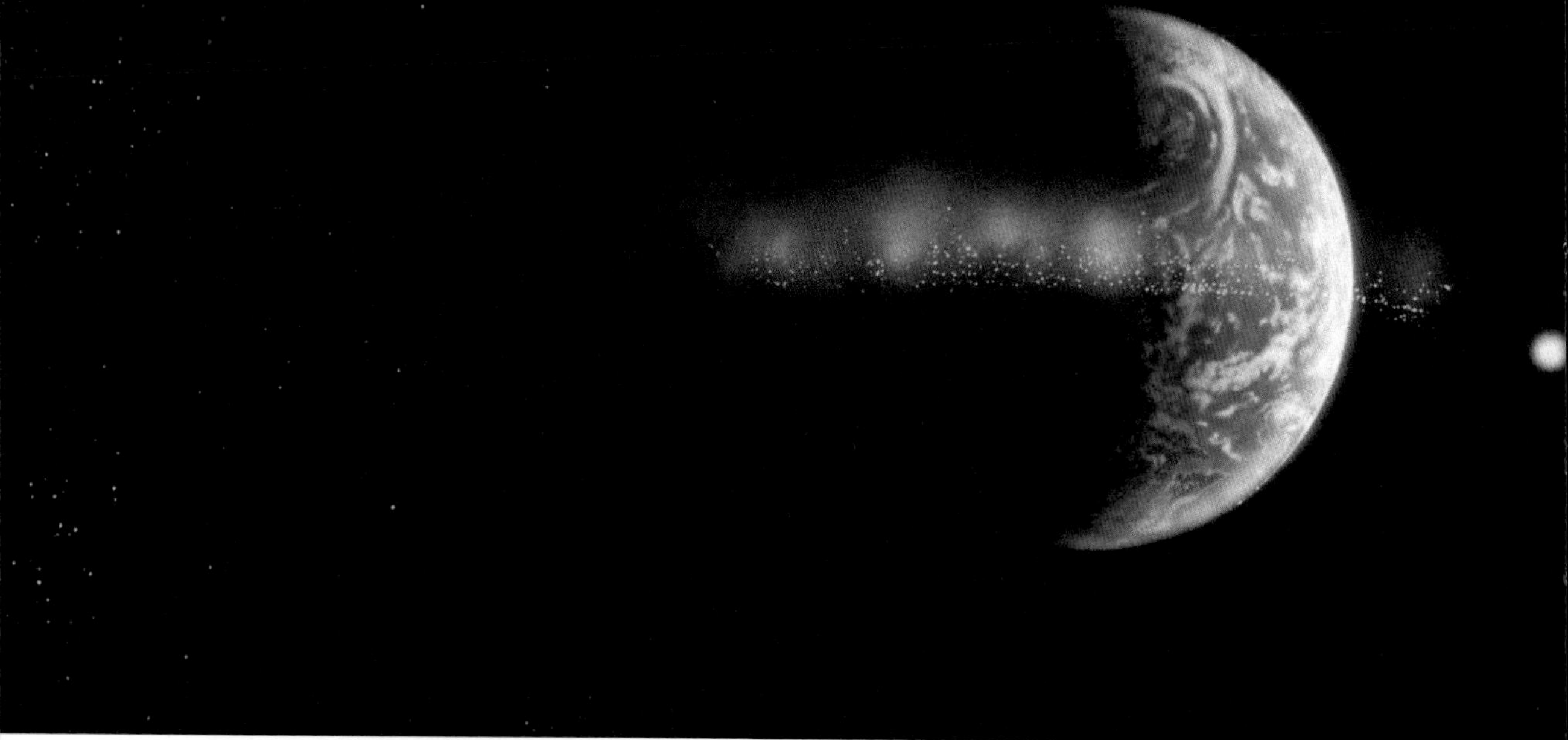

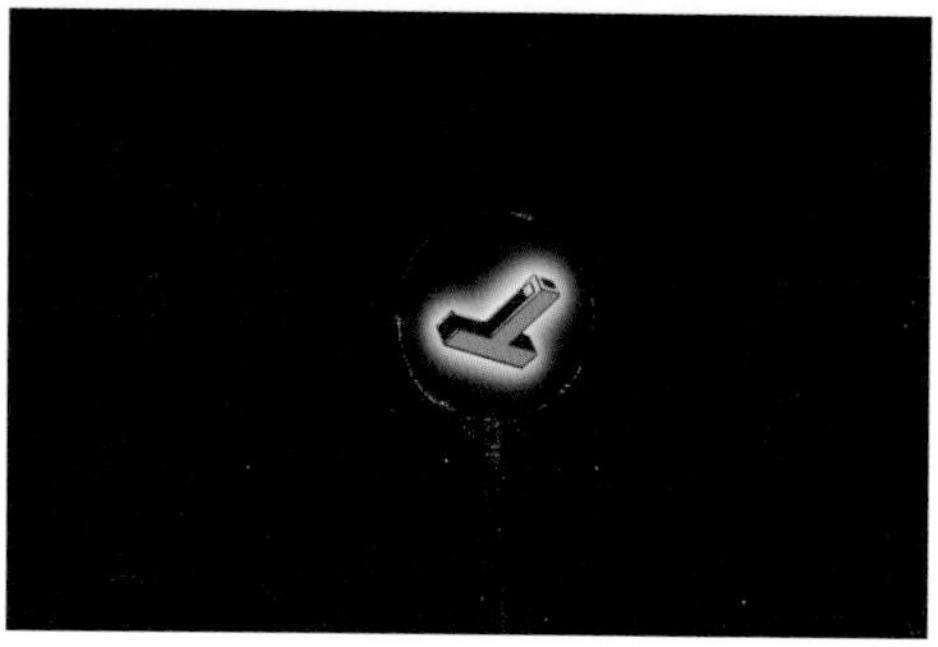

落下するアクシズを包むように発生した虹色の光。これもミノフスキー粒子の一種なのだろうか

スキー粒子の作る場があって、その中をサイコ・ウェーブが流れているというのはどうでしょう？

伊藤：Iフィールドが波の様に振動して、それが波（サイコ・ウェーブ）の流れだと。

福田：そういうイメージだと思います。Iフィールドは磁場ではないとしても、5つめの場があって、そこをサイコ・ウェーブが伝わるわけですよ。

伊藤：今日の話では、場は力を伝えるものであり、そして力を媒介する素粒子とも見なせるということでした。そうなると、福田さんが最初に仰っていたように、ミノフスキー粒子はI場の力を媒介するものとして力を伝える粒子の枠に入った方が解釈し易いかもしれませんね。そして、ミノフスキー粒子が媒介した力で結びついたのが先ほどの複合粒子となり、それを商品名のようにミノフスキー粒子と呼んでいる、ということでしょうか？

福田：はい。今日の議論で思いついたにしては、けっこう辻褄は合いますね（笑）。ひとまず5つめの場と仮定して考えていきましょう。

伊藤：そうなると、ミノフスキー通信は否定しなくても良い？

福田：ただ、サイコ・ウェーブを出して、伝えるのは良いのですが、それを検知するのが難しいかもしれません。例えば、ニュートリノとか、重力波とか、検知・観測するのが難しくてなかなか研究が進んでいなかったというものはたくさんあります。だから、検知するという、そこの機構を考えないといけないですし、それを宇宙世紀の人ができるというのはなかなか衝撃的ですね。

もしミノフスキー粒子があって、場があるとしたら、サイコ・ウェーブみたいなものは、すでに出ているのかもしれません。現代科学では検知する術がないだけで。その意味では、ニュータイプというのは、それを検知できるようになった人のことだと思います。出す方ではなくて、検知する方。

伊藤：それが福田さんの考えるニュータイプ像となると。

福田：ただそうなると、機械でも検知できるかもしれないので、ニュータイプである必要はなくなってしまいますが。

伊藤：宇宙に行って、方向感覚がなくなることで三半規管なり別の器官なりが強化されて、そこで検知できるようになるとか。生物学・生命科学の知識の無い我々が話すと単なる妄想ですけども。目が光を検知できるのも、結局、場を検知しているわけじゃないですか。電磁場の振動を。その場がある振動で来たときに、目の中の網膜のタンパク質分子が網膜に刺激されて、電子が動く。その機構があったから、最終的に神経に電気信号が流れて脳が感知できるわけ

α・アジールもIフィールドジェネレーターを搭載している設定になっているが、劇中ではジェガンのビーム・ライフルを背部に食らっていた

ですよね。

福田：素粒子の実験装置も同じですね。結局最後は電気信号に焼き直して、それを測っているわけですから。

伊藤：ミノフスキー粒子の特性の話に戻ると、さらにミノフスキー・クラフトというものがあります。例えばホワイトベースは、ミノフスキー粒子を散布するなりして発生するミノフスキー・クラフトという機構によって、重力圏でも飛べるそうです。モビルスーツはミノフスキー・クラフトの機構を装備していないので空を飛べない。基本はジャンプしているか、ド・ダイに載っているわけですよね。ミノフスキー・クラフトが重力制御なのかどうかはわかりませんが、素粒子屋さんとしては何をイメージしますか？

福田：重力制御ではない、とした方が面白いですよね。今の話の流れでは、ミノフスキー粒子が5つ目の場を発生させているとしたので。実際にある4つの力というのは、ものすごい高いエネルギーでは一致すると思っているのですが、この現実世界ではバラバラなんですよ。そうなると、普通の生活では別の力として感じるので。ですので5つめの場なら、重力とは異なる力として感じるんじゃないでしょうか。

伊藤：仮にそうだとしてホワイトベースを持ち上げるくらいの力で上向きに力を掛け続けたら、その反作用として大量のミノフスキー粒子が地表に降り注ぐことになりませんか？　地上は大変なことになりそうですが。

福田：それが素粒子であれば、ただ貫通するだけなので、人にも地上にも何の影響も与えないと思います。宇宙線のように。もちろん、電波状況は大変なことになると思いますが（笑）。

伊藤：このミノフスキー・クラフトの発展上の技術を利用して、初めてモビルスーツに搭載されるのが、『閃光のハサウェイ』のペーネロペーとΞガンダムなんですけど、この2機は大気圏下でもほぼ自由に飛ぶことができる。Iフィールドが磁場ではなくて、第5のフィールドとして存在していて、それで飛んでいるとすれば問題ないということですね。

福田：第5の力というと、何かエセ科学みたいに思われるかもしれませんが、実際のところ、我々は第5の力を探しているんです。結局、新しい素粒子があるということは、新しい場があるということなので、それは第5の力を探しているのと同じことなんです。

素粒子が再び花開く時代に向けて

伊藤：あらためてミノフスキー博士について伺いますが、現在の素粒子研究者として、ミノフスキー物理学についてはどのように思いますか？

福田：超大統一を目指すというところは我々とまったく同じ方向性で、それによって新しい粒子を偶然見つけたということになっていますが、そのあたりも姿勢としては同じです。モチベーションはまったく同じ。今はおおまかに実験屋と理論屋、基礎物理学と応用物理学で分かれてしまっているのですが、おそらくミノフスキー博士は、基礎から応用、理論から実験までやっているので、そのあたりは凄まじいなって思います。

伊藤：もしかすると、ミノフスキー・イヨネスコ核融合炉を一緒に作った、イヨネスコ博士が実験や応用をやっていたのかもしれません。

福田：例えば、私が研究しているニュートリノですが、産業的に、あるいは応用的に、何の役に立つのかと言われると、ぱっとは思いつきません。１００年後は利用されているかもしれませんが。ただ、素粒子の分野で新しい素粒子や現象が見つかったときは大体そういう感じなんですよ。

ヘルツが電波を発見した時もそうですよね。だから、発見する人と応用する人は別になることがほとんどというのが素粒子分野の世界なのですが、その意味では、このミノフスキー博士はかなり特殊な部類だと思います。ミノフスキー博士が理論・実験で、イヨネスコ博士が実験・応用という体制でもすごいと思います。

伊藤：宇宙世紀になってミノフスキー粒子が発見されたのであれば、もっと別の新素粒子も出ている可能性はありますか？

福田：別の新粒子も出ているんじゃないかと思います。ガンダムの劇中には出てこないだけで。使い勝手の良いミノフスキー粒子だけがクローズアップされているのであって、もっと他の粒子が見つかっていてもおかしくありません。ひとつ新素粒子が見つかるようなブレイクスルーが起こると、バタバタバタといろいろな粒子が見つかって、パラダイムシフトが起こるというのがこの世界ですから。

ひとつ見つかってそのままということはたぶんありえないと思います。私の専門に近いところで言えば、それこそ右巻きニュートリノみたいなものが見つかって、それがトリガーになって、いろいろ見つかってきた中のひとつがミノフスキー粒子だったのかもしれませんね。

伊藤：宇宙世紀は、素粒子的にも一気に花開いた時代がちょうど重なったのかもしれませんね。

福田：１９７０年代はまさにそういう時代で、いくつも新しい素粒子が見つかったんですよ。

伊藤：再びそういった時代が来るとしたら、それは今から何年後になると思いますか？

福田：10年後か20年後、我々が口火を切れたら良いなと思います。まだまだよくわかっていない素粒子を調べることがトリガーになると思いますし、その意味でニュートリノは可能性があります。ニュートリノは伊達じゃない！

ホワイトベースのブリッジ。ブライト艦長がここで何度となく叫んだ「ミノフスキー粒子、戦闘濃度散布!」という言葉は、今も僕らの耳に聞こえてくる

Column

素粒子研究の実社会への応用

素粒子物理学の研究というと、普段の生活からかけ離れたもののように思えるかもしれませんが、実は私たちの生活に密接に関係しています。カーナビで使われているGPSはアインシュタイン博士が確立した特殊相対性理論と一般相対性理論による効果を補正することで正確に機能しています。

また、インターネットのWWW（World Wide Web）は元々、素粒子研究のために欧州原子核研究機構（CERN）の研究者が情報を共有する目的で作られました。この章で解説した、素粒子実験のために発明された加速器も現在では医療や産業に応用されています（P.125のコラムを参照）。

皆さんはPET（ポジトロン断層撮影法）検査という画像診断をご存じでしょうか？　ここで使われている陽電子（ポジトロン）という反物質はおよそ90年前に発見された素粒子です。私たちがスマートフォンなどで利用している電波を130年前に発見したヘルツ博士はそれが今後何の役に立つのか問われた時、「たぶん何もない。単に（電磁波の存在を理論的に予言した）マクスウェル博士が正しかったことを証明しただけの実験だ」と言いましたが、現代の私たちはそれを日常的に活用しています。

このように素粒子物理学の研究は素粒子や宇宙の謎の解明のみならず、時代を経て大きく役立つものが生まれる可能性を秘めています。私が研究しているニュートリノも100年後に大活躍しているかもしれませんね。

1888年　電波の発見
➡ テレビ、無線Wi-Fi、Bluetooth 他で採用

1916年　一般相対性理論の発表
➡ GPS（全地球測位システム）で採用

1932年　陽電子（ポジトロン）の発見
➡ PET（ポジトロン断層撮影法）検査で採用

1998年　ニュートリノに質量がある発見
➡ 未来社会の新技術に繋がる?

Scene 5 >>>Helium 3

ヘリウム3

ブラウ・ブロに搭乗したニュータイプのシャリア・ブルは、ジオン公国の木星エネルギー船団でヘリウム3を採取・運搬する隊長を務めていた。パプテマス・シロッコもまた、地球連邦政府の木星資源採掘船ジュピトリスでヘリウム3を採取・運搬していた。多くのファンが作品を切っ掛けに存在を知ったであろうヘリウム3の真相に迫る。

公式設定

ヘリウムの同位体。通常のヘリウム（ヘリウム4）の原子核がふたつの陽子とふたつの中性子で構成されているのに対し、ヘリウム3は中性子がひとつしかないという特徴がある。そのためヘリウム3と重水素を用いて核融合反応を行うと周辺環境に莫大な汚染を招く中性子放射がほとんど発生しない。

U.C.0047に開発され、以後、地球圏の消費電力の大半を生み出すこととなったミノフスキー・イヨネスコ型核融合炉（熱核反応炉）もヘリウム3を核融合反応に用いている。またMSに搭載された熱核反応炉にもヘリウム3は不可欠であり、宇宙世紀における最重要資源のひとつとなっている。

ところがヘリウム3は全ヘリウムのうち0.015%しか存在せず、さらに地球上にはほとんど存在しない。そのため熱核反応炉が開発された当初、ヘリウム3はもっぱら月の土壌から採取された。太陽風に含まれるヘリウム3が長年の間、月に浸透していたからである。しかし航宙船開発技術が確立し、火星以遠の外宇宙への長期航海が可能になると、ヘリウム3を大量に含む大気を有する木星が採取場所となった。そして半官半民のNGO組織、木星船団が設立され、木星系でのヘリウム3採取と地球圏への運搬を一手に引き受けるようになったのである。

［好きなモビルスーツ］
Zガンダム

MSZ-006

「ヘリウム3」講師

アツシ・イトー

伊藤篤史

自然科学研究機構
核融合科学研究所
ヘリカル研究部
基礎物理シミュレーション研究系
准教授

私とガンダム

ガンダムのおかげで元気に研究ができる

ガンダムとの出会いは、それこそガシャポンとかカードダスとか、ファミコンの『ガチャポン戦士』などで遊んでいたのが最初だったと思います。ただ、世代的にも宇宙世紀作品の初回放送は観る機会がなく、ちゃんと作品を観たのは、『Zガンダム』の再放送。名古屋テレビが『ガンダム』の局だったこともあって、再放送をよくやっていたんですよ。深夜ではなく、夏休みの朝にやっていたのを、高校1年生くらいのときに観たのが最初です。初めて真剣に観て面白いと思い、それからずっとガンダムが好きですね。福田先生との話でもありましたが、大学にガンダム好きがたくさんいて、大学院の頃も劇場版の『Zガンダム』があったので、すごく盛り上がっていました。しかし、研究者になるためには、真面目にやらなきゃという意識があって、いったんガンダム好きを封印し、研究に没頭するようになりました。

その後、2012年、研究者になって少し経った頃に、核融合研の広報イベントとして、東京のお台場で

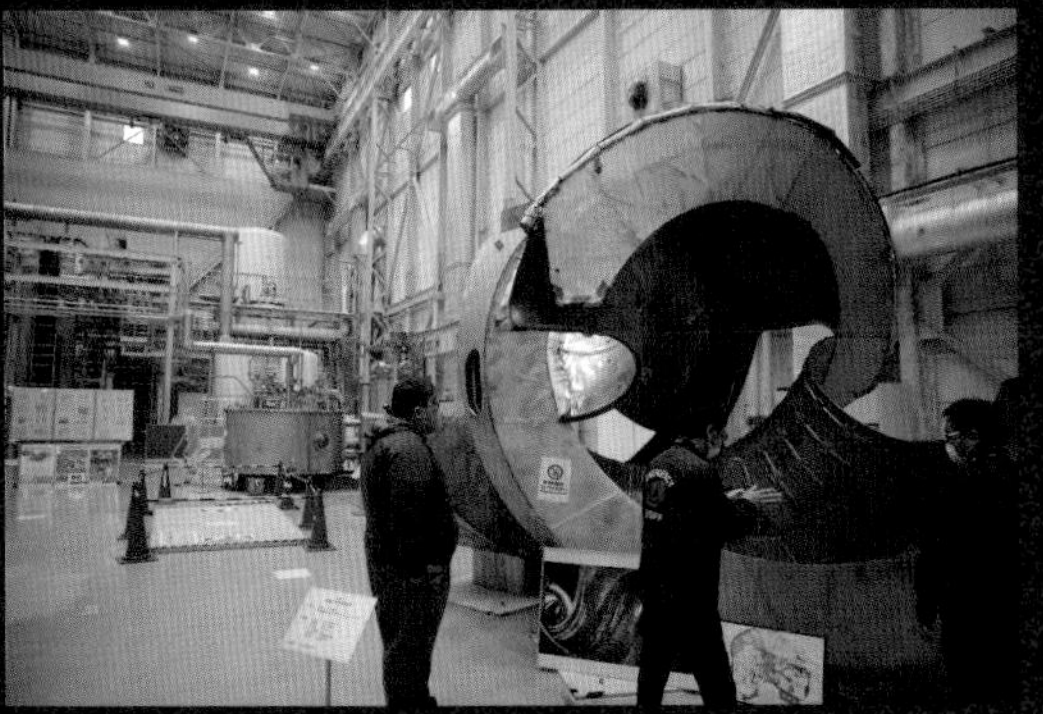

「核融合？とっくに好きさ、自分の名前になっているもの」

一般向けの講演会を開催することになったんです。しかし、当時は震災後ということもあって、誰もゲストに来てくれなかったんですよ。そんな中、富野由悠季監督が引き受けてくれたのですが、自分もぜひ監督にお会いしたいと思って、司会役としてねじ込んでもらった。それがガンダム熱が再燃したきっかけになっています。

その後、2014年に、研究で良い成果が出て、核融合のオリンピックと言われている国際会議で発表できることになりました。それで大喜びして準備をしていたんですが、突然大きな病気になって2度の手術、1か月半くらいの入院が会議期間に重なってしまったんです。主治医に事情を話して、一泊二日の外泊で海外の会場まで行って帰って来るなどと計画していましたが、あえなく断念。それに加えて、当時は後遺症もあって、かなり落ち込んでいました。そんな時に病室で深夜にテレビをつけたら、ちょうど『Gのレコンギスタ』が放送されていて、「元気でいられるから♪」って歌詞が流れてきたんですよ。それで再起して、今も頑張れているところがあります。なので、ファンになる切っ掛けとなった『Zガンダム』と、元気をくれた『Gレコ』が好きなんです。

ヘリウム3こそ宇宙世紀の最重要エネルギー資源になる

宇宙空間で使われるエネルギーは、太陽電池だけで足りるだろうか。化石燃料は宇宙空間では燃やしづらい。おそらく、宇宙世紀における主なエネルギー源はヘリウム3が使われているのではないだろうか。

宇宙時代のエネルギー

「人類が、増え過ぎた人口を宇宙に移民させるようになって、既に半世紀が過ぎていた」というのが『機動戦士ガンダム』冒頭のナレーションですね。『ガンダム』の世界が宇宙世紀を迎えたのは、増えすぎた人口への対策なんですよね。人口が増えすぎて環境破壊が進んだこともあるでしょうし、人口を支えるには地球の資源が足らなくなってきたという側面もあると思います。さて、スペースノイドとなった人類が宇宙で生活をするために、エネルギーはどうやって生産していたのでしょうか。

太陽電池は宇宙でも有用なエネルギー生産方法です。実際に人工衛星や探査衛星、宇宙ステーションでも使われています。宇宙世紀のスペース・コロニーには、3枚の巨大な鏡と窓（内部の人からは河と呼ばれていますね）がありますが、昼は鏡で太陽光を反射して窓を通してコロニー内部を照らすようです。すると、夜は暗くしたいですね。例えば、鏡の部分が電気的に透明状態と反射状態を切り替えられるマジックミラーになっていて、昼は反射状態で鏡として働き、夜は光が素材を透過して、素材の下に配置した太陽電池に当たって発電するということもできそうです。

電気エネルギーは太陽電池で賄えるかもしれませんが、全て電気エネルギーで良いかというと、少なくとも現代では難しそうです。自家用車クラスなら電気自動車が徐々に普及してきましたが、輸送を支える大型トラックやジェット機は化石燃料が当

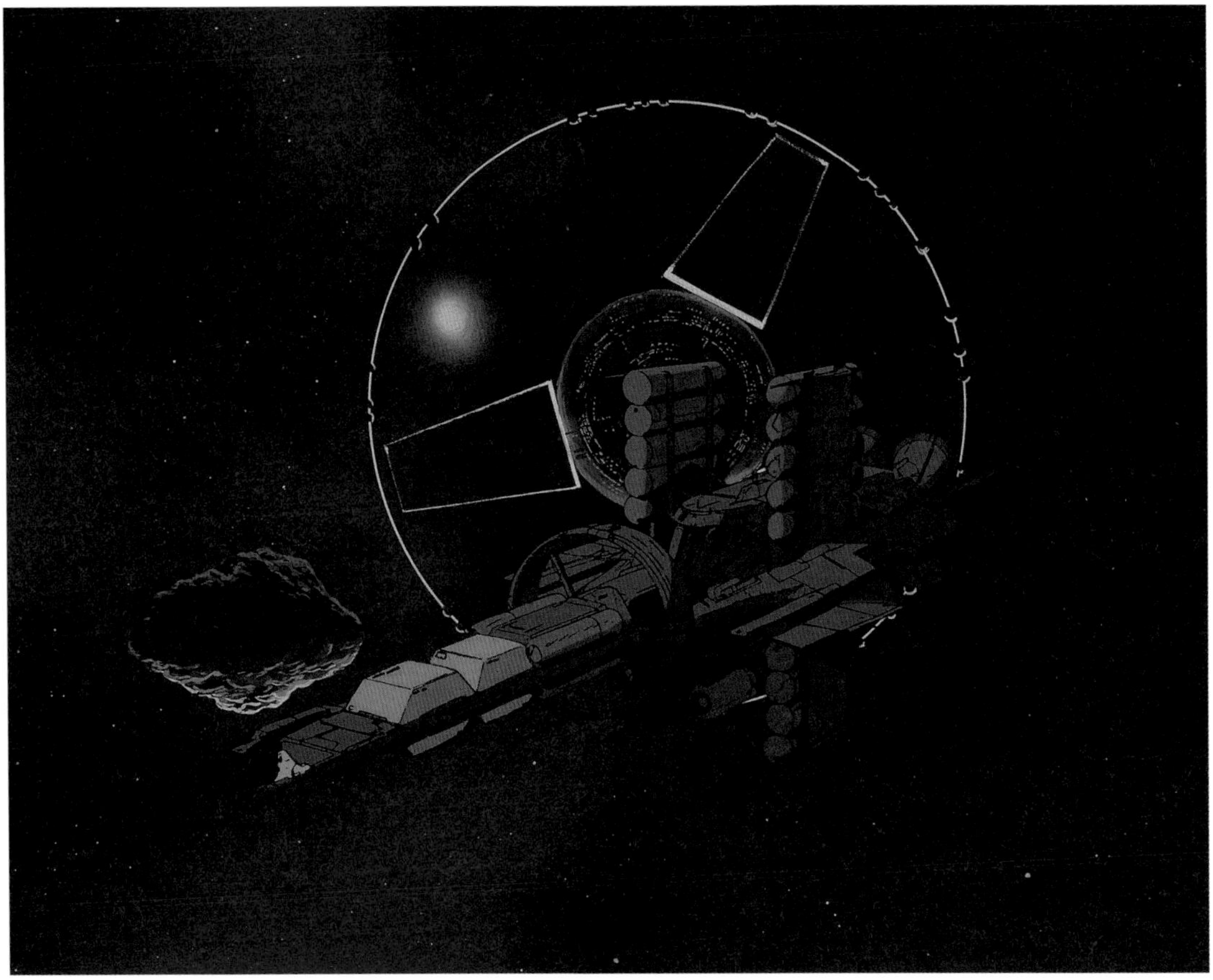

ヘリウム3を木星から持ち帰るため、長距離航行をしている輸送船ジュピトリス。船体の上下にたくさん搭載している円筒状のケースには、圧縮されたヘリウム3を収納しているのだろう

分必要でしょう。エネルギーを生産して消費するまでの間で、必ずしも電気を経由する必要もないのです。宇宙世紀でもエレカというのが登場しますが、スペース・コロニー間の航行まで電気かというと難しい気がします。

宇宙でも化石燃料を使うかといえば、宇宙で化石燃料の類を採掘できる見込みは低そうですし、もっと単純に燃やすのが大変です。燃やすとは、化学的には空気中の酸素と化学反応することで、その時にエネルギーが出ます。しかし、宇宙では酸素が貴重なので、物を燃やしてエネルギーを取り出すのは現実的ではないかもしれません。

これら以外で、劇中からエネルギー源として想像できるのが、『Zガンダム』において輸送船ジュピトリスが木星圏から運んでくる「ヘリウム3」です。

ヘリウム3はヘリウムの一種です。ヘリウムというと一般的には気体（ガス）状の

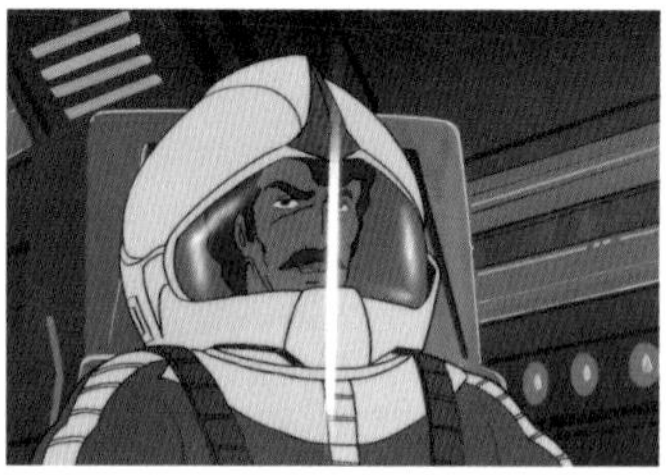

シャリア・ブルとパプテマス・シロッコ。どちらも木星からヘリウム3を運ぶ船団の艦長を務めていたという。宇宙空間で長時間過ごすとニュータイプへ覚醒する可能性があるというが、木星までの長距離航行によっては、さらに強いニュータイプへの覚醒を促す効果があるのだろうか？

物質です。身近なところでは、テレビ番組などで吸ってから喋ると高い声になるシーンがありますね。他にも、空気よりも軽いので風船の中に詰めるガスとしてヘリウムを使ったりします。

それでは、ヘリウムは燃やしてエネルギーを取り出せるのか、というとできません。燃やすというのは科学的には先に述べた化学反応です。化学反応の相手が酸素である必要はないですが、反応によってエネルギーが得られる発熱反応というタイプの化学反応であればよいです。対して反応でエネルギーが減ってしまう吸熱反応というタイプもあります。化学反応とは分子の反応です。よく耳にする分子として、水分子のH_2Oとは、水素原子（H）2つと酸素原子（O）1つが結合した分子ですし、二酸化炭素のCO_2というのは、炭素原子（C）1つと酸素原子（O）2つが結合した分子です。そして化学反応というのは、反応することで分子の結合が変わって、別の分子になることです。例えば、燃料のメタンガスを燃やすというのは、メタン分子（CH_4）が酸素分子（O_2）と化学反応して、水（H_2O）と二酸化炭素（CO_2）に変わったということです。

ところがヘリウムはそもそも分子になれません。ヘリウムというのは、周期表で一番右側の18族という列にいます。18族にはヘリウムのほかにもネオンやアルゴンなどがいます。そして18族の元素は化学的な結合を作ることができません。自然界でも原子単体で存在しています。分子を作ることができないので、化学反応できません。すなわち、燃やしてエネルギーを得ることはできません。

化学反応以外でエネルギーを取り出すカギは、ヘリウム3の、〝3〟という数字です。

ヘリウム3とは？

まずは、ヘリウム3は普通のヘリウムと何が違うのか見てみましょう。化学的な性質は、ヘリウムもヘリウム3も同じです。どちらも周期表の2番、18族に属します。重さだけが普通のヘリウムに比べて少し軽いのがヘリウム3です。周期表の1番の水素の重さを1としたとき、普通のヘリウムの重さは約4倍です。これに対して水素の約3倍の重さを持つヘリウムの亜種をヘリウム3と呼びます。

なぜ重さが違うのか。それを理解するには、ミノフスキー粒子のお話に出てきたような、原子の内部のことを考える必要があります。原子の中には原子核というものがあり、これは陽子という粒子と中性子という粒子の集合体です。陽子と中性子は殆ど同じ重さなので、これらの粒子の数の合計が原子の重さになります。例えば水素の原子核は陽子1つで構成されています。ですので重さは1です。それに対して、通常のヘリウムは陽子2つと中性子2つで出来ており、合計して重さは4になります。一方で、ヘリウム3では陽子は2つですが、中性子が1つ少なく、合計して重さが3になっているのです。

基本的にヘリウムは重さが4の状態（ヘリウム4）の方が安定していて、自然界の殆どはこのタイプです。ヘリウム3は、存在量がものすごく少ないレアなガスです。しかし、ガンダムファンはヘリウム4より先にヘリウム3の名前を知ることになります。面白いですよね。

重さが違うのになぜ同じヘリウムという種類なのかというと、化学的な性質は原子を構成する粒子のうち、陽子の数だけで決まるからです。ヘリウム4もヘリウム3も共に、中の陽子の数は2つです。実は陽子の数が周期表の番号になっていて、ヘリウムは原子番号で2番なのです。周期表とは、化学的な法則によって性質を分類した表なのです。また、ヘリウム3のような重さが違う原子の亜種を同位体と言います。ほぼ全ての元素に同位体が存在します。

化学的に同じ性質でも、化学よりもっとミクロな法則を使えば、ヘリウム3からエネルギーを取り出せる可能性があります。それが原子の核融合反応です。これは、二つの原子が反応した時に、内部で陽子と中性子の組み合わせが変わるという反応です。陽子と中性子の数が変わるので、原子の種類である元素も変わります。化学反応の時には、原子の組み合わせが変わることで分子の種類が変わりましたね。その一段階ミクロな反応が核融合反応です。これにも同様に発熱タイプと吸熱タイプがあり、前者を使えばエネルギーが取り出せます。

さて、ヘリウム4とヘリウム3では、核融合反応の起こり易さが異なります。ヘリウム3の方が圧倒的に反応をさせやすい。ヘリウム4は安定だから存在量も多いのですが、安定故に反応はほぼ期待できません。だからジュピトリスはヘリウム4ではなくヘリウム3を運んでいるのだと想像できます。

宇宙と地上の違い

地上で最もありふれた反応は化学反応です。これは地球上が冷えているから、低いエネルギー帯の反応がおこっていると捉えることができます。一方で、宇宙で最もありふれた反応は核融合反応と言えるかもしれません。

現在の宇宙のどこで核融合反応が起こっているかと言うと、太陽です。太陽の中心は１５００万℃くらいの高温です。非常に温度が高いので、良い反応場になっているといえます。最も多い反応は、水素からヘリウムができるまでの一連の反応でｐｐチェインと呼ばれます。そこからさらに融合が進んで、ヘリウムよりも重い元素である炭素、窒素、酸素などもできます。これらの反応で得られたエネルギーで太陽が光っています。つまり、エネルギーが光として太陽から放出され、地球まで届いています。その光が目に入れば太陽が光って見えますし、太陽電池に当たれば光のエネルギーが電気エネルギーに変換されます。つまり元々は原子の核融合反応によるエネルギーなんですね。

夜空に見える明るい星、いわゆる恒星も太陽と同じメカニズムで光っています。中には、太陽の数十倍の重さの恒星もあり、その中心では金属などのもっと重い元素が作られます。宇宙創成、ビッグバン直後は宇宙には水素しかありませんでしたが、恒星などでの融合反応によって現存する元素が作られたと考えられています。元素は１１８種類まで確認されていますが、超新星爆発によって原子が宇宙にばらまかれ、それらがたまたま集まって、星になったのが地球です。このようにみれば、宇宙でありふれた反応であると感じられるでしょう。

月にはヘリウム3がそれなりにあって、ヘリウム4の0・01%くらいの割合で存在するそうです。だから、月にグラナダとかフォン・ブラウン市を建設するときは、月面で採取したのではないでしょうか。しかし、おそらく宇宙世紀の開発が進めばそれでは足りなくなって、木星まで採りに行っているんだろうと思います。木星の主成分は90%が水素、10%がヘリウムということなので、ヘリウム3も採取しやすいのかもしれません。

ところが、地球上のヘリウム3は０・００００１%と言われていて、月の１００分の1くらいしかありません。だから、現在の地上ではヘリウム3をエネルギー源として使うのは現実的ではありません。地上でエネルギーを取り出すことを考えると、ヘリウム3ではなく三重水素が候補に挙がります。トリチウムとか、トリトンなんて呼ばれることもありますが、水素の同位体で重さが3倍の原子です。

化学反応に無数の反応があるように、核融合反応にも無数の反応があります。その中でも、ヘリウム3と三重水素の二つは反応率が比較的高いものになります。

Column

ヘリウム3と三重水素で何が違うのか

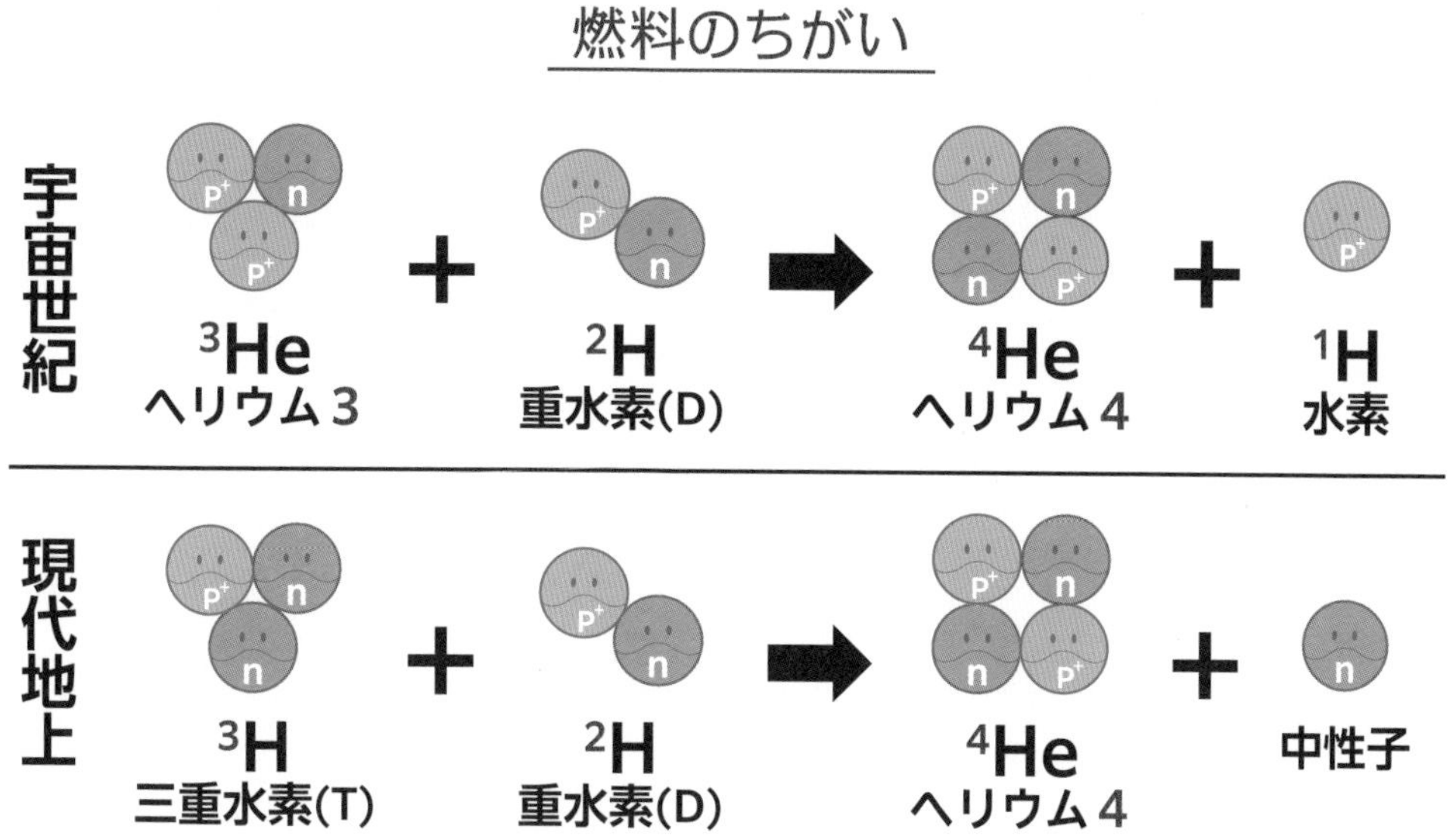

ヘリウム3と三重水素の場合の核融合反応の比較。陽子（p）と中性子（n）の数が反応前後で揃うため、ヘリウム4の余りとして出てくるものに水素か中性子かの違いが生じる

ヘリウム3と三重水素の違いをもう少し見てみましょう。ヘリウム3同士の反応もあり得ますが、反応率が高いのはヘリウム3と重水素の反応です。重水素というのは陽子1つと中性子1つで構成された水素の2倍の重さの同位体です。ヘリウム3と重水素が反応すると、陽子と中性子の組み合わせが変わり、ヘリウム4と水素が出来上がります。組み合わせは変わりましたが、反応の前後で陽子と中性子の総数は変わっていないことがポイントです。三重水素の場合も反応の相手は重水素です。反応することでヘリウム4と中性子が出来上がります。生成物を見るとヘリウム4は同じですが、今度は中性子が出てきます。

中性子は放射線の一種です。つまり、宇宙世紀では、放射線を減らすためにヘリウム3による反応を使ったかもしれないし、地球上でももちろんこちらの反応を使いたい。しかし、反応させやすさでいうと、三重水素の方が反応率が5倍くらい高くなります。それもあって、技術途上の現代科学では、少しでも反応率の高い三重水素でまずは成功させようというわけです。

また、その中性子には地上における重要なメリットもあります。中性子をリチウム素材でキャッチしてやれば、反応して三重水素が出来上がるのです。地上ではヘリウム3だけでなく三重水素も貴重なのですが、使った分の三重水素をリチウムから再生できるのです。リチウムの前にホウ素なども噛ませば、三重水素の増殖も可能です。よって、原理的には燃料の心配がいらないわけです。これが核融合発電を目指した現代の研究において三重水素が筆頭候補になっている理由です。

反応相手の重水素は海水に豊富に含まれています。重水素同士の反応も可能ですし、水素とホウ素の反応もあり得ます。技術が進めば地上で使う核融合反応の種類はいろいろと候補が増えます。

ただ、宇宙世紀においてはヘリウム3が豊富にとれるなら、やはりヘリウム3での反応を選ぶでしょうね。もし想像以上に宇宙世紀の技術が進んでいたら、重水素すら使わないヘリウム3－ヘリウム3反応なんてこともあるかもしれません。

ヘリウム3での発電の難しさ

さて、ヘリウム3は燃えない、化学反応できないけれども、原子の核融合反応を使えば、エネルギーは取り出せるという話をしました。これで宇宙でのエネルギー問題は解決かというと、一概にそうではない可能性があります。現代社会で電気製品に囲まれて生きていると、エネルギーを作るということは、発電することだと考えてしまいがちです。しかし、発電のためには、反応で得られたエネルギーを、電気エネルギーに変換するというプロセスが必要になります。

それでは一体エネルギーとは何なのでしょう。あえて、物理学の一番深いところから入ると、有名なアインシュタインが登場します。アインシュタインは相対性理論によって、エネルギーと質量は等価であることを予言し、いまではそれが正しいと考えられています。ヘリウム3や三重水素の核融合反応でエネルギーを取り出すとき、実は、原子の重さが少しだけ減ります。その減った重さに対応する分だけ、エネルギーが得られるのです。このとき、ほんのわずかな質量の減少が、非常に大きなエネルギーに変わるのが魅力です。

質量が減るとはどういうことか気になりますよね。先ほど述べたように、反応の前後で原子を構成していた陽子と中性子の総数は変わっていません。構成していた粒子の数が変わっていないのに、重さが減るとは益々不思議です。重さを量るとき、私たちは中の構成粒子のことは気にせずに原子を秤に載せるわけです。しかし実際は、原子の中では陽子と中性子が強力に結びついていて、その結びついている分のエネルギーが加算されて質量計に表れてくるのです。

反応により陽子と中性子の組み合わせが変われば、結びつきの強さも変わります。その結果、質量計の見た目の表示も変わります。このように、相対性理論の登場以来、物理学における質量の意味は非常に深いものになりました。中には、光の粒子である光子のように、質量がゼロの粒子もあります。F91で「質量を持った残像だと!?」という有名なシーンがありますが、あれは、「残像」という光のトリックにもかかわらず、光だったら質量はないはずなのに、ということなのでしょう。質量の正体を考えるといろいろと不思議な感じがして、SF作品で度々、質量がネタになるのだと思います。

原子の内部の結びつきのエネルギーが原子の外に解放されるのが核融合反応です。化石燃料を燃やす化学反応も似ていて、分子の中の原子の結びつきのエネルギーが分子の外に解放されているといえます。すると、エネルギーが外に解放されるというのはどういうことか、という話になります。これは、エネルギーという未知のモノが漂

クレーターに建造された、月面最初の恒久都市。スペース・コロニー建造に必要な資源を採掘する基地として設けられたそうだが、ヘリウム3は月面にもわずかながら存在する。ここで採取されたヘリウム3も少なからず利用されただろう

っているわけではなく、反応に関わった粒子のスピードが速くなります。核融合反応ならば原子が、化学反応ならば分子が、反応の瞬間に単純に加速されるのです。加速された速度の2乗がエネルギーに相当します。さらに、ガスやプラズマのように、たくさんの粒子の集合体なら、それらの速度もいろいろとばらついていますが、速度の2乗の平均を温度と呼んでいるのです。つまりエネルギーを取り出したというのは、簡単にいえば温度が上がったということになります。これを運動エネルギーとか、熱エネルギーとか言ったりします。

発電するには、ここから電気エネルギーに変換するというプロセスが必要です。化石燃料の場合、熱エネルギーでお湯を沸かして、蒸気でタービンを回し、モーターを経由して電気エネルギーに変換します。モーターを手回しして豆電球をつける実験を子供の頃にしたことがあるかもしれませんが、あの延長です。水力発電や風力発電も、水や空気の流れという運動エネルギーを、

宇宙空間は真空状態だが、モビルスーツなどのコクピット内は空気で満たされている。壁のどこかが破損して空気が漏れ出した時は布などを浮かせることで、漏れている場所を特定していた

モーターを経由して電気エネルギーに変換しています。

では、核融合反応の場合にはどうやって電気エネルギーに変換するのか。核融合反応を人工的に起こす仕組みはいくつか考えられていますが、どんな方式にせよ、取り出せる運動エネルギーが非常に大きいので、反応後は高温のプラズマ状態にならざるを得ません。このプラズマの熱エネルギーから電気を取り出すのが非常に難しいのです。先ほど地上ではヘリウム3より三重水素を使う方が良いと述べました。その理由として、リチウムと中性子の反応から貴重な三重水素が再生できると言いましたが、実はこの時にリチウムが温まります。その熱でお湯を沸かしてタービンを回して電気エネルギーを得ます。ポイントは、三重水素の反応から出来るのはヘリウム4と中性子という点です。ヘリウム4はプラズマになってしまいますが、中性子は電気を持たないのでプラズマにならず、エネルギーを持ったままプラズマの容器の外に飛び出してきてくれます。それをリチウムで捕まえてエネルギーを受け取れるわけです。これが三重水素の2つ目の利点です。ところが、ヘリウム3の反応では、ヘリウム4と水素が出来ます。どちらもプラズマになってしまうので、プラズマの容器の中から出られません。単にプラズマ全体が温まり、外にエネルギーを渡せないのです。これがヘリウム3から電気エネルギーを作る難しさです。

ヘリウム3の場合は、プラズマから直接エネルギーを取り出す方法を考えなければなりません。しかしこれがなかなか難しい。電磁誘導を応用して、電気を帯びたプラズマの流れから電気を取り出すＭＨＤ（電磁流体力学）発電と呼ばれる方式が研究されていますが、現状では確立していません。宇宙世紀、ヘリウム3の時代には実用化されているかもしれませんね。Ｉフィールドが強力な磁場だったら上手くいくのか、それこそＩフィールドは第5の場で、プラズマ内部のエネルギーをサイコ・ウェーブで外部に伝えられるとか、ファンタジー過ぎますかね。

エネルギー発生装置として

電気エネルギーへの変換も難しいのですが、エネルギー源として使用するには、連続的にエネルギーを作り続けられる装置にする必要があります。そこにも難しさがあります。

そもそも核融合反応を起こすには、原子と原子を物凄く近づける必要があります。しかし、原子の中心にある陽子がプラスの電気を持っていて、プラスとプラスで原子同士が反発してしまいます。磁石のＮ極とＮ極で反発するのに似ています。この反発力は、近づけば近づくほど強くなります。それだけ考えると最終的には無限大の反発力になると、ある時代までは考えられていました。ところが、原子の大きさのだいたい1万分の1程度（1兆分の1センチメートル程度）まで近づけると、突然そこから引力が発生します。この引力は、湯川秀樹先生が仕組みを解明されてノーベル賞を受賞されたものです。その領域で陽子と中性子の組み換えが起こります。だから、頑張ってそこまで近づけようというわけです。押し付けて近づけるというより、原子同士を勢いよくぶつけて近づけます。

さて、反応を一度起こすだけでよいなら、加速器などで加速してぶつければいいのですが、連続的にエネルギーを取り出すには、たくさんの原子を高密度に集めて、連続的に反応させる必要があります。ただし、反応から取り出せるエネルギーは、運動エネルギーとか熱エネルギーとか呼ぶべきものでした。よって、反応した後の原子はプラズマ状態になって、凄いスピードで動き回り、飛び散ってしまいます。すると密度が下がり、ぶつかる相手がいなくなって、反応を連続させられません。反応が起こっても原子の密度が下がらないように、ある領域に閉じ込めておく必要があるのです。

自然界における太陽や恒星は、反応で得たエネルギーで飛び散ろうとする原子を、重力によって星の中心に引き戻します。これによって密度が保たれ、反応が連続して起こります。そして温度が上がって高温のプラズマ状態が維持されます。

しかし、我々は人工的に重力を作れないので、現代の科学では代わりに磁石を使ってプラズマを閉じ込めます。なぜ磁石を使うと閉じ込められるかと言うと、バリアになっているというよりは、磁場があるとプラズマの粒子が絡みつくのです。プラズマになって電気を帯びた粒子の動きは、ミクロな電流が流れたことに相当します。磁場のある所に電流が流れると、フレミングの左手の法則で有名なローレンツ力が働きます。この力が粒子に働くことで、磁場に巻き付いてしか動けなくなります。そこで、この磁場で籠を作ってやれば、プラズマはその中から逃げられなくなるわけです。ビーム・サーベルの時に議論した仕組みと同じです。反応の生成物として、電気を持たない中性子だけは、プラズマにならないので磁場の影響を受けず、外部にエネルギーを運べるというわけです。

これと同じようなことが地球でも起こっていて、地球にはN極とS極があって地磁気を作っています。大気圏と宇宙の間には電離圏や磁気圏というのがあって、プラズマ状になった粒子が地磁気で閉じ込められて漂っています。それがたまたま目に見える状態になったものがオーロラです。実は、太陽からは太陽風と呼ばれる宇宙線が大量にやって来ていますが、地磁気やプラズマがバリアになって守ってくれているのです。Iフィールドのバリアのようなものです。実際に宇宙に打ち上げた人工衛星などが太陽風の影響で故障することも珍しくありません。これは宇宙世紀ではかなり重要な問題かもしれません。

宇宙時代のメリットは真空

現代の科学では、本当に磁場でプラズマを閉じ込められることが検証され、より効率の良いプラズマの閉じ込め方について研究が積み重ねられているところです。ただし、プラズマというのは一般には1万度以上の温度があり、反して密度は非常に薄い状態です。そのため空気に触れるだけですぐにプラズマ状態ではなくなってしまいます。効率の良いプラズマ実験をするために、金属やガラス製の容器を作って、中から邪魔な空気を抜いてやります。つまり、容器の中を真空にします。その上で、プラズマ化したいヘリウムなどのガスを少量入れて、エネルギーを投入してプラズマ化します。こうすることで、空気に触れることなくプラズマを維持できます。そこからさらに、装置の中に磁場をかけてやって、プラズマができるだけ高密度になるようにして、反応させようというわけです。要は、魔法瓶のように、空気の侵入を防ぐ容器（真空容器）と、プラズマを閉じ込める磁場の籠の二重構造になります。

現在は磁場の強さが十分でないこともあり、高温・高密度のプラズマを作るにはで

Column 真空に浮いた磁場

地上でプラズマを閉じ込めるには、大気から守る真空容器と、強力に閉じ込める磁場の籠の2重構造が必要です。容器の内側にある磁場の籠は、容器の外側の超伝導コイルから発生させられます。容器と磁場の間は理想的にはほぼ真空で魔法瓶のようになります。よってプラズマは1億度でも金属容器には熱がほとんど伝わりません。

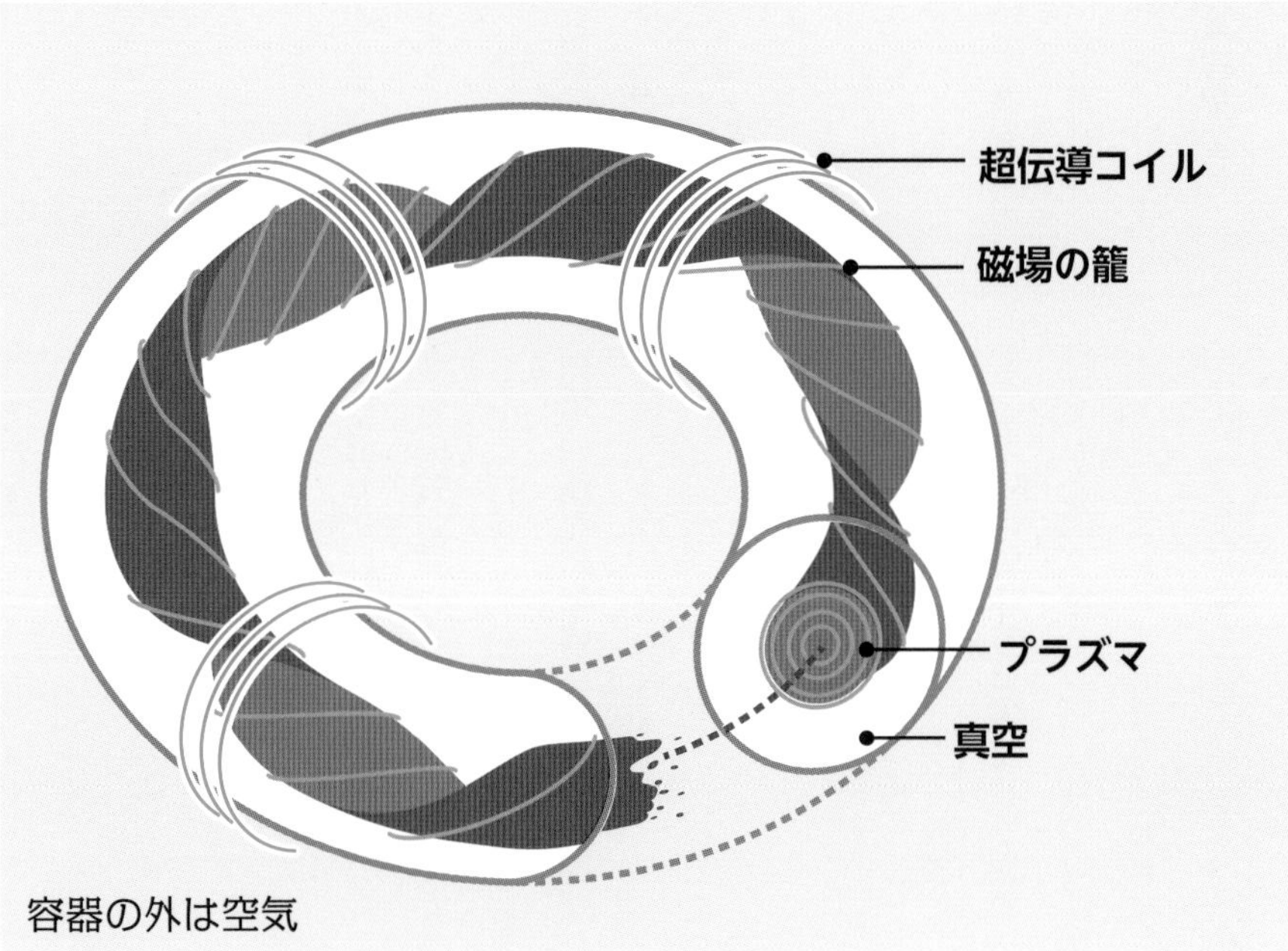

きるだけ大きな真空容器を作る必要があります。私の所属する核融合科学研究所には、大型ヘリカル装置（ＬＨＤ）という巨大な磁場閉じ込めプラズマ装置があります。ドーナツ状の形をしていますが、その外径で13・５ｍもあります。金属製の真空容器は磁場を発生させる超伝導コイルや各種ポートとの兼ね合いでとても複雑な形をしており、溶接も非常に難しかったそうです。溶接した後に目に見えない穴があっても、簡単に空気が入ってきてしまって真空を作れません。グリーン・ノア１からガンダムＭｋ－Ⅱで脱出したあと、カミーユが布か何かでコクピットの空気漏れの穴を塞ぐシーンがありますね。あれは、内側に空気があって、外側が真空だからできることです。プラズマ装置では、外側が空気で、内側が真空という状態にするので、カミーユの方法は使えません。代わりに、まず真空を引けるだけ引いて、容器の周りにガスを吹き付けて、吸い込まれているのが見えたら、再溶接などをするわけです。ＬＨＤは日本の職人技術によって、再溶接なしの一発完成だったと伝え聞いていますが、他の装置の建造では3カ月間ほど真空漏れの箇所を探し続けたという逸話も聞きます。装置が大きいので真空漏れを探すのがとても大変なのです。「なまじ大きいと……」というところでしょうか。

ＬＨＤ規模の装置を真空にするためには1カ月くらいの時間が掛かります。気圧でいうと1兆分の1気圧くらいに達します。これは、宇宙ステーションの位置する高度の大気圧よりもさらに低いです。空気を抜くためのポンプも複数の種類を使い分ける必要があり、空気の流量や気圧によって、適したものが変わってきます。空気を抜けば抜くほど、だんだん強力なものになって、最後は分子を吸着させて取り除くクライオポンプというものを使います。これにはとても時間が掛かります。すでに空気がほぼ抜けているので、風のような流れもない。残っている分子が自然と漂って来るのをただただ待つわけです。

さて、ここまでの真空にまつわる苦労話は、空気があるから、つまり、地上だから発生することです。これが宇宙空間だったら、そもそも周りは真空ですから、プラズマの生成も楽になると想像します。宇宙にもいろいろなレベルがありますが、完全な真空である必要はなく、プラズマが点火して、消えなければ良いのです。真空容器に多少の穴が開いていてもよいかもしれないし、それどころか真空容器すら必要なくて磁場の籠だけ準備してあげればプラズマを維持できるかもしれません。

実現に向けて

ヘリウム3はエネルギー資源になりえるか、という切り口で議論してきました。少なくとも我々地上の現代科学の延長線上に、ぼんやりと宇宙世紀が想像できたのではないでしょうか。そして、いくつかの技術的な課題は、地上であることや、地上の生活のために電気エネルギーが欲しい、というところに起因しています。地上で実際に電

コロニーの壁面に穴が開いてしまった時のこと。百式は指の付け根からトリモチのような物体を発射して穴を埋め、空気の流出を防いでいた。『Z』時代のモビルスーツには、この機能が標準搭載されているのだろうか？

気が供給できるようになるのは、2060年くらいかなと個人的には予想しています。しかし、昨今は宇宙開発も進んでいますし、宇宙世紀を待たずとも、こういった環境の変化は科学を劇的に進化させる可能性があると期待しています。

また冒頭でも触れましたが、必ずしも電気エネルギーに変換する必要は無いかもしれません。スペース・コロニーでの生活で必要な電力は太陽電池で賄い、ヘリウム3はスペース・コロニー間の移動・輸送などの大規模出力に使うのかもしれません。蒸気機関や自動車の内燃機関は、化学反応から得た熱エネルギーを、電気を経由せずに動力に変えています。ヘリウム3の反応で得た熱エネルギーも、直接動力にできるでしょうか。この時の熱エネルギーの受け取り手はプラズマでした。実際の宇宙空間での推進手段として、プラズマ推進やイオン推進と呼ばれるものが研究されています。簡単に言うと、プラズマ中のイオンを電気の力でスラスターから噴き出して、その反作用で推力を得ます。ヘリウム3の反応で温度の上がったプラズマから直接推進力を得ることも夢ではないかもしれません。

さて、劇中のヘリウム3の輸送船ジュピトリスは、『Zガンダム』のラストでジ・Oと共に沈みました。テレビ版の「貴様の心も一緒に連れていく、カミーユ・ビダン」というシロッコの台詞に対比させて、劇場版では「シロッコのモビルスーツはジュピトリスを道連れにしたんだ」というカミーユの台詞が入っているところが印象的です。今回議論してきたエネルギーの観点で言えば、おそらく数少ないヘリウム3の輸送船が沈んでしまい、スペースノイドの生活にとっては大きな打撃だっただろうと想像します。でもいいでしょう？　カミーユは崩壊せずにファと抱き合えたのだから。

Column

ように素材も限定されます。そこには合金による貢献があります。

さらに、宇宙環境・ロケットや核融合炉を想定すると、強度に加えて、軽さ、耐熱性、放射線耐性も必要です。それらを目指した合金開発が日々行われています。

そして、放射線の反応や核融合反応は、素粒子物理学の発展によって明らかにされてきた現象です。100年前には原子の中身すらよくわかっていなかった状況から、最も基本的な構成物質の探求という基礎研究によって現在の高度なテクノロジーの土台が出来上がったと言えます。このように、全ての科学は繋がっているのです。

さて、本書で「現代科学」側を選ぶにあたっては、宇宙世紀に対比できる研究対象というのに加え、研究者自身も『ガンダム』作品のファンであるという条件から難航も予想されましたが、実際はすんなりと決まりました。日本の科学技術研究の世界に、『ガンダム』は本当に根付いていると実感しました。宇宙世紀の技術を異なる解釈で研究している方も沢山おられるでしょう。まだまだ取り上げてみたい議題として、ここでも触れた超伝導コイルによる磁場とIフィールドの対比は是非やってみたいですし、宇宙での生活・食糧に関わる研究なども面白そうです。

現在、日本の科学研究分野は表の上では数百項目に細分化されていますが、それらは互いに関係しあって、連携が進むのが21世紀の科学の側面です。科学の力でサステナブル社会を実現する、そんなことが夢ではないと感じるのは、『ガンダム』という作品で宇宙世紀の営みを描いてくれたおかげかもしれません。

現代科学の繋がり

本書で取り扱った「現代科学」は、宇宙世紀の代表的な技術と対比できそうなものという基準で選びました。その結果、非常に広い研究分野から取り上げることになりました。大変勉強になると同時に、意外にも分野を超えた関連性をたくさん感じ取ることが出来ました。私（伊藤）目線ではありますが、科学の繋がりをご紹介します。

まず、他とは一番遠いと思っていた脳神経科学の研究が、意外と近いことに驚きました。MRIや脳磁場の測定で脳の中の微量な電流の流れを磁場を介して読み取るところは、プラズマを磁場で閉じ込めることと電磁気学の法則を通じて関連があります。技術的な部分でも、MRIで発生する強力な磁場は永久磁石ではなく、超伝導コイルを利用しています。核融合発電を目指した大型の磁場閉じ込めプラズマ装置でも同じく超伝導コイルを利用しており、発生する磁場の強度もほぼ同じでした。

さらに、ここにはヘリウムも関わってきます。超伝導状態にするにはコイルをマイナス270℃近くまで冷やす必要がありますが、その冷却には液体状態にしたヘリウムを使います（ヘリウム4の方ですが）。

超伝導コイルの発生する磁力はとても強力です。MRIや大型の磁場閉じ込めプラズマ装置では数テスラの磁場強度ですが、現在では10倍以上の磁場強度を発生する超伝導コイルも広まりつつあります。このような強力な磁場になると、コイル自身やそれを支える柱にも反作用で大きな力がかかります。それに耐える丈夫な構造材が必要です。柱自体が磁石になってしまわない

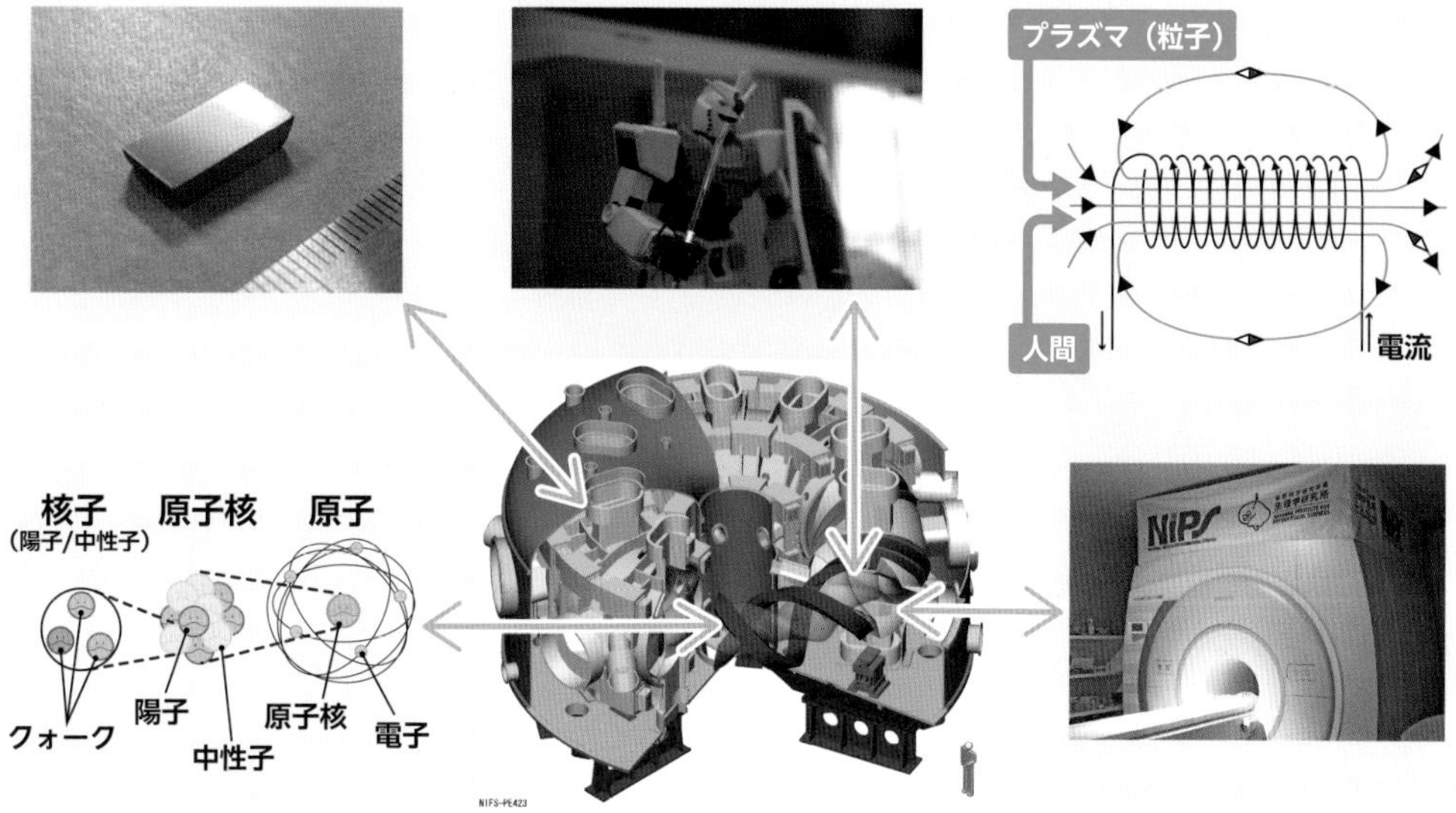

全ての科学技術は相互に連携し、次のステップへ進化していく。いつの日か、宇宙世紀のテクノロジーに追いつけることを夢見て

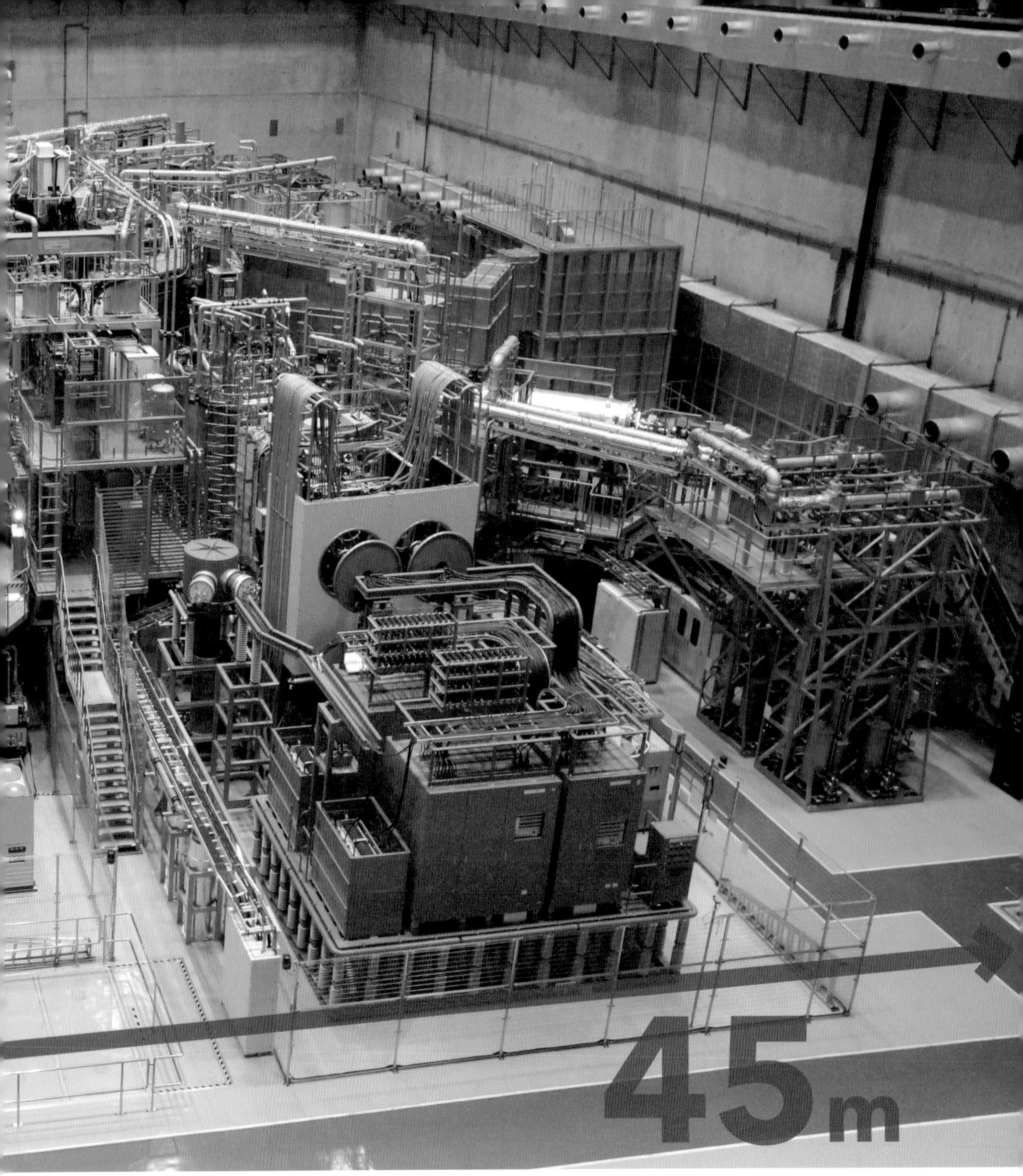

大型ヘリカル装置（LHD）

ヘリオトロン磁場配位を用いた世界最大の超伝導プラズマ閉じ込め実験装置。定常高温高密度プラズマの閉じ込め研究を行い、将来の核融合発電炉を見通した様々な視点から学術研究を推進している。2020年度のLHD重水素プラズマ実験において、核融合反応を持続的に起こすために必要な条件である1億2千万度以上のイオン温度を達成した

LHDと人間の対比。モビルアーマー級の大きさの装置を使い、プラズマに関する実験を行っている。13.5mの中心部（真空容器）の周りにプラズマ用の加熱装置、超伝導用のヘリウム冷凍機、各種計測器が配置されてこの大きさとなる

LHDの最大の特徴は日本で考案されたヘリオトロン磁場配位。超伝導コイル(青色部)を螺旋状に巻き付けることでプラズマ(赤色部)をかき混ぜ、高い閉じ込め効率を実現

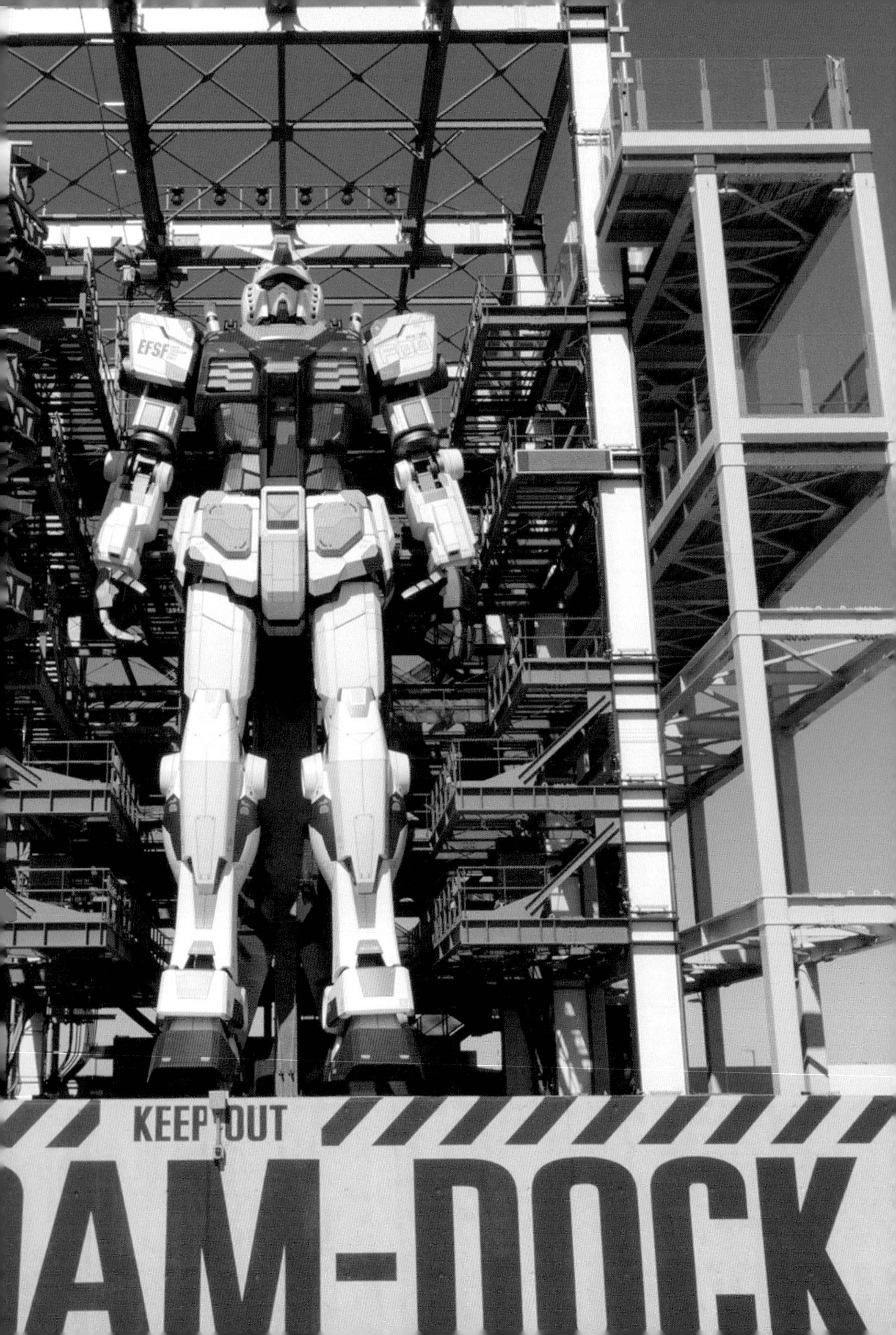
EFSF
KEEP OUT
AM-DOCK

Special Column

GUNDAM FACTORY YOKOHAMA

2019年12月19日、宇宙世紀の到来を待たずして横浜・山下ふ頭に立ち上がった「動くガンダム」。そこには、どんなテクノロジーが投入され、どんな苦労があったのか。「動くガンダム」の開発秘話をもって、本書の締めくくりとしたい。

開催期間：2023年3月31日（金）まで
営業時間・入場料金などの詳細はGUNDAM FACTORY YOKOHAMA・公式HPをご確認ください。
https://gundam-factory.net/

KEEP OUT
GUNDAM-DOCK

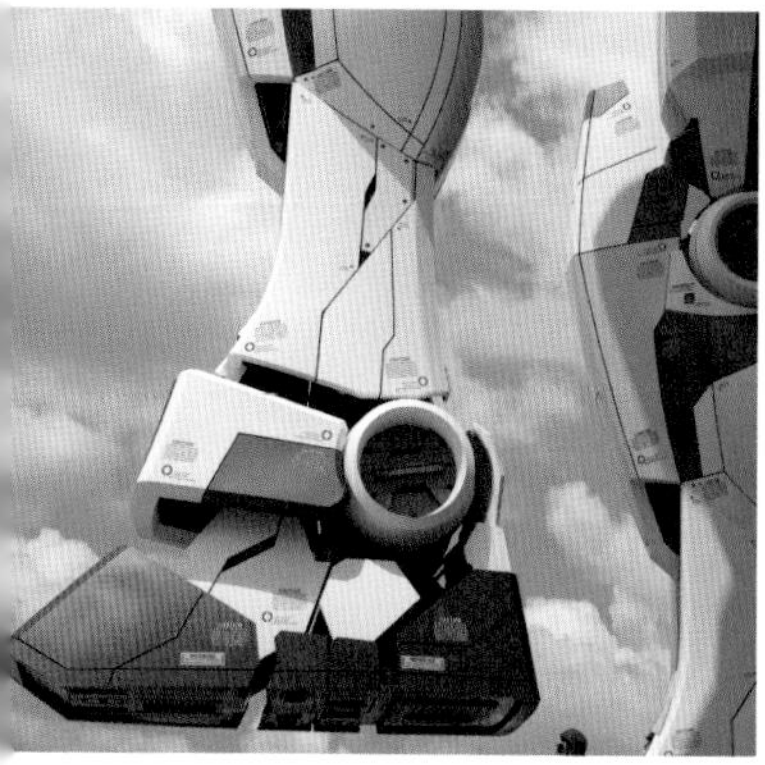

KEEP OUT
GUNDAM-DOCK

ARMOR LOCK
WARNING
RX-78

18mのモビルスーツを「動かしたい」作るほどに、人間と同じフォルムに

ガンダムに憧れ、搭乗型ロボットを作りたくて日立建機に就職。そして「ガンダム建機」と呼ばれた、2本腕の油圧ショベル「アスタコ」を企画・設計した石井啓範氏。そんな彼が次に挑んだのは、現代科学で18mのガンダムを「動かす」こと。日本中の技術の粋を集めて作られた実物大の「動くガンダム」が、僕たちに見せてくれた宇宙世紀へのミッシングリンク。その実現に至るまで、どのような問題に直面し、どう解決していったのか。石井氏の貴重な証言に耳を傾けてみよう。

計画当初の構想

伊藤：まずは、18mの「動くガンダム」を作るにあたって、計画当初の構想から、思い通りにできたところと、上手くできなかったところを教えていただきたいのですが。

石井：2014年にプロジェクトの公募があったとき、公募の内容を見ると、やはり〝歩かせたい〟というのが感じられたのですが、それは無理だろう、何かしらの支え的なものが必要だろうと思いました。本格的に参加するのが決まったのは2017年の夏くらいなのですが、その前の春頃に、橋本（周司）先生、（ピトヨ）ハルトノ先生、サンライズの当時の社長だった宮河（恭夫）さんとお話する機会があって、その際、自立歩行にはこだわらず、エンターテインメントとして〝18mを動かす〟という命題を成立させるのがゴールだという話があって、その場の議論で、支えがあっても構わないという方向性があったので、それならできると思って、手を挙げたのがスタートになっています。

伊藤：最初から支えることが前提になっていたんですね。

石井：そこから、実際にどのような構成にするかというのが最初の悩みどころだったのですが、これなら実現できると思ったのが、動くガンダムを3つに分けることでした。1つにつながっている18mのガンダムを支えているように見えますが、実は3つに分かれていて、上半身と左右の脚が、別々になっているんですよ。Gキャリアという支持台車にマストを立てて、そこにトロリという、チェーンで吊られていて上下に動く装置があります。ガンダムの腰はこのトロリに繋がって一体となっていて、その腰に上半身が乗っかり、T字に分れた左右に脚がぶら下がっている構造になってい

ます。
　つまり、メカとしてみると、3つバラバラのものが繋がっているという構造になっているわけで、18mのロボットを1体作るのではなく、10mくらいのものを3つ作って、それを繋げることで、一気に開発のハードルが下がりました。必要なトルク*などはすべてが10mを基準にすれば良くなるからです。ただ、3つに分かれているのが外から見て分かってしまうと違和感になるので、全体が1つに見えるようにする工夫もあったりするのですが、いずれにせよ、この構成を思いついたことで、実現性が高まったと思います。

伊藤：10mのものが3つということですが、重量バランス的にはやはり上半身がかなり重くなるので、ランドセルあたりで繋げたほうが良いように思えるのですが？

石井：負荷の面で言うと、上半身はあまり大きくありません。上半身は20度〜25度くらいしか前傾しないので。決して小さいわ

「動くガンダム」講師

アキノリ・イシイ

石井啓範

ガンダムGLOBAL CHALLENGE
テクニカルディレクター

小学生時代にガンプラブームを経験し、ガンダム開発を夢見る。早稲田大学／大学院在学中に等身大2足歩行のヒューマノイド「WABIAN」の研究に従事。「搭乗型ロボット開発に繋がる会社」を求めて就職活動を行った結果、日立建機株式会社に入社。「ガンダム建機」と呼ばれた双腕作業機アスタコをはじめ、建機ロボット化の研究開発に従事。2018年からGGCテクニカルディレクターに就任。著書に『超重機アスタコNEO』（マイナビ出版・刊）

[好きなモビルスーツ]
ドム

MS-09

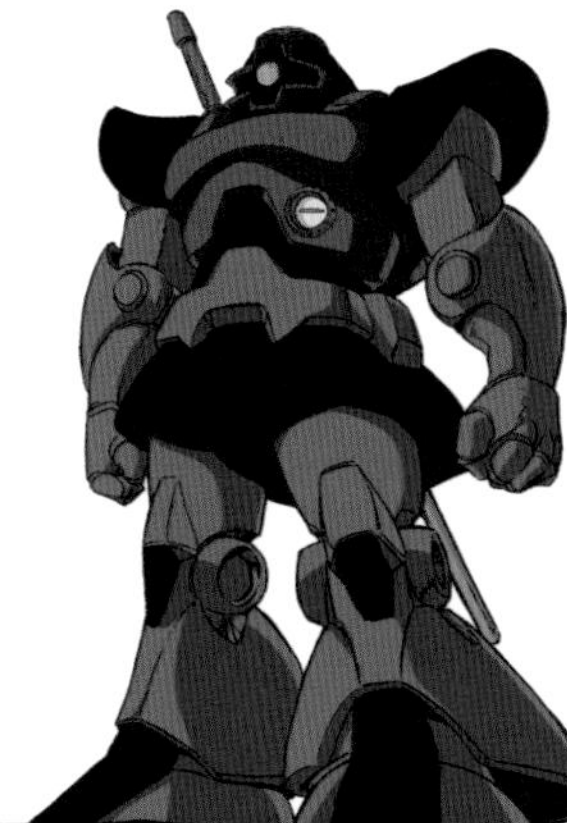

「僕が一番……
ガンダムを
うまく作れるんだ！」

*トルクとは：モーターなどが回転する時に生じる「持ち上げる力」の数値

けではありませんが、トルク的なインパクトはあまり大きくありません。逆に脚は、今回は片膝立ちをするので、太ももを90度まで上げなければなりません。腰ともも裏がシリンダで繋がっていて、太ももを上に押し上げているのですが、ここが一番トルク的には厳しいところでした。

伊藤：そのあたりは、実際の人間と同じような構造なんですね。

石井：実際、外装を取っ払うと、人間の太ももと同じように根元に行くほど太いシルエットになっています。結果的にそうなったわけですが、作っていくにつれて、だんだん人間と同じようなフォルムになっていったところはあります。

中身は建設機械

伊藤：実際に作ってみてわかるというのは、ちょっと面白いところですね。石井さんはテクニカルディレクターという立場で、まさに全体統括として関わっていらっしゃるわけですが、実際に作るときに作業分担はどのような感じだったのでしょうか？

石井：基本的には、要素ごとに担当の会社さんがあって、それに該当しないところを私が担当するような感じで進めました。Gキャリアのところは住友重機械搬送システムさんにお願いして、格納庫、保守デッキは川田工業さん、ガンダムの外装は、お台場のガンダムをずっと手掛けている流れで、乃村工藝社さんに今回もやっていただいています。そして、ガンダムの中の動かすフレーム、骨組みのところはかなり特殊で、ピッタリ当てはまるメーカーさんがなかったので私が担当していて、減速機はナブテスコさん、モーターは安川電機さん。そして手のところはココロさんに、それぞれ担当していただいています。

伊藤：担当するメーカーさんなどは石井さんが決めていった感じなのでしょうか？

石井：私というより、プロジェクトの事務局さんが相談に行って繋がったり、立像からの流れであったり、システムディレクターの吉崎（航）さんの関係といった感じです。メカを作る上での部品単位のところで私が調べたメーカーさんに協力してもらっています。今回のガンダムの中身は建設機械そのもので、油圧か電気かの違いはありますが、フレームの作りなど構造的なところは本当に建設機械です。実際、今の世の中で、大きいものを動かすとなると重機が一番進んでいますから。

　今回のガンダムが25ｔみたいな話をすると、アニメでは40ｔくらいという設定に対してどうなのかみたいな議論もあったりするのですが、そこは参考にしていません。あれくらいのサイズで、２００kgの手先を動かすためには、建設機械だとどれくらいのフレームが必要かというところと、お台場の立像から外装質量を見積もり、モーターや減速機の重さなどを加えて、ざっと計算したところ、おそらく30ｔは超えないだろうという結果になり、住重さんに30ｔを支えられる台車を作ってくださいというところからスタートした感じです。
　最終的には26・2ｔくらいの数字になったのですが、作っている途中でいろいろと入ってくるので、それを一生懸命にコントロールするのが大変で……。作ってみたらちょっと重くなりました、みたいな連絡がポロッと来たりするので、それは困りますって（笑）。
伊藤：重さを抑えるのは、台車の問題ももちろんですが、実際に動かす際のトルクの問題も関わってきますよね。
石井：そうなんですよ。全体の30ｔを支えるというのはもちろんなのですが、各関節も、基本設計をベースにアクチュエータを決めているので、予定よりも重くなってしまうと成立しなくなってしまいます。
伊藤：電気か油圧かというお話がありましたが、アクチュエータは？
石井：今回はすべて電気です。モーターと回転型の減速機を組みわせたアクチュエータを主に使用していますが、大トルクが必要な関節では電動シリンダーを使用しています。電動シリンダーはモーターでボールねじを回して伸び縮みするという構造になっています。
伊藤：スピードとしてはどれくらいですか？
石井：スピードは、０・５ｒｐｍを仕様として選定しています。
伊藤：それは今の技術の限界的な数値なのでしょうか？
石井：もっと頑張れば出せると思います。ただ今回は、速度よりも加速度、トルクを重視しています。モーターは意外と小さくて、太ももで使っているものでも15ｋＷを2台。そんなに大きくないんです。その代わり、減速機がその１０００倍といった感じでトルク側に振っています。モーターをもっと大きくすれば速度は出せるのですが、トルクを考えると、減速機がけっこうギリギリ。シャキシャキ動かそうとすると、やはり慣性モーメントの影響が出てしまいますから。
伊藤：ファンとしては、アニメのようなキビキビした動きを期待してしまうのですが、それはやはり難しいですか？
石井：減速機のスペックが上がらないとかなり厳しいです。減速機の場合、最終的には歯車、つまり歯の強度の問題になります。歯が欠けるか欠けないかの世界なので、意外と無理はできないんですよ（笑）。
伊藤：丈夫な金属を使うと重くなってしまいますよね。
石井：おそらく、歯車もかなり硬いものがすでに使われていると思うので、その歯をさらに強くというのはちょっと難しいと思います。もちろん減速機のサイズをもっと大きくするという方法もありますが、そうなると重さに跳ね返ってきます。だから、加減速はかなり抑えたのですが、逆にそれが滑らかさに繋がって、柔らかい印象になったのは、面白いところだと思います。

伊藤：強度という意味で、耐久性はどれくらいを見積もっているのですか？

石井：実際に耐久テストを行うことはできませんが、設計寿命としては10年ということでお話をさせていただきました。その意味で言うと、モーターや減速機は、基本的に実績のあるものを使っているのですが、逆に言えば、あまり新技術のようなものは入れにくいです。展示期間があるので、期間中、確実に動かせる方を優先しています。

支持構造物無しでの歩行の可能性

伊藤：10年前には無理だったけど、今だから実現できたというところはありますか？

石井：私自身が10年前の各機器の性能みたいなところを把握しきれていないので、言い切れないところもありますが、この10年で、産業系機械の基本性能が大きく進化したということもなく、結局、戦後から積み上げてきたものを集大成的に形にすると、今回の動くガンダムが作れると言った感じになります。

30周年の立像と比べて、40周年はかなり動くようになったので、一般の方から見ると、10年間で大きく進化したように感じられると思いますが、それは盛り込んでいる技術が違うことが大きな要因となっています。じゃあ50周年になったらドラスティックに変わるかと言うと、技術そのものはほとんど変わらないと思うので、見せ方なりで工夫する必要があると思います。

伊藤：50周年では、ぜひ支持構造物なしで歩かせてほしいと思うのですが。

石井：その場合、転倒について考えないといけないと思うんですよ。ただ歩かせるだけならば不可能ではないと思います。しかし、歩くということはイコール転倒するということなので、転倒したときに、その転倒エネルギーを吸収できるのかどうかが一番の課題になってきます。そのエネルギーに耐えられるだけの構造物があるのかということを真面目に考えると、例えば月面とかでないと難しいでしょうね。

シンプルに位置エネルギーを考えても、人間と比べて、mass（質量）が１０００倍でheight（高さ）が10倍なので、単純計算で１００００倍になります。それだけのエネルギーはまず受け止められません。人間が倒れたとき、手をつくなどして受け身を取ることでエネルギーを吸収するわけですが、その１００００倍のエネルギーを考えると、せめて重力が１／６になれば少しは……。それか大きさを半分にするかになりますね。

伊藤：半分のサイズにすれば単純計算で１／８になりますから、それを月面に持っていけば……。

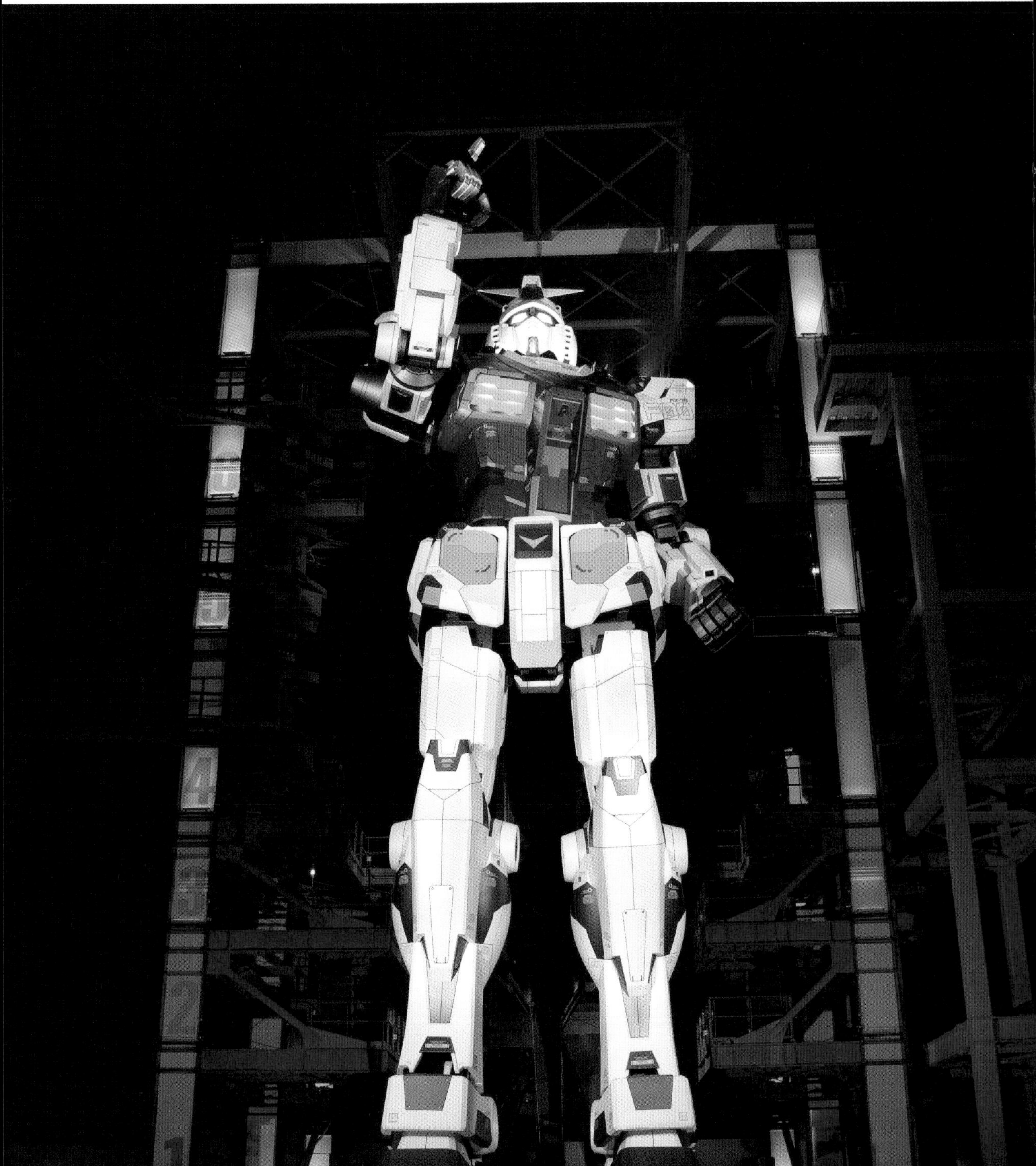

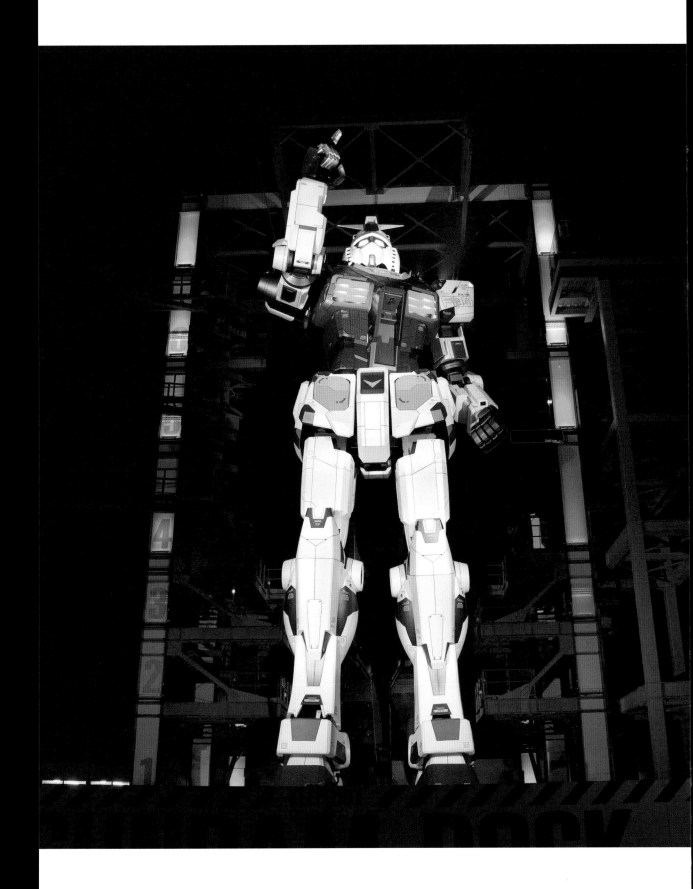

石井：1／50くらいになりますから、一気に実現の可能性は高まると思います。だから、地球上で18mは意外と大変なんですよ。フォン・ブラウン市くらいで開発するならいけるかもしれません（笑）。

フィクションとリアリティの境界

伊藤：2012年に核融合研でイベントを行ったときに、富野監督が講演をしてくださったのですが、講演の後、お台場のガンダムを見て、「次は絶対に歩かせたい」と仰っていて（笑）。

石井：監督は、台車のGキャリアから大反対でした。監督の仰ることはわかるのですが、いきなりというのはやはりハードルが高すぎるので、最初の一歩としての台車、決して最終型とは思っていませんという話をさせていただいて、納得していただいた感じです。

伊藤：最初の一歩ということは、GGC（ガンダムGLOBAL CHALLENGE）としてまだまだ活動が続くということですか？

石井：もちろん継続してチャレンジしていきたいですが、今のところ予定はないですよ（笑）。富野監督の中には、フィクションとリアリティの線、つまり、ガンダムというフィクションが現在の科学技術でどこまで実現できるかをはっきりさせたいという思いがおありだったようです。だから、最初から台車というのは、あまりにもリアルに寄り過ぎなので納得がいかないと。しかし、最終的には、中のフレームなども含めて実際にガンダムの存在を感じることができて、フィクションとリアリティの線を引くことができたと言ってすごく喜んでいただけました。

お台場の実物大ガンダム立像が設計のベース

伊藤：今回のガンダムを作るにあたって、設計図は何をベースにしたものなのでしょうか？

石井：お台場のデータをベースにして、その中に骨を入れて、関節をどこに入れるかみたいな感じでスタートし、動かすことを踏まえて各部の修正を加えていきました。例えば、動くガンダムでは片膝立ちを目標の一つとしていたのですが、ガンダムのデザインは基本的に太ももが短くて、脛が長い。その方が脚が長く見えるからなのですが、このバランスだとうまく膝を立たせることができません。システムディレクターの吉崎さんの提案で，人間の場合，太ももと脛の長さはシステムディレクターの吉崎さんの提案で，人間の場合，太ももと脛の長さはだいたい1対1なのですが、これが一番、機能的に良いバランスなので、今回のガンダムも1対1にしました。

　しかし、単純に1対1で設計すると、太ももが伸びて見えてカッコ悪い。とはいえ、1対1は譲れないところでもあったので、クリエイティブディレクターの川原（正毅）さんに相談して、太ももが長く見えないようにする工夫を考えていただきました。

伊藤：曲げる支持点を少しずらしたりしているのでしょうか？

石井：支持点は真っ直ぐですね。その代わり、膝関節の位置は従来のガンダムより下げているのですが、膝外装を上に長く延長することによって膝頭のところは今までのガンダムと同じにして、太ももが間延びして見えないようにしています。そしてもうひとつ、最初は直立したときに脚を真っ直ぐで設計していたのですが、安彦立ちをさせたいという話が出てきて（笑）。それを反映させるために、太ももの可動域をマイナス側に5度くらい増やして、直立した時にヒザが後ろに少し入り込んだ姿勢になるよう設計しています。

ガンダムの脚で言うと、足首のところにも問題があって、アンクルガードがあるため、足首に関節を持ってくると、アンクルガードが脛にぶつかって全然動かせないんです。それを解決するために、アンクルガードの正面の部分がない構造とかいろいろ考えたんですけど、それだとガンダムらしさが無くなるので、足首を脛の真ん中あたりに持ってくる構造にしました。それによって、足全体が裾のラインに沿って、アンクルガードごと前後に動くようになり、アンクルガードがあっても足首っぽい動きが出せるようになっています。

ただ、そうすると、モーターが外に来て、脛の細いところがボコッと出てしまうので、フレーム側を少し湾曲させ、全体を内側に寄せて、脛も少しだけ広げてもらうことで、脛の内側にギリギリ収まるようにしています。膝などは、モーターがあるところをホイール状のカバーで表現していて、脛だけはモーターがないように見せています。その意味で言うと、あえて見せているところと、見せていないところの配置に苦労しています。

伊藤：ちなみに石井さんの動かし方のアイデアは、RX-78F00のプラモデルにも活かされたりしているのでしょうか？

石井：1／100は肩カバーの前面だけが動く構造になっているなどがかなり近い設計になっていると思います。

素材は扱いやすさを重視

伊藤：この本を一緒に作って下さっている先生方からの質問がありまして、これは東北大学の笠田先生からなのですが、今回実際に作ってみて、そして将来実際に歩けるようになったとして、どんな素材があったらうれしいですか？

石井：軽くて強いというのはもちろんですが、やはり扱いやすい、作りやすい素材が良いですね。もちろんコストの話もありますが、例えばアルミだと、大型構造物における加工や補修に高度な技術が必要で、あれだけ大きなモノを作るとなると、鉄が一番こなれています。

今回、ハイテン材、高張力鋼でもなく、普通のSS400を使っていますが、やはり作りやすさや補修のし易さを踏まえて選びました。お金が無限にあるのであれば、アルミの削り出しなどもありなんですけど（笑）。外装に関して言えば、胴体部分はFRPなのですが、腕や脚はCFRPにして軽くしているのですが、動かすことを考えればこれでもギリギリで、全然余裕がありません。

伊藤：カーボンファイバーのほうが軽いんですね。

石井：比重で言うと1／3くらいです。それもけっこう薄くしてもらっていて、その分、内側に補強のリブを工夫しています。外から見るとわかりませんが、内側から見るとリブが結構走っています。

伊藤：そうなると、10年、20年飾りっ放しというわけにはいきませんね。

石井：外装に関しては、なかなか耐久性を持たせることが難しいため、定期的に点検を行って何かあればすぐに補修するように考えています。

ビーム・サーベルを抜く

伊藤：今度は、東北大学の金子先生からの質問なのですが、歩行の次のプロジェクトは決まっているのでしょうか？　ビーム・サーベルをランドセルから抜く動作というのは可能でしょうか？

石井：人間の動きというのはけっこうすごくて、片膝立ちについても、本当は手を地面につけたかったみたいなんですよ。セイラさんを乗せるシーンみたいな感じ。ただ今回の動くガンダムの可動域ではそこまで実現できませんでした。その意味で、可動域についてはかなり課題があります。

伊藤：片膝立ちも90度までだから可能だった部分はありますよね。

石井：そうですね。それ以上となると、関節を増やすとか、リンク構造にしないと無理です。建設機械でも1つの関節で120度くらいが一般的で、180度以上になるとやはりリンクになります。いずれにせよ、ビーム・サーベルを抜くということにスポットを当てれば何らかの解はあると思うのですが、今回は歩く動作としゃがむ動作、そして手を開くという3つの大きな命題があったので、まずはそれができるメカということで設計しています。

伊藤：次のプロジェクトがあれば、どんな動作をやってみたいですか？

石井：動作で言うと、もうちょっと関節の可動箇所を増やすとか、速度を速くするというのも面白いと思いますし、ガンダムではなく、ジオンのモビルスーツでやってみたいです。やはりジオンが好きなので（笑）。

伊藤：ちなみに好きなモビルスーツは？

石井：好きなのはドムなんですけど、ドムは脚が大きすぎるので、あれを動かすのは大変そうです（笑）。個人的には変形させるのも面白いと思います。18mそのままで、支えをなくして歩かせる方向に行くよりは、例えばZガンダムの変形を、支えありでも良いので実物大でやって見せたり。

伊藤：それいいですね。僕が生きている間にぜひ見てみたいです（笑）。

石井：私も見てみたいです。もちろん歩くのを見てみたいのですが、ハードルがちょっと高すぎるかなと。ガンダムの変形もかなりハードルは高いと思いますが（笑）。

伊藤：今回は手の開閉動作でしたが、"何かモノを掴む"という動作を実現する場合、こだわりたいとこをはありますか？

石井：それはロボットのハンドはどうあるべきかという議論であり、マニピュレーターの議論になると思うのですが、人間の場合は指でいろいろなことができるのに対して、実際のロボットで考えると、前腕部分だけを切り替えれば良いという発想が自然と思います。ツールチェンジャーみたいな感じで、必要なものに替えれば良い。

　ビーム・サーベルにしてもわざわざ掴まずに、腕から直接出る構造にしてしまえば済むわけで、ビーム・サーベルにせよ、ビーム・ライフルにせよアタッチメントのようなものを用意するほうが理に適っていると思います。今回のガンダムは、あくまでも5本指が動くことを表現するまでで、重さも200kgありますから、持ち上げるだけで手一杯。あの手で何かを掴むことはできません。実際に掴むのであれば、どのように掴むのか、どれくらいの重さのものを掴むのかによって設計の条件が変わってきますが、今回は作業機械としては捉えていないので、エンタテインメント装置としてココロさんにお願いした感じになっています。

エンジンスペースの問題

伊藤：今回、コクピットもちゃんと作ってあるということですが、コクピットを搭載した場合、設定上、モビルスーツのエンジンがランドセルにあるのか、ボディ側にあるのかがちょっとわからないのですが、ボディ側にエンジンを積むとすると、どのくらいの体積のものが搭載できますか？

石井：全然余裕はないです。ガンダムの腰はけっこう細いのですが、特に前後が細くなっています。今回、ガンダムの腰のデザインのまま、前後が細く左右が広いの長方形を旋回輪の円につなげようとするとアンバランスになります。そこで、腰のフレームは前後の長さを基準として正方形に近い形状をしており、左右もかなり狭くなります。なので、コクピットの上に空いているスペースと言うと、せいぜい1m×1m×1・5mくらいでしょうか。

伊藤：ランドセルなら余裕はありますか？

石井：あくまでも今回の動くガンダムの話になりますが、後ろに5度くらいのけぞらせる関係上、Gキャリアから出ているマストに当たらないように、ランドセルはお台場のものと比べても小さくなっています。

伊藤：ビーム・サーベルも少し小ぶりになっていますよね。

石井：まずは風の影響を少なくするため。そして、お台場のものより手を一回り小さくしているので、その手が持つであろうサイズに変更しているというデザイン的な理由もあります。

伊藤：いずれにせよ、1mというのはちょっと厳しいですね。せめて2mあれば頑張れそうな気もするのですが（笑）。

石井：ガンダムが前後に厚いデザインになれば、その分、全体的にフレームをサイズアップできると思いますが、現状ではかなり厳しいです。

伊藤：その意味では、ジオン系のモビルスーツのほうが楽そうですね。

石井：物を収めることを考えるとそうなります。ただ、今回のケースで言うとザクでも厳しいかもしれません。とにかく風の影響がすごく大きくて、脚を細くしないといけない。基本的に、クレーンの規格を基準にしているのですが、風速が55mという基準があって、そうすると1平米に200kgくらいの圧力が掛かります。ざっくり計算すると、自重分くらいの力が掛かってしまい、これ以上の面積にすると、アクチュエータを大きくしないと持たないと思います。

伊藤：あれだけの重さになると風の影響はあまり受けないと思っていたのですが、けっこう受けるんですね。

石井：建設機械と違って、中のフレームに対して外装があまりにも大きいため、風の影響が思っていた以上に大きかったです。逆に自重分で収まってくれて良かったというのが正直なところです。

実際、外装はもう少し、いろいろ動かせると思っていて、今回、片膝立ちをするので、太もものところがスライドする形になっていますが、ふくらはぎのところもスライドさせたりしたかったんですよ。しかし、重さや風の影響を考えるとあまり無理はできないので、かなりオミットしました。

伊藤：実際のモビルスーツとして考えると、コクピット周りにはショックアブソーバ的なものが仕込まれている必要があると思いますし、宇宙環境を想定すると、対放射線シールドのようなものが必要になるので、けっこうスペースが欲しくなると思います。

石井：今のフレームだとまったく余裕がなくて、思っていた以上にスペースがなかったです。コクピット自体もかなり狭くて、大柄な人は乗り込めないです。

伊藤：360度スクリーンを載せるとなると、かなり難しそうですね。

石井：現状では無理ですね。18mと言っても、意外と余裕がない。今回、フレームがあって、そこに外装をつけるという構造なのですが、それをギリギリまで広げていったときに、どれくらいスペースが取れるかという問題になるのですが、ギリギリまで広げていった場合、今度はどのように可動させるかという問題が出てきます。駆動用のモーターや減速機、シリンダーをどのように配置するかという話になって、さらに難しくなってきます。胴体を動かさなくても良いのであれば、話は別なのですが。

「動くガンダム」の将来性

伊藤：あらためてお聞きしたいのですが、安全性を度外視すれば、支持構造なしで、本当に自立歩行する18mのガンダムを実現するのは何年後くらいになると思いますか？

石井：そこは本当に難しいところで、設計者的には安全性とセットになるんですよ。安全を度外視してモノを作るという想定が、設計的にはありえません。

伊藤：安全性を考えると？

石井：安全性を考慮すると、そもそも地球上で18mはかなり難しいと思います。

伊藤：宇宙世紀が来て、宇宙に出れば？

石井：宇宙なら全然ありだと思います。もともとモビルスーツは宇宙用じゃないですか。だから、宇宙に行けばいくらでも作れると思いますが、地球の重力で考えた場合、物理的な縛りがたくさんあって。例えば身長5mのロボットというのであれば、可能性は広がると思います。

先程、ショックアブソーバというお話がありましたが、いかにパイロットを守ることができるかが問題で、アニメの中でもザクが倒されたりしていますが、あれは、簡単に言えば、10mの高さから落下しているのと同じなんですよ。それでパイロットが大丈夫かどうかを考えると、相当な衝撃緩衝機能が必要になると思います。

伊藤：ありがとうございました。

Photo : Yuichi Yokota

本書の位置づけは、科学に興味を持っている方だけでなく、なによりも『ガンダム』のファンに向けたものとしました。そのため議論にご協力いただいた共著の先生方には、無理なお願いをすることもありました。それぞれが各研究分野のスペシャリストだからこそ、「ガンダムにおける〇〇に相当します」と断言することはできず、なんとも歯切れの悪い表現になっているところもあります。わかりやすさを優先させた為に、科学的には必ずしも正しい表現ではない部分も多くあり、専門家から指摘されるリスクも承知の上でご協力くださいました。

議論を通して分かったことは、やはり宇宙世紀のテクノロジーは大変進んだもので、その壮大な世界観を思い描き、そして『ガンダム』という文化を作り上げた人々の創造力はとてつもなく凄いのだ！ということです。現実に訪れる未来社会では、実際に宇宙に住む必要はないかもしれないし、モビルスーツを作る必要もないかもしれません。それでも、百年後も千年後も人類は生きていて、豊かな生活をしていて欲しいと願います。そのために科学技術の進歩は不可欠なのです。

Epilogue

宇宙世紀のテクノロジーと対比することで、現代の科学にはまだわからないこと、できないことだらけだということが露わになったと思います。できないということは、逆に言えば、まだまだ伸びしろがあるとも言えます。伸びしろを信じて取り組めるのは『ガンダム』をはじめとしたロボットアニメやSF作品から、夢を見ることの素晴らしさと、諦めずに挑戦することの大切さを教わってきたからです。それは日本の文化の為せる業で、アニメ大国日本というのは科学にとってもプラスになっていると思います。次の時代を作る若い人達がこの本を読んで、自分たちのやることはまだまだあるぞと感じて貰えたら嬉しいです。

最後に、完成まで粘り強くお付き合いいただき、ほとばしるガンダム熱で支え続けてくださった岩井浩之氏に感謝の気持ちを捧げます。

来るべき、宇宙世紀００７９に思いを馳せて

伊藤篤史

機動戦士ガンダム

宇宙世紀vs.現代科学

2022年3月31日　初版第1刷発行
2022年4月30日　初版第2刷発行

著者　伊藤篤史
笠田竜太
金子俊郎
福田 努
小池耕彦
坂本貴和子

協力　一般社団法人ガンダム GLOBAL CHALLENGE
GUNDAM FACTORY YOKOHAMA
株式会社サンライズ

取材・撮影　糸井一臣

解説図　ぬっきぃ

デザイン　大悟法淳一、大山真葵、中村あきほ
（ごぼうデザイン事務所）

発行者　滝口直樹

発行所　株式会社マイナビ出版
〒101-0003　東京都千代田区一ツ橋2-6-3　一ツ橋ビル2F
電話 0480-38-6872（注文専用ダイヤル）
03-3556-2731（販売部）
03-3556-2735（編集部）
URL https://book.mynavi.jp/

印刷・製本　シナノ印刷株式会社

※定価はカバーに記載してあります。
※落丁本・乱丁本についてのお問い合わせは、TEL. 0480-38-6872（注文専用ダイヤル）か、
電子メール sas@mynavi.jp までお願いいたします。
※本書について質問等がございましたら、往復はがきまたは返信切手、返信用封筒を同封のうえ、
（株）マイナビ出版 編集第２部書籍編集１課までお送りください。お電話でのご質問は受け付けておりません。

ISBN978-4-8399-7504-3　C0076

Printed in Japan